天

Borderless

下

博稽古今　融汇天下

天
Borderless
下

法学新经典

传统中国法理观

本成果系基地重大项目中国传统法理及其当代价值暨国家社科基金重点项目中国传统法哲学研究成果

张中秋 著

法律出版社 LAW PRESS · CHINA

作者简介

张中秋 1962年生，法学博士，中国政法大学教授，中国法律史学会执行会长，博士生导师；代表作有《中西法律文化比较研究》《中日法律文化交流比较研究》《原理及其意义——探索中国法律文化之道》；曾获得全国青年优秀社会科学成果最高奖优秀专著奖1项，合作获得教育部高等学校人文社会科学研究优秀成果一等奖1项，独立获得教育部高等学校人文社会科学研究优秀成果二等奖3项；研究方向为法律文化。

为什么要探索传统中国法理
(代序)

为什么要探索传统中国法理?在我看来,这首先是因为法理是法学的共通之理,是法之为法和法学之为法学的根据所在,亦即关乎法和法学自身正当性的问题;同时,还因为法理是法律科学的思想结晶,毕竟思想是学术之王,只有通过凝聚思想的法理,才能透视被繁茂芜杂的法律现象所遮蔽的法的精髓。所以,法理是法学的最高境界,亦是法学各门学科的最高追求和相通之途。唯有如此,我们这些不同专业的法学中人,才有可能做到法思相通、法理相融。

那么,又如何来探索传统中国法理呢?我的体会和方法是,从法史中抽绎法理,用法理来解读法史。这是因为法史中蕴含法理,可以说法史是拉长的法理,法理是压缩的法史;但要摄取法史中的法理,就要从中抽绎;如何抽绎,就要用法理来解读法史。这样,法史学在复原、解释和探讨法的发展的同时，亦能从人类经验的角度提供法的正当性解说，从而使它具有法理内涵，成为有思想的学科。如此一来，法理学着重探讨一般法理问题，部门法学侧重探讨具体法律的法理问题，法史学则重在探讨法理的历史性状与成长脉络，展示它在时间之流中的传承变迁，以及在当时和对现今的意义，从而使法史学真正成为法学（法的正当性之学）的基础学科，起到支撑和促进法理学与其他法学分支学科发展的作用，以彰显其在法律科学中存在的价值和无可替代的地位与功能。

依着这样的理念，同时交替使用上述方法，我开始了对传统中国法理的探索。通过探索，我认识到在人类法律史上，法理既有普遍性又有特殊性，普遍性表现在对秩序与正义的共同追求，特殊性表现在对秩序与正义的不同理解。而这种不同的理解，在不同的语境和法律文化系统中，却都是对法的正当性的表达。我以为，在传统中国法中，法理的核心是合理。合理的内涵很丰富，包括适宜、恰当、正当、应当、公平之类，以及在当时与此相通的纲常礼教。合理实际上就是传统中国法的正义观，那么，作为合理的正义观，它的原则又是什么呢？如果把它与现代法律正义观稍作比较，便可发现现代法律正义观是以平等为原则的，而传统中国法的合理正义观既含有平等又含有不平等，可以说是等与不等，或者说是等者同等、不等者不等、等与不等辩证变动的有机统一。对此，我把它概括为三项原则，一是等者同等，二是不等者不等，三是等与不等辩证变动。这三项原则的核心是等与不等，所谓等就是同理者同等；所谓不等就是不同理者不同等，而是依理之大小排序。这样，无论是等还是不等，都是建立在理上，所以称为合理。而且，这种合理本身亦要合理地或者说辩证地来理解,亦即它是动态的,其等与不等不是绝对的、固定的,而是相对的、变动的,所以又可以称为动态的合理正义观。

如果要从哲学上来认识这样的正义观,亦即探底这种有机结合所形成的合理背后的哲理和法理,那么,在传统中国的语境和历史文化系统中,应当说就是道德,或者说由道德而生的仁义或情理。正如阴与阳一样,道、义、理曰宜为序为成,表示世界的有序性或者说差序性,意味着对万物井然有序的秩序追求;德、仁、情曰动为同为生,表示世界的创生性或者说同生性,意味着对万物共生共荣的同一追求。所以,阴与阳、义与仁、理与情以及刑罚与德礼等,都是对世界的有序性与创生性,或者说对静与动、序与生、异与同,亦即差序与同一、有序与正当的追求。归根结底,这些追求都是对德生道成所形成的生生不息与井然有序的有机统一,亦即万物生而有序这样一种自然状态、自然法则,或者如中国人所说的天理、天道,实际是对事物对立统一这样一种辩证关系的理的认识、表达和追求。这是中国人固有的世界观和价值观,这个世界观和价值观的根源是生生不息与井然有序相结合而形成的生而有序的生命世界观,这个生命世界观的核心和精髓是德生道成的道德,这个道德就是传统中国法的哲理和法理,实则是动态的(源于生生不息)合理(源于井然有序)正义观(生而有序),这即是它的正当性所在。这个正当性的具体所指,依据传统中国经典《易·系辞下》和法典《唐律疏议·名例》所记,即是“理财、正辞、禁民为非,曰义”。对此,明儒丘浚在《大学衍义补·详听断之法》中解释说,所谓义即是分别各人之所当有、所当言和所不当为者,而分别各人之所当和所不当者都以理为准,亦即以是否符合道德或由道德而生的仁义或情理这些个理为准。换言之,传统中国法的义,或者说它的正义观,亦即它的法理或者说正当性所在,乃是动态的合理;动态的合理的正当性是道德,或者说由道德而生的仁义或情理;而道德的正当性是万物生生不息(德)与井然有序(道)相结合而形成的生而有序的自然,包括自然现象和自然法则。所以,《论语·阳货》记孔子说:“天何言哉?四时行焉,百物生焉,天何言哉?”这表明在孔子看来,天是没说什么,只是用它四时在行的“序”和百物生焉的“生”,亦即生与序,或者说生生不息与井然有序相结合而形成的生而有序,这种自然现象和自然法则告诉了人们什么是天理、天道。在传统中国,这个天理、天道就是万物之理,简称为理。如果考虑到传统中国人天人一体,亦即自然、社会和人类是一个有机整体的生命世界观,以及在此基础上形成的人生观、价值观和法律观,那么,传统中国的法理,从自然法则上可以说是天道/天理或理,从哲学上可以说是道德或阴阳,从立法和司法上可以说是由道德而生的仁义或情理。虽措辞不同,但“理一分殊”,其内涵和精神一致,同是贯通传统中国法的制度与实践的正当性所在,亦即传统中国法理的所合之理,实际上就是从天理到情理前后相贯通的道理。毋庸讳言,这个道理的内涵是纲常礼教,但实质是道德仁义,其根据是生生不息与井然有序相结合而形成的生而有序这个自然现象与自然法则所呈现的天理。因此,这在当时具有完全的正当性,即使在今天亦有它部分的正当性,如纲常礼教中仁、义、礼、智、信的“五常”仍不失其价值。因此,无论是从学理上还是从实践上来说,自然/天理/阴阳→道德/仁义/情理→正当/合理/公平→正义,构成了中国人以合理为核心的正义观念。其实,这正是中国人固有的看待公平正义的基本观念。大概是因为从近代开始,中国失去了自信,加之巨大的事实不平等和与观念相关联的社会结构的变化,使我们在法律近/现代化的过程中,急于追求西方法律形式上的平等。这自有其必要性,亦有其进步性,但这亦常使合理的区分被忽略,而这种区分在某种程度上是社会秩序的映照,并与共享的道德观念相联系。立法者放任了这种偏向,在合理性方面立场含糊,但在传统中国法中这是旗帜鲜明的,实际亦有效地维持了当时的社会秩序和正义。由此可见,传统中国法理虽然与西方不同,但依然符合人类法律对秩序与正义的追求,而且还契合中国人对天人合一这一人生理想境界的追求,亦即天人共有的生生不息与生而有序的道德实现,或者说人之道德与天之道德的同构、共理和贯通,从而使人在本质和精神上达到与天地自然那样永久的存在。事实上,这不止是传统中国法理的正当性所在,亦是它所追求的最高理想、最终目标和最大意义所在。所以,从法源上讲,传统中国法才是真正意义上的法自然的法;从学术上讲,传统中国法文化尤其是儒学法文化则是诚实的学问。

最后需要交代的是,本书所讨论的传统中国的“法”乃取其广义,可以从法社会学的角度来理解,其内涵主要是指合乎道德、仁义或情理,亦即合理或者说具有正当性和一定约束力的秩序和规范体系,包括观念、规则和习惯,表现为天理、国法和人情三位一体的礼法。此外,书中的篇章虽是同一个主题,但认识却是在新旧交替的过程中展开的,这样,不同时候的论述自然有些交叉;而且作为独立的篇章,如果过于删节,即使收入同一本书中,亦会有损论证的完整和文意的贯通,所以,有些地方不免重复。这表明作者的思想还不够成熟,还要继续思考。还有,这篇序原是我为与同道合著的《法与理——中国传统法理及其当代价值研究》(中国政法大学出版社2018年版)一书所作的序言,现作了修改后又移在这里作为本书的代序,这主要是考虑没有能比它更恰当地表达本书题旨的文字了,所以就一序两用。在此,谨向大家表示歉意,亦请大家谅解。

目　录

第一章　传统中国国家观*

一、传统中国的家国一体国家观及其精髓

毫无疑问，在中英文中，“国家”都是一个多义词。但是在英文中，“国家”却是一个单词，如 state，nation，country。这三个单词在用到“国家”含义时，作出了这样的界定：从政治和政权上说是 state，从民族和国民上说是 nation，从地理和国土上说是 country。由此可见，尽管在英文中，国家可以用不同的词来指称和表达，但无论是哪一个词，它始终都是一个单词。然而在汉语里，“国家”却是一个集合词，即国家是由“国”与“家”这两个汉字集合而成的。这其中的差异和缘由，即如论者所说：“‘国家’一词由‘国’和‘家’两个汉字组成，国家亦可称为‘家国’。至今，中国人仍把 state 称为‘国家’，并没有觉得这有什么不妥。但在西方语境中，把作为私

---

* 原载《法学》2014 年第 5 期，有修改。

领域的‘家’和‘国’连用来表达 state,是不可思议的。在语言学的背后,隐藏着中国文化对 state 的独特定义。历史上‘国’与‘家’这两个字组成‘国家’一词之过程,是家与国同构体同步形成的。”①这个独特的历史过程,使传统中国的国家,在形制上由政事的国与民事的家构成。但由于国是家的放大,而家是国的缩小,因此,在机制上两者又不只是同构而且还共理,即家的结构原理与国的结构原理相通。所以,就像人这个生命体一样,国与家是同一个命运的共同体。如果要从观念上来表达这个共同体,那就是人们通常所说的家国一体观,可以说家国一体观是传统中国最广泛持久的国家观。②

在家国一体的观念中,家与国之间的关系,简单来说,从国看家,国赋予了家的政治性和国防性,所谓保家即是卫国;从家看国,家赋予了国的伦理道德性和宗法等级性,所谓卫国即是保家。家与国的这种血肉联系,使传统中国的国家成为一个以家为原型,以政治、文化和地域为核心要素的共同体,其政事与民事、军事与国防,以及道德、宗教与文化等合为一体。所以,传统中国的国家观既是政治、军事、行政性的,又是民事、道德、文化性的,其核心观念是家国一体下的政治与道德的合一,亦即孔子在《论语·为政》中所说的“为政以德”。这可以进一步表述为政治要有道德合法性,道德是政治的基础和命脉所系,因此,有德则国兴,无德则国失。对此,

---

① 金观涛、刘青峰:《观念史研究》,法律出版社 2009 年版,第 229 页。

② 在对传统中国国家观的认识上,除了家国一体观外,还有家族观、礼教/儒教/文化观、封建/专制观和天下观等。这些认识要么是部分地指出了传统中国国家观的外在特征,要么是部分地揭示了传统中国国家观的内在特质,而家国一体观则涵括了传统中国国家观的外在特征与内在特质。譬如,家国一体观中的家含有了家族观;家国一体观中的国含有了天下观,因为国可以指天下亦可以推导到天下;还有,家国一体观中的文化原理的内涵关涉了礼教/儒教/文化观,而家国一体观中的文化原理的精神亦关涉了封建/专制观。所以,在传统中国国家观中,家国一体观是最具有传统性、概括性和代表性的国家观。

传统中国的经典曾一再训诫，从孔孟到朱熹亦同样反复叮咛。[①] 此外，在确立国家制度的基本法典中亦有明示，如作为传统中国法典代表的《唐律疏议》，在其开篇《名例》篇中如是说："德礼为政教之本，刑罚为政教之用，两者犹昏晓阳秋相须而成者也。"[②]这两句话的意思是说，德礼是治国的根本，刑罚是治国的辅从，两者犹如黄昏与早晨、春天与秋天，只有相互配合、主从相续，才能构成完美的整体（一天和一年）。治国亦是这个道理，只有礼法结合、德主刑辅才能治理好国家。

同样，从重视和反思历史的经验教训来说，传统中国的历史编纂有一个突出的主题和鲜明的特色，那就是强烈的道德政治论，而且往往是在家国一体的思考中表达。如《史记·周本纪》载周武王牧野之誓："今殷王纣维妇人言是用，自弃其先祖肆祀不答，昏弃其家国，遗其王父母弟不用，乃维四方之多罪逋逃是崇是长，是信是使，俾暴虐于百姓，以奸轨于商国。今予发维共行天之罚。"又如《后汉书·文苑列传上·崔琦》所见传主《外戚箴》云："不相率以礼，而竞奖以权。先笑后号，卒以辱残，家国泯绝，宗庙烧燔。"从"昏弃其家国"到"家国泯绝"，既是失德的表现又是失德的结局，而贯通其中的正是家与国、道德与政治一体共生、荣辱与共的关系。这种关系概括起来并运用到实践中，即是《大学》所说的，修身、齐家、治国、平天下，皆以修身为本的道德政治学。[③] 对此，历史上经典

---

① 如《易》之《系辞上》《系辞下》，《尚书》之《牧誓》《康诰》，《诗》之《文王》《大明》，以及《左传》之《定公四年》，《礼记》，《春秋》等，均有这方面的内容，还有《论语·为政》《孟子·离娄》，以及朱熹的《四书章句集注》亦有申论。[参见（宋）朱熹：《四书章句集注》，中华书局 1983 年版，第 10~11 页。]

② （唐）长孙无忌等：《唐律疏议》，刘俊文点校，中华书局 1983 年版，第 1 页。

③ 《大学》曰："古之欲明明德于天下者，先治其国；欲治其国者，先齐其家；欲齐其家者，先修其身；欲修其身者，先正其心；欲正其心者，先诚其意；欲诚其意者，先致其知；致知在格物。物格而后知至，知至而后意诚，意诚而后心正，心正而后身修，身修而后家齐，家齐而后国治，国治而后天下平。自天子以至于庶人，壹是皆以修身为本。"

的言论是,《汉书·谷永传》记载谷永对汉成帝进谏中所说:"方知海内非为天子,列土封建疆非为诸侯,皆以为民也。垂三统,列三正。去无道,开有德,不私一姓,明天下乃天下人之天下,非一人之天下也。"这表明家、国、天下的兴衰存亡,都以是否"去无道,开有德"为转移。不仅历史的记载是这样,后人的研究亦揭示和印证了这一点,正如王国维先生在他的《殷周制度论》中所写:"中国政治与文化之变革,莫剧于殷、周之际。"[①]"是殷、周之兴亡,乃有德与无德之兴亡。"[②]现代学者亦认识到,"'家'与'国'二字连用为'家国'或'国家',意味着在中国人的意识中,国家是整合所有家族之政治实体。……这种国家观念是以儒家道德秩序为基础的"。[③] 这意味着道德在传统中国的政治中具有基础性和支配性的作用,所以,无道的君王或者失去道德合法性的王朝,亦就失去了为政的正当性,人民有权起来造反。对于这种行为,历史上不叫叛逆,而叫作造反有理,甚至称为替天行道。[④] 在我看来,这个道就是前引孔子说的"为政以德",亦即政治道德化或道德政治论。其实,这是家国一体国家观在政治上的必然要求和反映。因为凡是家必讲伦理,没有伦理则不成其家,所以家长齐家要讲伦理。同样,在家国一体的观念中,国政乃是家政的延伸和放大,国家道德乃是家内伦理的转化和提升,所以凡是国则必重道德,没有道德就不成其国。因此,就像家长齐家必讲伦理一样,君王治国亦必重道德。这就是传统中国政治

---

① 王国维:《殷周制度论》,载王元化主编:《释中国》(第3卷),上海文艺出版社1998年版,第1711页。

② 王国维:《殷周制度论》,载王元化主编:《释中国》(第3卷),上海文艺出版社1998年版,第1728页。

③ 参见金观涛、刘青峰:《观念史研究》,法律出版社2009年版,第230页。

④ 如《史记·周本纪》载周武王在牧野之誓中所说的"今予发维共行天之罚",还有历史上多次政变或农民起义都是打着这个旗号以寻求正当性和支持。

道德化或道德政治论的由来，亦可以说是传统中国政治文化的内涵和精髓。

二、传统中国家国一体国家观的结构与原理

家国一体的国家观，首先植根于传统中国的经济社会结构，亦即在传统中国的经济社会结构中家是国的支点，这是由于建立在小农经济之上的个体家庭是传统中国生产、生活、运行的基本单位；[①]同时还强化于家国一体的伦理政治文化传统，亦即中国犹一人、天下如一家的政治文化理想。[②] 这两方面合起来，即是孟子所说："天下之本在国，国之本在家，家之本在身。"[③]这种"己身→家庭→国家→天下"的思维结构，不仅包含和表达了家国一体的国家观念，还隐含了家、国、天下（宇宙）观念与伦理道德和文化原理同构共理的逻辑。这里，我们可以通过图 1-1 和图 1-2 来对照比较一下。

↗家长（一元）→家内／上／尊／慈／主—主／德／生←（一元）阳↖
家庭观结构（家内一体）　家庭伦理　　　　　道德（阴阳一体）文化原理结构
↘家人（一元）→家内／下／卑／孝／从—从／道／成←（一元）阴↙

图 1-1　家庭观与伦理道德和文化原理同构共理对应示意

↗国君（一元）→国／朝／上／政事／公／尊／仁／主—主／德／生←（一元）阳↖
国家观结构（家国一体）　国家伦理　　　　　道德（阴阳一体）文化原理结构
↘臣民（一元）→家／野／下／民事／私／卑／忠／从—从／道／成←（一元）阴↙

图 1-2　国家观与伦理道德和文化原理同构共理对应示意

---

① 这一点稍有中国历史常识的人都知道，反映在法律上很明显的是，有关户籍登记管理、国家土地分配、赋税征收、兵役徭役摊派等，都是以家或户为基本单位，这些法律集中规定在古代法典的《户婚》篇和相关的行政性法规"令"中。

② 其理想在《中庸》中是："万物并育而不相害，道并行而不相悖。小德川流，大德敦化。"在张载的《西铭》中是："民吾同胞，物吾与也。"在王阳明的《大学问》中是："大人者，以天地万物为一体者也，其视天下如一家，中国犹一人焉。"

③ 《孟子·离娄上》。

通过图1-1和图1-2的对照解读，我们可以得到这样几点认识：(1)传统中国的国家观与家庭观一样，在结构上首先是一体，然后是在一体内的两元，再是两元之间的主从式关系以及多样化的表现，概括起来就是一体两元主从式多样化的构成。其中，一体对家来说是家内一体，对国来说是家国一体。两元对家来说是家长与家人各为一元，对国来说是国君与臣民各为一元。主从式关系对家来说是家长为主与家人为从，对国来说是国君为主与臣民为从。多样化对家来说首先是家长与家人之间的主从式关系有上下、尊卑、慈孝等多种表现形式，其次是同一家庭或同一家庭的不同世代会面对和经历不同的国（不同的朝廷或君王）；多样化对国来说首先是国君与臣民之间的主从式关系有朝野、上下、尊卑、仁忠等多种表现形式，其次是同一国（同一朝廷或君王）会面对和经历不同的家或同一家庭的不同世代。(2)这种一体两元主从式多样化构成的国家观和家庭观与伦理道德和文化原理在结构上一致。即如图1-1和图1-2所示，伦理道德包括家庭伦理和国家伦理，其结构就是由家庭伦理核心的孝与国家伦理核心的忠为轴心，从而构成上下、尊卑、主从的关系，这些就是国家观和家庭观的伦理道德结构，而这个结构又与文化原理结构一致。如图1-1和图1-2所示，文化原理的结构是一阴一阳，阴与阳的关系是对立统一，其中阳主生为德为主，阴主成为道为从，这就形成了从阴阳一体、阳主阴到道德一体、德生道成而变化无穷（多样化）的文化结构，概括起来这亦是一体两元主从式多样化的构成。用传统中国的术语，这个文化结构在原理上可称为道或理。[①]

---

① 虽然在通常情况下，“道”之一字就像理学中的“理”字一样，可以单独用来指称事物的原理，譬如，万物之道中的“道”和理一分殊中的“理”就是这个意思。但其实在这种情况下，作为原理性的道实际上已经含有了德。因为在传统中国人的思维中，一阴一阳谓之道，道属于阴，德属于阳，阳为主，阴为从，所以，一阴一阳之道即是阴阳一体、阳主阴从之道，而阴阳一体、阳主阴从之道即是道德合一、德生道成之道。由此可见，此道，亦

但实际上它是从阴阳推导而来的道与德的有机结合，所以，我把这个扎根于阴阳的文化原理亦称为道德文化原理。[①]（3）通过图1-1和图1-2还可以看到，与阴阳或道德文化原理一致，在传统中国的国家观中，以在朝代表政治的国君与在野代表民事的臣民各为一元合为一体，但以国（君）为主臣民为从构成主从式关系；同样，在传统中国的家庭观中，以在上代表家庭的家长与在下的家人各为一元合为一体，但以家长为主家人为从构成主从式关系。由于在朝代表政治的国君意味着公，所以就有了道德的象征意味，而在野代表民事的臣民意味着私，所以就有了非道德的象征意味。因此，家与国、公与私虽然各为一元合为一体，但以国与公为主而以家与私为从。这是传统中国的道德律，亦是传统的家国一体国家观中政治道德化的核心。此外，家国一体国家观将家庭观结构中的父慈子孝上升转化为君仁臣忠，从而形成忠孝一体但以孝为本以忠为上的家国一体以家为本以国为上[②]的两元主从式多样化的构成。以上这些既是家国同构同理的体现，又是家国一体国家观中政治道德化的表现。

作为传统中国国家观，家国一体的同构同理，在制度上必然有它相应的反映和表现，事实亦是如此。譬如，作为制度核心的法律，其编纂结构、指导思想和具体制度设置都与它相通。这里，我们依然以《唐律疏议》为例。首先，从编纂结构上说，《唐律疏议》是一部完整的法典，这正是它一体的表现；在这一体之内它有十二篇，其中

即作为原理性的道或者说完整的道，不仅含有了属于阴性的道，亦含有了属于阳性的德，故而称为道德文化原理。

① 有关“道德文化原理”的内涵和进一步的讨论，参见本书第六章《传统中国法的道德原理及其价值》。

② 例如，《唐律疏议·名例》“谋反”议曰：“……王者居宸极之至尊，奉上天之宝命，同二仪之覆载，作兆庶之父母。为子为臣，惟忠惟孝。……”[（唐）长孙无忌等：《唐律疏议》，刘俊文点校，中华书局1983年版，第6~7页。]

第一篇《名例》相当于现今法典中的“总则”部分，其余十一篇相当于现今法典中的“分则”部分；《名例》篇与其他诸篇的关系，即是《唐律疏议》的《名例》“序”所言：“名训为命，例训为比，命诸篇之刑名，比诸篇之法例。但名因罪立，事由犯生，命名即刑应，比例即事表，故以《名例》为首篇。……《名例》冠十二篇之首，故云《名例》第一。”①这表明《名例》篇对其他诸篇具有支配和指导的作用。这样，《唐律疏议》的结构就是一体（典）两元（《名例》篇与其他诸篇各为一元）主从式（《名例》篇为主与其他诸篇为从）多样化（《名例》篇与其他诸篇关系的不同表现）的构成。宋代的基本法典《宋刑统》继承了《唐律疏议》的编纂结构，《大明律》与《大清律例》由十二篇改为七篇体例，但第一篇仍然是《名例》，其余为礼、户、吏、工、刑、兵六篇，而它们之间的关系一如《唐律疏议》之《名例》与其他诸篇的关系。②

其次，我们知道，法典的结构只是它的形式构成，而支配法典的则是它的指导思想。《唐律疏议》的指导思想即是前引：“德礼为政教之本，刑罚为政教之用，两者犹昏晓阳秋相须而成者也。”这个指导思想贯彻了中国文化原理，体现出从阴阳合一、阳主阴从到礼法结合、德主刑辅的文化原理结构。为了说明这一点，我们可以见图1-3。

---

① （唐）长孙无忌等：《唐律疏议》，刘俊文点校，中华书局1983年版，第2~3页。

② 这是对国家实在法编纂结构的分析，如果我们从法社会学的观点来看，传统中国的法亦是一体两元主从式多样化的构成。所谓“一体”是指由国家法和民间法所构成的法的统一体；“两元”是指统一体中由国家法与民间法所构成的两个系统；“主从式”是指以国家法为主和以民间法为从；“多样化”是指国家法与民间法的多样性表现，包括国家法中的律、令、格、式、科、比、敕、例、礼等，以及民间法中的家法族规、乡规民约、帮规行规等。因此，综合起来看，传统中国的法是一体（国家法与民间法合为一体）两元（国家法与民间法各为一元）主从式（国家法为主而民间法为从）多样化（国家法与民间法的多样性表现）的构成。

↗德礼(一元)→本/晓/阳/主—主/德/生←(一元)阳↖

国家政教结构(一体)　　　法理　　　道德(阴阳一体)文化原理结构

↘刑罚(一元)→用/昏/秋/辅—从/道/成←(一元)阴↙

图 1-3　《唐律疏议·名例》所示与文化原理同构共理对应示意

通过图 1-3,我们又可以得到这样两点认识:一是《唐律疏议》的指导思想与中国文化原理同构,即它们都是一体(国家政教与阴阳文化均为一体)两元(德礼与刑罚各为一元和阴与阳各为一元)主从式(德主刑辅与阳主阴从)多样化(本用/昏晓/阳秋/主辅/道德/生成等多种表现)的构成。二是作为《唐律疏议》指导思想的礼法结合、德主刑辅,其文化原理或者说法理依据正是阴阳合一、阳主阴从的道德文化原理。[①] 所以,《唐律疏议》的指导思想与中国文化原理可谓同构共理。如果考虑到家国一体观亦与中国文化原理同构共理,那么可以说《唐律疏议》的指导思想与家国一体观亦是同构共理。

还有,一部法典的形式构成和指导思想,最后都要落实到它具体的制度设置上。《唐律疏议》具体的制度设置,如最突出和最有代表性的十恶制度,可以说亦很好地体现了这一点。在《唐律疏议》中,"十恶"虽然包含了十种罪大恶极的犯罪及其处罚,但从制度设置上说,它却是一个整体,所以简称和统称为十恶;除此之外,十恶可以分为两类,一类是有关维护以皇帝为代表的唐王朝的国家统治规定,包括谋反、谋大逆、谋叛和大不敬;另一类是有关维护以家族为代表的社会和宗法伦理方面的规定,包括恶逆、不道、不孝、

---

① 对照上述《唐律疏议·名例》的表述和如图 1-3 所示,可以发现,《唐律疏议》的指导思想不过是中国文化原理在法律上的延伸和表达,只是这个原理的内涵有了变化,由阴阳合一、阳主阴从的哲学概念,转换成了礼法结合、德主刑辅的法律概念。因此,从法哲学上说,以《唐律疏议》为代表的传统中国法的原理可以称为道德文化原理。有关这个问题进一步的讨论,可参见本书第六章《传统中国法的道德原理及其价值》。

不睦、不义和内乱。[1] 虽然《唐律疏议》对这两类犯罪的处罚都极重而且手法不一,但显然前一类要重于后一类,表明《唐律疏议》在维护国与家之间,以前者为重为主而以后者为轻为从。[2] 由此,我们看到,在《唐律疏议》的十恶制度设置中,不仅隐存着一体(十恶)两元(两类犯罪)主从式(前一类重于后一类)多样化(十种不同的犯罪和处罚方式)的构成;而且还隐存着同样的文化原理,这可以从《唐律疏议》将十恶定性为"亏损名教,毁裂冠冕"[3]中看出。因为名教和冠冕所表达和代表的正是中国文化的核心——礼教,礼教在政治上的表述即是前引《唐律疏议》之《名例》所说的政教,而政教的正当性或者说理论根据正是图 1-3 所明示的扎根于阴阳的道德文化原理。

通过对以《唐律疏议》为代表的法典的分析和对比,我们发现传统中国的国家观不仅表现在家国一体的同构共理上,还表现在家、国、法与文化原理的同构共理上;而且还不仅仅停留在人们的观念和哲学认识上,实际上已通过国家法制和社会规范的设置来加以认同、维护和支持。

三、传统中国家国一体国家观的得失与取舍

如前所论,传统中国的家国一体国家观,既植根于其经济社会结构,又强化于伦理政治文化传统,最后还与文化原理同构共理,并获得国家法制和社会规范的维护与支持。这意味着在传统中国,家

① 正如陈顾远先生所说:"中国向之视为罪大恶极者,不出两类。其一,关于叛逆之犯罪行为,此为维持家天下之地位,不得不严也;其一,关于反伦之犯罪行为,此为有助君纲之树立,不得不重也。"(陈顾远:《中国法制史》,商务印书馆 1934 年版,第 296 页。)

② 《唐律疏议》对此有详细规定,参见(唐)长孙无忌等:《唐律疏议》,刘俊文点校,中华书局 1983 年版,第 6~16 页。

③ (唐)长孙无忌等:《唐律疏议》,刘俊文点校,中华书局 1983 年版,第 6 页。

国一体国家观拥有基础上的牢固性、内涵上的道德性、法理上的正当性、观念上的正统性和普遍性。其中，内涵上的道德性根源于从阴阳一体、阳主阴从的自然法则推导和建构起来的道德一体、德生道成的文化原理法则，然后又从这个文化原理法则推导和建构起仁义一体、仁施义取的伦理法则，再从这个伦理法则推导和建构起忠孝一体但以孝为本、以忠为上的家国一体国家观。这既是传统中国家、国、法与文化原理同构共理的理论逻辑，又是传统中国家国一体国家观的政治道德化的由来和表现。

由此可见，家国一体下的政治道德化的国家观在中国可谓根深蒂固。所以，即使经历了近代以来中国社会与国家政权的剧烈变动与转型，而且传统的家国一体国家观的内涵亦确实发生了变化，①但是这个国家观的内核似乎在大多数普通中国人的观念中还依然存在。譬如，中华人民共和国成立之初制定的两部最重要最完整的法律，一部是1950年的《中华人民共和国婚姻法》，另一部是1954年的《中华人民共和国宪法》。从法律意义上来讲，婚姻法可以代表家，宪法可以代表国，所以，婚姻法和宪法的制定标志着新国家的建立，而这个新国家的背后所隐含的不正是家国一体的国家观吗？还有，朝鲜战争爆发后，当时提出的“保家卫国”的口号不亦是这样的国家观的反映吗？甚至我们还可以这样推想，正是因为有了婚姻法和宪法所代表的家国一体的新国家的建立，所以在人们的意识深处对诸如民法、刑法这样重要的法律就不急于制定，至少不像代表家与国的婚姻法和宪法那样急于制成。时至今日，虽然现代的民族国家观和公民国家观在知识精英中已得到不同程度的拥护，而且在当今中国亦有扩大和认同的趋势，但笔者认为传统中国的家国一体国

① 参见金观涛、刘青峰：《观念史研究》，法律出版社2009年版，第242~249页。

权受到根本限制,因此它在本质上仍归属于传统的臣民国家观。臣民国家观的本质是,君王是臣民的主人,在君王与臣民之间,君王是权利主体,臣民更多的是义务主体,所以,在公共政治领域,君王有权代臣民做主,而臣民却没有自由、自主、选择的权利,其权利只能是基于君王的认可与赐予。在传统中国,臣民国家观的本质是君为臣纲,而君为臣纲又是以父为子纲和夫为妻纲为基础的。这样由三纲支撑的国家观,反映到人的身份和权利上,必然是代表国的君为主为尊,代表家的民为臣为卑;而家国一体又意味着在从家到国的过程中,存在由家庭伦理转化提升而来的国家伦理,这在前面的图1-1和图1-2中直观可见。这样,在家国一体国家观中,就有了宗法、等级、特权和专制这些臣民国家观的内涵和要素。譬如,以此来观察传统中国社会与法,可以发现,无论是社会结构还是人际社会关系,从纵向上看都是等级的。这里所谓等级的,是指按传统中国法的规定,人们的身份是一个上下不等、同级平等的阶梯结构。这个结构在《唐律疏议》中被表述为"贵贱、尊卑、长幼、亲属等"。[①] 其从上到下的排列依次是:帝皇、贵族、官僚、平民、贱民、奴婢。不同等级之间的权利和义务是不相等的,整个结构从下往上权利可扩大至不限,而从上往下权利则缩小至无。如"奴婢贱人,律比畜产",[②]因而被排除在权利主体之外;平民虽是权利主体,在民事领域亦有相应的权利,但在公共政治领域,其主体性和选择权则极其有限,基本上都是由官府做主。[③] 虽然法律同时规定,在同一等级内,人们之间

① 参见(唐)长孙无忌等:《唐律疏议》,刘俊文点校,中华书局1983年版,第286页。

② 参见(唐)长孙无忌等:《唐律疏议》,刘俊文点校,中华书局1983年版,第231页。

③ 在传统中国,平民即是法律上的良民,其主体为广大的自耕农和中小庶族,独立的手工业者和商人亦是其组成部分。依唐律,平民有独立的人格,对任何人无人身依附关系,但对国家负有纳税、服役、征防的义务。平民是唐代民事权利的主体,可以自由、独立地参与各种民事活动,但平民中的工商阶层较之士农仍受歧视,法律规定种种限制,尤其是"工商之家不得预与士"的规定,剥夺了工商者及其子弟的参政权,这种传统至少在制度上维持到清末变法修律前。

的权利和义务是对等的,但总体而言,家国一体国家观中这些限制性的内涵和要素,实际是君王和官府以国和公的名义凌驾于民和私之上。这些在今天都是要批判和反思的东西。

造成上述这些弊端的原因很多,但从观念上说,传统中国国家观因过于强调家国一体而忽视或者说无视了家国一体又有别。[①] 由于过于强调了家国一体,所以在观念上容易造成政事与民事、公与私、君臣与父子、忠与孝、地域与血缘、拟制血缘与自然血缘、国法与家礼、治国与齐家的混淆以致混同,而混淆以致混同的观念无疑抹杀了家与国原本应有的差别,而这些差别正是人们划分和设置公与私、权利与义务界限的认识前提。没有这样的认识前提,就不会有相应的制度和机构设置;没有相应的制度和机构设置,自然就容易产生且产生后又难克服上述那些弊端。那么,站在今天的立场上,我们又如何来克服家国一体国家观的弊而发挥它的利呢? 对此,我提出几点不成熟的看法,借此向大家讨教。

其一,值得提出的是,传统中国的家国一体国家观,以及家、国、法与文化原理的同构共理,这是传统中国特定环境的产物,标志着自然、社会、人类或者说天、地、人三者在某种程度上的和谐统一。这个统一由于得到了经济社会结构和伦理政治传统的支撑和支持,所以在传统中国历史范围内它保持着相应的连续性。但这毕竟是一个相对稳定和封闭的系统,因此,随着近代以来经济社会结构和伦理政治的变革,它愈益不能适应变化了的社会,以致在结构上趋于瓦解,亦即家、国、法与文化原理在同构共理上趋于分离。这意味

① 事实上,家与国在一体的同时又有差别,包括在性质、功能、范围和运行上,两者都有显著的差别,但本书着重讨论家国一体的方面,家国有别的方面拟另作探讨。在这方面可推荐参考的资料有[日]尾形勇:《中国古代的"家"与国家》,张鹤泉译,中华书局2010年版;马克垚:《论家国一体问题》,载《史学理论研究》2012年第2期。

着相对于传统中国社会,近代以来的中国社会存在观念、制度与现实之间的背离。然而,由于在人类历史上,观念自身具有某种连续性,所以,家国一体的国家观念影响至今。这是传统的现实,亦是现实的传统,因此,我们必须面对并加以改造。因为未来中国的观念、制度与现实的对接,亦即中国社会系统的再统一,那将是新的家、国、法与文化原理同构共理的再造,亦是新的家国一体又有别的国家观的新生。这里的"一体"是指中国人在观念上或有可能继续保持对家与国同呼吸、共命运的某种认同,而"又有别"是指中国人将在观念和制度上接受对政事与民事、公与私、权利与义务进行某种合理分离的安排。

其二,家国一体观的形式结构是一体两元主从式多样化的构成,而它的内涵实质是政治道德化或道德政治论。事实表明,时至今日,政治道德化自然不必要,但对政治和法律(包括为政者和执法者)的道德要求却不能放弃。这部分是因为政治本身就是因公众而存在并为公众而服务的,所以它必须受到公众道德的支持和制约;部分还因为是家国分离后中国政治失去了家国一体时的道德制约,再加上全球性的政治游戏化和政党集团的利益化,导致现实中出现了政治和法律非道德化,为政者和执法者缺乏道德责任与道德自律的现象,而强调道德对他们的支持和制约,既是家国一体国家观的精髓部分,亦是中国政治文化的优良传统。但怎样既不放弃道德对他们的支持和制约,又不走国家政治和法律道德化的老路,这就要在它们之间形成某种张力:一方面政治(包括法)的归政治、道德的归道德;另一方面政治要有道德的支持和制约,而支持和制约政治的道德又必须与时俱进。我们知道,传统中国的道德主要是三纲五常,现在中国的道德在官方看来主要是国家意识形态。笔者认为三纲已过时,但五常仍有价值。三纲是传统中国特有的宗法伦理,它强调忠孝，表现为上下、贵贱、尊卑、男女之间的等差，整体上是一种主从性的差序结构。这种结构在今天看来极不合理，但在传统中国却是合理的，因为它符合当时中国人所认识到的天地或者说自然世界的有序性法则。① 五常，即仁、义、礼、智、信，按传统中国人的理解，五常是人之为人的五种基本德性。② 所以，它不同于三纲，虽然不免有某些宗法的属性，但更有超越宗法的普适性，主要表现为人之为人的责任与担当。因此，比较三纲而言，五常建构的不是人与人之间主从性的差序关系结构，而是一种推己及人的对等关系结构。这种人际关系结构同样符合天地的自然法则，因为五常以仁义为首，仁又为五常之首，所以，仁代表了五常。③ 而仁者爱人，爱人者重生。这表明以仁为首的五常，符合自然世界的创生性法则，拥有某种超时空的合理性和普适性。因此，从中国政治文化传统和当今政治现状来看，支持和制约国家政治和法律（包括为政者和执法者）的道德应该包括良好的传统（如五常）和现今大众的民意，以及他们的理想追求。这是新道德的基础和主体。

其三，在上述新道德之外，受到道德支持和制约的国家政治（包

---

① 所以，三纲是天经地义之理。其实，随着中国社会的成长，三纲并非没有发挥过积极作用，否则就无法理解传统中国社会的兴盛与作为政纲的三纲之间的关系。贺麟先生对五伦特别是对三纲作了与众不同而富有哲理的解读。他认为，在传统中国，三纲之为纲有着自然、政治和道德上的合理性，对于大一统国家的存在和维护作用亦是明显的。参见贺麟：《五伦观念的新检讨》，载王元化主编：《释中国》（第2卷），上海文艺出版社1998年版，第1204～1218页。

② 五常与五伦不同，常有不变的意思，表明人有五种不变的德性；五伦是儒家认为的五种人伦道德，即孟子所说的“父子有亲，君臣有义，夫妇有别，长幼有序，朋友有信”。（《孟子·滕文公上》。）五伦主要是调整人们之间上下、尊卑的关系，涉及血缘、身份和性别等，这与主要用于调整对等的社会人际关系的五常不同。

③ 如北宋理学家程颢说：“学者须先识仁，仁者浑然与物同体，礼、义、智、信皆仁也。”［（宋）程颢、程颐：《二程集》，中华书局1981年版，第16页。］又如南宋理学家陈淳说：“仁者，心之全德，兼统四者。”［（宋）陈淳：《北溪字义》，熊国祯高流水点校，中华书局1983年版，第22页。］

括法)，还理应含有传统中国的道德责任、合理有序、不同而和、共生共荣、天下一家的人文关怀和人类理想。如前所述，这个人文关怀和人类理想源于中国文化原理，而中国文化原理扎根于万物有序与生生不息的自然之理，亦即建立在“万物有序/成与生生不息/生→阴与阳→道与德对立统一”的有机宇宙论之上。这种从万物有机出发具有生命感的理论，从根本上回答了有机世界存在的形式与本质，即世界在形式上是道本质上是德，这表明中国人的世界观实际上是道德观。这个道德观既是中国人的世界观及其正当性所在，亦是中华文明历五千年风雨而绵延不绝的思想根源，甚至还有可能是我们复兴中华文化的思想资源和精神动力。特别是在当今，面对西方形式上平等、实质上对抗而本质上为个人自由的道德观，以及在此基础上发展起来并受到修饰但骨子里仍然是弱肉强食这种崇尚实力的非道义外交，正在崛起的中国理应坚持中华文明中继绝存亡、不同而和、共生共荣这种崇尚德性而非力量的人文关怀和人类理想。① 当然，我们同时还要充实自由、民主、人权、法治这些现代政治原则，从而使中国国家观成为奠基于道德②与自由③这两大基石之上的新型法治国家观，亦即在对本民族文化认同的基础上，汲取西方和现代国家观的优长，并将它们置于中国人民的伟大实践之中，使它们在历史的洪流中融合为一。这样，我们就有望从传统的臣民国家观转变为现代而又不失中国内涵的公民国家观。

---

① 有关家国一体国家观的这种人文关怀和人类理想，参见高明士：《天下秩序与文化圈的探索》，上海古籍出版社 2008 年版，第 3~28 页；[日]渡边信一郎：《中国古代的王权与天下秩序》，徐冲译，中华书局 2008 年版，第 77~96 页。

② 立足于群体，表现为责任优先，追求合理有序的社会和谐关系，这是中国传统的道德观，亦是笔者所理解的传统中国的政治正义论。

③ 立足于个体，表现为权利优先，追求民主平等的社会制衡关系，这是西方主流的道德观，亦是笔者所理解的西方主流的政治正义论。

综上所述,笔者认为家国一体观是传统中国最广泛持久的国家观。这个国家观之所以广泛持久地传播,除了基本的社会历史事实外,在很大程度上还得力于人们观念上的认同;而人们之所以有这种观念上的认同,主要是因为家国同构共理,即家与国(包括法)都是一体两元主从式多样化的构成和国家政治(包括法)的道德化。这样的国家观既植根于传统中国的经济社会结构,又强化于伦理政治文化传统,最后与传统中国的道德文化原理相通,并获得国家法制和社会规范的维护与支持。因此,从历史的角度说,它是一种内生并适合传统中国且至今还有影响的国家观;但从现代和法律的角度说,它本质上仍是一种传统的臣民国家观。因此,如何克服它的弊而发挥它的利,这是我们今天要思考的问题。为此,笔者提出,对当代中国的政治法律而言,道德化自不必要,但对政治和法律(包括为政者与执法者)的道德要求不能放弃,同时充实现代政治原则,以促使我们形成新的公民国家观。

第二章　传统中国法特征*

一、新论的必要:概述与辨析

事物都有其特征,传统中国法亦不例外。由于事物的特征是人们认识事物的重要组成部分,所以,长期以来学界对探讨传统中国法的特征一直表现出很大的兴趣。就笔者的接触而言,在这方面有影响的中国学者有沈家本、梁启超、杨鸿烈、蔡枢衡、陈顾远、李钟声、戴炎辉、张晋藩、张伟仁、梁治平等;国外学者中有日本的浅井虎夫、仁井田陞、滋贺秀三、千叶正士、寺田浩明等,西方学者有埃斯卡拉、威格摩尔、布迪、金勇义、高道蕴、麦克密克,以及李约瑟等。① 尽管他们的成果有的是描述而不是

---

* 原载《政法论坛》2015 年第 5 期,有修改。

① 请分别参见沈家本的《历代刑法考》(中华书局 1985 年版),梁启超的《梁启超法学文集》(范忠信选编,中国政法大学出版社 2000 年版),杨鸿烈的《中国法律发达史》(中国政法大学出版社 2009 年版)和《中国法律思想史》(中国政法大学出版社 2004 年版),蔡枢衡的《中国法理的自觉发展》(清华大学出版社 2005 年版),

研究性的，但无疑开启和推进了我们对这个问题的认识。不过，这些成果亦存在明显的不足。其中有两个最大的不足：一是这些成果大多集中在对礼与法及法律道德化特征的不同表述和阐释上。虽然一般地说，礼与法及法律道德化确是传统中国法的特征，但传统中国法的特征不止有礼与法及法律道德化，而且严格地说，礼与法与其说是传统中国法的特征，还不如说是传统中国法的构成要素更为贴切。二是多数研究仅停留在对表面形象特征的认识上。所以，无论论者提出多少特征，这些特征之间依然缺乏强有力的内在联系，因为这种表面的形象特征认识，实际分隔了事物固有的本质/机

陈顾远的《中国文化与中国法系——陈顾远法律史论集》（范忠信等编，中国政法大学出版社 2006 年版），李钟声的《中华法系》（台北，华欣文艺事业中心 1985 年版），戴炎辉的《唐律通论》（台北，元照出版有限公司 2010 年版），瞿同祖的《瞿同祖法学论著集》（中国政法大学出版社 1998 年版），张晋藩的《中国法律传统与近代转型》（法律出版社 2009 年版），梁治平的《寻求自然秩序中的和谐》（中国政法大学出版社 2002 年版），以及张伟仁的《中国法文化的起源、发展和特点》（上、下）（载《中外法学》2010 年第 6 期和 2011 年第 1 期）；另请参见［日］浅井虎夫的《中国法典编纂沿革史》（陈重民译，中国政法大学出版社 2007 年版），［日］仁井田陞的《中国社会的法与伦理——中国法的原理》（日本清水弘文堂书房 1967 年日文版）和《中国法制史》（牟发松译，上海古籍出版社 2011 年版），［日］滋贺秀三的《中国家族法原理》（李力、张建国译，法律出版社 2003 年版）和《清代中国的法与裁判》（日本创文社 1984 年日文版）以及《清代中国的法与裁判》（续）（日本创文社 2009 年日文版），［日］千叶正士的《亚细亚法的多元构造》（日本成文堂书房 1998 年日文版），［日］寺田浩明等人的《明清时期的民事审判与民间契约》（王亚新等编，法律出版社 1998 年版），［法］埃斯卡拉的《中国法》（北平 1936 年法文版），［美］威格摩尔的《世界法系概览》（何勤华等译，上海人民出版社 2004 年版），［美］布迪等人的《中华帝国的法律》（朱勇译，江苏人民出版社 1993 年版），［美］金勇义的《中国与西方的法律观念》（陈国平等译，辽宁人民出版社 1989 年版），［美］高道蕴等人的《美国学者论中国法律传统》（高鸿钧等译，清华大学出版社 2004 年版），［美］柯恩等人的《中国法律传统论集》（美国普林斯顿大学出版社 1980 年英文版），［英］麦克密克的《传统中国法律的精神》（美国佐治亚大学出版社 1995 年英文版），［英］李约瑟的《中国科学技术史》（第 2 卷）《科学思想史》（何兆武等译，科学出版社与上海古籍出版社 1990 年联合出版）等著作中的相关部分。这里要说明的是，上述引注中所列中外学者的论著，尤其是有关传统中国法特征的论述，笔者都曾仔细阅读和浏览过。如果把这些内容汇合起来，不仅数量庞大，而且多有重复，所以，在此不一一胪列，有意者可依注中信息检阅。

理→机制→结构→形象的一体化关系。因此，为了更好地认识传统中国法的特征，我们有必要重新审视这一问题。本文正是基于这样一种考虑，以法文化的视野和法哲学的方法，沿着形象→结构→机制→本质/机理的思路，从传统中国法的形象往里透视，层层递进地寻找和揭示它内生、固有和特有的症状，以期在系统和贯通的层面上认识并把握传统中国法的特征。[①]

二、特征之一：有机一体

在文化哲学上，传统中国人把世界看作一个大化流行的有机体，认为包括天地人为一体的世界是一个有生命的系统。[②] 同样，他们把广义上的法（大致相当于我们今天所说的法律文化，本章亦是在这个意义上理解和使用传统中国法的）亦视为一个有机体。例

---

① 有关形象→结构→机制→本质/机理的特征，可以建筑物为例来做譬喻。譬如，凡建筑物必有它的形象（如宫殿/天安门城楼），（宫殿/天安门城楼的）形象建立在（对称的）结构上，（对称的）结构以平衡为机制，平衡的机制依据于建筑力学原理，建筑力学原理即是该建筑物（系统）的机理，对于社会事物而言这亦可以说是本质所在。

② 据《现代汉语词典》，有机体是具有生命的个体的统称，包括植物和动物。由此可见，有机体是具有生命的系统。中国经典特别是《周易·系辞上下》和《礼记·月令》，几乎整篇都谈到了这个问题，《礼记·乐记》中亦有此论，所谓“……在天成象，在地成形。如此，则礼者天地之别也。地气上升，天气下降，阴阳相摩，天地相荡，鼓之以雷霆，奋之以风雨，动之以四时，暖之以日月，而百化兴焉。如此，则乐者天地之和也。化不时则不生，男女无辨则乱升，天地之情也。及夫礼乐之极乎天而蟠乎地，行乎阴阳而通乎鬼神，穷高极远而测深厚。乐著大始，而礼居成物。著不息者天也，著不动者地也。一动一静，天地之间也”。除古典记录外，现代研究中特别值的推荐的是，[英]李约瑟的《中国科学技术史·科学思想史》。他在为该书所写的“作者的话”中写道：“中国的自然主义具有根深蒂固的有机的和非机械的性质。……”该书围绕这一问题作了笔者所见到的最为系统、客观和不乏深刻的讨论。参见[英]李约瑟：《中国科学技术史·科学思想史》，何兆武等译，科学出版社与上海古籍出版社 1990 年联合出版，“作者的话”。此外，还可参见[美]杜维明：《试谈中国哲学中的三个基调》，载王元化主编：《释中国》（第 2 卷），上海文艺出版社 1998 年版，第 878 页及以下；蒙培元：《理学范畴系统》，人民出版社 1989 年版，第 425~451 页。

如,我们所熟悉的"天叙有典"、"天秩有礼"、"天讨有罪"①以及"道法自然"②等,都表达了这种天地生法的有机论法思想。③ 实际上,这亦就是李约瑟所说的"中国人把法律和'自然法则'作类比的态度"。④

虽然传统中国法并不是生物学意义上的有机体,但当人们把它作为有机体来对待和追求时,就等于赋予了它某种生机,使之成为一个有生命感的系统。作为一个有生命感的系统,自然呈现出一种有机一体的形象特征。因为有机一体或者说系统性,是有机系统最基本的特征。⑤ 对于这个形象化的外部整体特征,凡是熟悉传统中国法的人实际上不难想象,但如何具体来理解传统中国法的这个特征,这是以往相关研究中所缺乏的,所以,我们有必要先明确有机一体的含义。依据笔者的理解,有机一体是有机系统内生的整体性、连续性与联系性相统一的一体化形象特征。因此,对于传统中国法的有机一体,我们不妨从这几个方面来认识。

传统中国法的有机一体,首先表现在它的整体性上。整体性是一个具有立体意味的概念,它表示系统在空间上的一体化。从这个

---

① 《尚书·皋陶谟》。

② 《老子》第25章。

③ 天地生法的有机论法思想,在中国古籍中不胜枚举,其中《汉书·刑法志》、《魏书·刑法志》以及《唐律疏议·名例》的开头部分值得一读。另外,参见杨鸿烈:《中国法律思想史》,中国政法大学出版社2004年版,第97~110页"一般法律原理的泛论(一):阴阳五行等天人交感及诸禁忌说"。

④ [英]李约瑟:《中国科学技术史·科学思想史》,何兆武等译,科学出版社与上海古籍出版社1990年联合出版,"作者的话",详细的讨论参见该书第551~620页"中国和西方的人间法律和自然法则";结合法律规定和案例的讨论,参见[美]布迪等人:《中华帝国的法律》,朱勇译,江苏人民出版社1993年版,第31~35页及以下。

⑤ 系统论认为,整体性、关联性、时序性、等级结构性和动态平衡性等,是包括有机系统在内的所有系统的特征。当这些特征在时空上合而为一,或者说有机系统一体化时,就是有机一体。有机一体是有机系统最显著的基本特征。参见魏宏森等:《系统论——系统科学哲学》,世界图书出版公司2009年版;苗连升:《系统科学精要》,中国人民大学出版社2010年版。

意义上说,传统中国法的整体性,即意味着它在整体上是一个统一的系统。这个统一的系统首先是整体有序,然后是整体为一。这两者在逻辑上虽有先后,但总体上是辩证关系,可以说有序是为一的条件和内容,为一是有序的结果和表现,两者互为表里同存共在。这种相互依存、辩证为一的整体特征,在传统中国法中显而易见。例如,从国家制定法的法制系统来说,传统中国法包括了法源、法律(典)、法司,其中这几个部分以及每一部分的内部,又都独立有序而又相互依存,最后形成一个完整的系统。我们可以唐代为例。唐代的法源有律、令、格、式,法律(典)有《永徽律》《永徽令》《永徽格》《永徽式》等,法司有从中央到地方的完备体制。① 这样,在唐代法制体系的内部,法源、法典、法司,既独自存在又相互依存,其中法源反映在法律(典)中;法律(典)成为法司存在和运作的依据;法司的存在和运作,使法司、法律(典)与法源,无论是处于静态还是动态中,都构成一个完整的法制系统。② 这是就法源、法律(典)、法司的整体而言,若就其中的每一部分而言亦是如此。如在法源系统中,律、令、格、式同样是既各自独立又相互依存,这即是《新唐书·刑法志》所说:"唐之刑书有四,曰:律、令、格、式。令者,尊卑贵贱之等数,国家之制度也;格者,百官有司之所常行之事也;式者,其所常守之法也。凡邦国之政,必从事于此三者。其有所违及人之为恶而入于罪戾者,一断以律。"这段记述言简意赅地点明了,律、令、格、式的职能分工及其相互依存的协同关系。其实,这种辩证的整体性,并不仅限于唐代法制,其他朝代法制亦然,只是程度不同而已。

---

① 参见新旧《唐书·刑法志》;另外,参见杨鸿烈:《中国法律发达史》,中国政法大学出版社 2009 年版,第 225~240 页"(唐代)法典"和第 241~246 页"(唐代)法院编制";陈鹏生主编:《中国法制通史·隋唐》,法律出版社 1999 年版,第 153~167 页"唐朝的法律体系及其渊源"和第 615~632 页"司法机关"。

② 参见杨鸿烈:《中国法律发达史》,中国政法大学出版社 2009 年版,第 246~252 页"(唐代)诉讼法"。

作为传统中国法有机一体的表现,整体性突出的是它形象上的空间感,连续性突出的是它形象上的时间感。因为连续是一个纵向性的序列概念,表示系统在时间上的前后相续。对照传统中国法的历史,把它视为一个前后相续的系统并不为过。翻开中国古代法典和刑法志,我们可以反复读到有关此类内容的表述。如《唐律疏议·名例》开篇就叙述了从远古到唐代的法律形式、法典结构和法律制度方面的沿革史;[①]《清史稿·刑法一》更是在精神实质上对此做了一个较好的总结,它说“中国自书契以来,以礼教治天下。劳之来之而政出焉,匡之直之而刑生焉。政也,刑也,凡皆以维持礼教于勿替。故《尚书》曰:‘明于五刑,以弼五教。’又曰:‘士制百姓于刑之中,以教祗德。’古先哲王,其制刑之精义如此。……至唐《永徽律》出,始集其成。虽沿宋迄元、明而面目一变,然科条所布,于扶翼世教之意,未尝不兢兢焉。君子上下数千年之间,观其教化之昏明,与夫刑罚之中不中,而盛衰治乱之故,綦可睹矣。”[②]由上述《唐律疏议·名例》和《清史稿·刑法一》的叙述中,我们可以清楚地看到,传统中国法,无论是在形式、内容还是精神上,都保持着强有力的连续性。虽然这种连续性并不意味着一成不变,事实上恰恰相反,变是一直存在的,但变中又有不变,结果是变与不变的统一。这种变与不变的统一,可以说是一种辩证的连续,亦即建立在孔子所说的“损益”之上的一脉相承。[③]

---

① 《唐律疏议·名例》曰:“汉相萧何,更加悝所造户、兴、厩三篇,谓九章之律。魏因汉律为一十八篇,改汉具律为刑名第一。晋命贾充等,增损汉、魏律为二十篇,于魏刑名律中分为法例律。宋、齐、梁及后魏,因而不改,爰至北齐,併刑名、法例为名例。后周复为刑名。隋因北齐,更为名例。唐因于隋,相承不改。”

② 《历代刑法志》,群众出版社1988年版,第563页。

③ 孔子回答子张说:“殷因于夏礼,所损益,可知也;周因于殷礼,所损益,可知也。”(《论语·为政》)这表明在孔子看来,夏商周三代礼制的关系是在继承基础上的废除与增加,亦即因袭之上的损与益。

一脉相承主要是纵向性的展示,只有在空间与时间,亦即整体性与连续性的有机结合中,亦即将整体性(空间上)与连续性(时间上)合二为一,一个历时共存的完整系统才最终形成。在传统中国法中,这种合二为一的联系性突出表现在一体化与多样性的辩证统一上。其中,一体化就是整体性与连续性的有机统一。这个问题前面已有讨论,这里拟从整体连续与局部变化方面略作补充。如前所述,传统中国法历数千年自成系统,保持着整体上的连续性,所以一些基本的法律概念和形式,如传统中国法的主干“律”,被誉为“万世不变”,而“律”这个系统本身却是在数千年中逐步发展和完善起来的,其过程即是局部变化与整体连续相统一的过程。就此而言,作为每一次局部变化的过程与结果,从时间点上分别前后来观察可以说是变,但把所有这些局部变化的过程与结果累积起来观察,它又是某种性质的不变,因为所有的变都是在同一系统内和同一属性中展开的。正如陈顾远先生所说:“然过去法制既在中国法系之下,任何变动均莫离乎其宗,最大变动之中仍有不变者在焉。是故从变法中之变而言‘变’,所以观其异也;从变法中之不变而言‘变’,所以比其同也。”[①]这是把传统中国法作为一个整体来观察认识的结果,如果从具体或者说断代方面来看,情形亦大体如此。即如刘俊文教授在他点校的《唐律疏议》中所说:“中外学术界中有人把今传《唐律疏议》只看作《永徽律疏》,有人则只看作《开元律疏》,各执一偏,都不符合历史实际。《唐律疏议》撰于永徽,其所疏释的律条基本上定

---

① 参见陈顾远:《中国法制史概要》,商务印书馆2011年版,第25页。另外,《明史·刑法志》对传统中国法制的变与不变亦有所说明,所谓:“自汉以来,刑法沿革不一。隋更五刑之条,设三奏之令。唐撰律令,一准乎礼以为出入。宋采用之,而所重者敕,律所不载者,则听之于敕。故时轻时重,无一是之归。元制,取所行一时之例为条格而已。明初,丞相李善长等言:‘历代之律,皆以汉九章为宗,至唐始集其成。今制宜遵唐旧。’太祖从其言。”

于贞观,而律疏的部分内容和文字又是永徽以后直至开元间多次修改的产物。这种整体的连续与局部的变化告诉我们,《唐律疏议》并非永徽或开元一朝之典,而是有唐一代之典。"[①]其实,这种情况亦并不仅限于《唐律疏议》,在中国历代著名法典中是有普遍性的。

如上所述,一体化是由整体性与连续性所构成的,而整体性与连续性是由多样性来充实的。在传统中国法的有机一体中,没有绝对和单一的整体性与连续性,整体性与连续都是多样性的统一。对于多样性,我们可以说,传统中国法是由国家法与民间法所构成,其中国家法有律、令、格、式、科、比、敕、例、礼等,民间法有家法族规、乡规民约、帮规行规等,这表明传统中国法在形式上是多样性的统一。[②] 不唯如此,即使在法的内容上亦是如此。譬如,作为唐代多样性的法律形式之一的"律",亦即《唐律疏议》,在现代法学眼里,它涉及政事、刑事、民事以及诉讼等多方面的规定,可谓是一部诸法合体、内容多样的法典。[③] 但如果我们再深入到它具体的法条上,还会发现《唐律疏议》中有相当数量的法律条文,含有"之属"、"之类"、"仿此"、"百端"、"比附"、"皆是"以及"不应得为"的法言法语。[④]这表明在法条这一法典中最小单位的载体上,依然包含了对法律事

---

① (唐)长孙无忌等:《唐律疏议》,刘俊文点校,中华书局 1983 年版,第 3~4 页"点校说明"。

② 参见范忠信等编:《中国文化与中国法系——陈顾远法律史论集》,中国政法大学出版社 2006 年版,第 74~89 页"中国传统文化下之法制除刑制刑书外应如何整体观察"。

③ 《唐律疏议》不仅涵盖而且还超出了这些内容,这里不便就其十二篇三十卷内容分类详列,有意者可以参见该法典或有关论著的解说。

④ 笔者在研读《唐律疏议》时稍有整理,虽不完备,但可资参考,有意者参见(唐)长孙无忌等:《唐律疏议》,刘俊文点校,中华书局 1983 年版。其中,"之属"见该书第 224 页、第 427 页、第 488 页、第 546 页,"之类"见该书第 44 页、第 201 页、第 202 页、第 295 页、第 392 页、第 441 页、第 443 页、第 444 页、第 445 页、第 466 页、第 516 页、第 541 页、第 546 页、第 565 页、第 575 页,"仿此"见该书第 274 页、第 440 页,"百端"见该书第 310 页,"比附"见该书第 355 页,"皆是"见该书第 427 页、第 465 页、第 487 页,"不应得为"见该书第 103 页、第 104 页、第 170 页、第 205 页、第 206 页、第 217 页、第 224 页。

实多样性的预见和设计。而且，在其他方面，我们亦不难发现同样情形。如从语义上说，汉字中的“法”字，这个字本身就含有了天理、法则、法度、法式、法律、命令、习惯、规矩、绳墨、度量等多样的内涵。又如，传统中国人的法观念，亦是天理、国法和人情三位一体的多样性统一。[①] 而多样性之所以能够统一，即如整体性与连续性之所以能够一体化，完全在于它们之间的有机联系性。正是由于这种有机联系性，多样性之间以及整体性与连续性之间形成了统一的逻辑关系，从而能在多样性之上构成整体性与连续性，并在整体性与连续性之上形成有机一体。如果用传统中国的法律术语来表述，这个有机一体可谓是“同符画一”。[②]

讨论到此，我们将上述内容联结起来，是否可以得到这样一个认识，即传统中国法正是通过其有机的内在联系性，在空间和时间上，把整体性与连续性结合在了一起。所以，从它的外部形象看，整体上呈现出一体化的面相；但从它的内部要素看，其构成又是多样性的。正是这种一体化与多样性的辩证统一，塑造了传统中国法有机一体的形象特征。但从思想观念和社会根源上来说，传统中国法的这种有机一体形象特征，其实是传统中国的有机宇宙观和家国一体社会的反映。

三、特征之二：两元主从

如果说有机一体是传统中国法的形象特征的话，那么，两元主

---

① 参见陈顾远：《天理·国法·人情》，载范忠信等编：《中国文化与中国法系——陈顾远法律史论集》，中国政法大学出版社 2006 年版，第 275~282 页。

② 参见（唐）长孙无忌等：《唐律疏议》，刘俊文点校，中华书局 1983 年版，第 2 页。其实，在传统中国法典的御制序文和奏疏以及刑法志中，经常见有“一统”“划一”“画一”之类的措辞，借以表示国家法律或整部法典整体为一的意思。例如，参见《大清律例》，田涛等点校，法律出版社 1999 年版，第 5 页、第 7 页、第 9 页、第 11 页、第 12 页、第 15 页。

从可以说是它结构上的特征。这是我们通过传统中国法的外部形象,从观察它的内部构造中所获得的一个认识。如果我们继续深入观察,就不难发现这两元主从的结构事实上亦是一个有机统一体。它包含了统一体中相互对应的两元、两元之间的主从及其辩证关系这样三个相互关联的部分。因此,对于传统中国法的这个结构上的特征,我们可以从这三个方面来展开讨论。

如前所述,传统中国法是一个统一体,但这里要再说明的是,在这个统一体的结构中,存在相互对应的两元构造。无论是从法的广义还是狭义出发,传统中国法都是这样的构造。譬如,从广义上说,传统中国法复杂多样,但即如前述,这种复杂多样并非杂乱无章,而是一体化与多样性的有机统一。因此,无论国家法与民间法的构成多么复杂,如国家法之律、令、格、式、科、比、敕、例以至于礼等,民间法之家法族规、乡规民约、帮规行规等,但在法文化的视野中,依据法的分类和属性,它们都可以归入国家法或民间法的范畴中。这表明广义上的传统中国法体系,其实是由国家法与民间法这相互对应的两元系统所构成的。同样,从相对狭义的角度来说,传统中国法亦是一个相互对应的两元构造,即人们通常所说的礼与法或德与刑的两元结构。如果从严格的实定法角度来说,法与刑及其它们本身即是一个相互对应的两元构造,其中法的两元构造的典型结构是律令制,亦即由律与令这两元所构成的国家法制。律令制形成并盛行于我国的秦汉至隋唐时期,隋唐以后尤其是明清时期,令的形式发生变化,其部分内容归于行政性质的会典,部分内容归于刑事性质的律或例。这样,在更严格的实定法亦即刑的领域内,律与例成了刑的两元构造,这即是明清时期的律例制。而且,在进一步的法律实践中,礼与法或德与刑的两元构造又演变成了情与理的两元构造。[①] 由此可见,无论是广义上的法,还是狭义上的法,抑或是更严格意义上的实定法,这种相互对应的两元构造是普遍存在的,并且由于这种相互对应的两元构造始终存在于一体之中,所以,传统中国法可谓是一体两元的构成。

在传统中国法的一体两元构成中,虽然相互对应的两元历时共存,但两者之间并非同等平行,而是存在一种主从关系,所以称为主从结构。[②] 这意味着在我们所讨论过的国家法与民间法、礼与法或德与刑的两元构造中,它们之间的关系是前者为主、后者为从,同时两者相互对应、互为一体。如《唐律疏议·名例》开篇所说:"德礼为政教之本,刑罚为政教之用,两者犹昏晓阳秋相须而成者也。"[③]它所表达的意思是,德礼是政教的根本,刑罚是政教的辅从,两者的关系犹如黄昏与早晨(相续为一天)、春天与秋天(相续为一年),两者相互对应又互相结合构成完美的整体。这种主从式的关系,在国家法与民间法以及情与理的两元构造中广泛存在。其中,在国家法与民间法中,国家法通常是由朝廷通过法典或敕令来宣告它至高无上的权威;[④]而民间法又总是以协从的措辞来明示它对国家法的依

① 此类资料繁多,经典者可参见中国社会科学院历史研究所宋辽金元史研究室点校的宋人作品《名公书判清明集》(中华书局1987年版)和明、清官员以及幕吏的判牍文集。现代研究的成果,可以参见[日]滋贺秀三:《清代诉讼制度之民事法源的概括性考察——情、理、法》,载王亚新等编:《明清时期的民事审判与民间契约》,法律出版社1998年版。

② 这有点类似于费孝通先生所说的差序格局,但不同的是费先生强调的是整体上的差序格局,笔者强调的是相互对应的两元中的主从式关系及其辩证性,这在费先生的文章中没有论述。参见费孝通:《乡土中国·生育制度》,北京大学出版社1998年版,第24页及前后。

③ 参见(唐)长孙无忌等:《唐律疏议·名例》,刘俊文点校,中华书局1983年版,第1页。

④ 如秦始皇刻石申明,他的秦律是"普施明法,经纬天下",要求"永为仪则"。(《史记·秦始皇本纪》。)唐代在《唐律疏议·名例》"疏议"中则明确提出:"大唐皇帝以上圣凝图,英声嗣武,润春云于品物,缓秋官于黎庶。今之典宪,前圣规模,章程靡失,鸿纤备举。"《唐六典》更是简洁明了地说:"律、令、格、式,天下通规。"(《唐六典·刑部郎中

附。[①]毫无疑问，在国家权威与民间协从之间存在铁定不移的主从式关系。这种情况当然亦适用礼与法或德与刑的两元关系，但在情与理的两元构造中却有所不同。由于实践中的情与理有不同的语境和场域，导致人们对它们的理解会发生分歧，因此，它们之间的主从式关系会随之变化。如果人们把“情”理解为人之常情，亦即具有普遍性的人性和民情民意，而把“理”理解为法理，那么，情与理的关系就是情主理从的关系，因为普遍性的人性和民情民意是法理

员外郎》。）明代朱元璋在《御制大明律序》中说：“朕有天下，仿古为治，明礼以导民，定律以绳顽，刊著为令，行之已久。……今后法司只依《律》与《大诰》议罪。……编写成书，刊布中外，使臣民知所遵守。”（《大明律》，怀效峰点校，辽沈书社 1990 年版，第 1 页。）又，朱元璋在《颁行大明令诏》中亦说：“……朕惟律、令者，治天下之法也。……兹命颁行四方，惟尔臣庶，体予至意。钦此。”（《大明律》，怀效峰点校，辽沈书社 1990 年版，第 229 页。）清朝乾隆皇帝在《御制大清律律序》中说：“简命大臣取律文及递年奏定成例，详悉参定，重加编辑。……颁于宇内，用昭划一之守。于戏，五刑五用以彰天讨，而严天威。予一人恭天成命，监成宪以布于下民，敢有弗钦？……”（《大清律例》，田涛等点校，法律出版社 1999 年版，第 4～5 页“御制序文”。）

① 笔者对乡约之类的民间法与国家法的关系有过探讨，基本认识是乡约之类的民间法的强制力不能超越国家法的许可，总体上是作为协助国家法的一种补充。如有的乡约开头有“钦遵圣制”，即遵照国家之法的意思，像明代叶春及所撰的《惠安政书》卷九“乡约篇”中即有此语，丘弘为《杭川乡约》所写的序文中“大抵以不违国制为先”亦是这个意思；有的干脆将圣谕置于约首，如明太祖的《圣谕六言》就载在《文堂乡约家法》的“圣谕屏”中；更多的是约会时要宣读圣谕，如《南赣乡约》约定：“当会日，同约毕至，约赞鸣鼓三，众皆诣香案前序立，北面跪听约正读告谕毕。”[参见张中秋：《原理及其意义：探索中国法律文化之道》（第 2 版），中国政法大学出版社 2005 年版，第 40～75 页。]又如，清代雍正皇帝担心康熙讲乡约的上谕十六条日久民怠，于是又寻绎其义，推衍其文，写下万言的圣谕广训，并制序文，刊刻成编，颁行天下，地方官则纷纷亲自出马，在推广乡约时宣讲圣谕。（参见周振鹤撰集：《圣谕广训：集解与研究》，顾美华点校，上海书店出版社 2006 年版，第 162～498 页、第 633～649 页。）此外，乡约中“呈官究治”“协官惩治”之类的话语，再明确不过地表明乡约在国家法之下。除乡约外，家法族规等民间法与国家法的关系亦复如此。如清代江南宁国府太平县馆田《李氏家法·家法引》申明道：“（若）纵子弟以乱法，则国法必至。国法至则非与家（法）等矣。拘提褫魄，敲楚断肌，株连则罪及无辜，贿赂则破尽家产。于此始悔教诫之无人，致祸之迭生不已，晚乎。先人忧之，故拟定《家法》一篇，以示后人。犯者惩之，且能改者，恕焉，亦明刑弼教之意也。”由此可见，家法非与国法等，家法只是辅助国法推行明刑弼教之意的民间规范而已。

的依据。这即是前人所说的“缘情立制”。相反，如果人们把“情”理解为特殊的人情或特殊的情况，亦即不具有普遍性的人性和民情民意，而把“理”理解为法律之理，那么，情与理的关系就转变为理主情从，因为法律之理已经体现了普遍性的人性和民情民意，而普遍性的人性和民情民意理应在特殊的人情和特殊的情况之上。这即是前人所说的“据律酌情”。但无论是哪一种情况，主从式的关系则始终存在于情与理的两元构造中。因此，综合起来看，传统中国法不止是一体两元的构成，还是一体两元主从式的构成。

传统中国法的这种主从式构成，既是绝对的又是相对的，准确说是绝对与相对的统一。这点并不难理解。在传统中国的国家法与民间法、礼与法或德与刑的结构关系中，始终是前者为主、后者为从，这就是它们主从式关系的绝对性。但这种绝对性只是形式上的，因为在一个互动、联动和贯通的体系中，前后和主从是会变动的，因此，所谓的前后和主从其实又是相对的。如果前者转化为后者，或后者转化前者，那么，主从式在形式上虽然没有变化，即前者依然为主、后者依然为从，但其内涵与角色却正好与原来相反。[①] 这种情况不仅存在于相互对应的两元之中，而且亦存在于每一元的内部构造中。如以国家法这一元范畴内的律令与律例制来说，在律与令或律与例这相互对应的两元中，两者之间前后和主从的关系并不是绝对的，而是绝对与相对的统一。[②] 因为传统中国法是一个相互关联和互动的体系，在构成这个体系的网络链条上，主从式在保持

---

① 从法源和法的内涵与精神上说，传统中国的国家法与民间法、礼与法或德与刑，实际上是一个相互联系、相互吸收、相互转化的过程与系统，亦即下面注释中所说的循环表里、迭相为用。

② 如西汉廷尉杜周说：“三尺安出哉？前主所是著为律，后主所是疏为令，当时为是，何古之法乎！”（《史记·酷吏列传》）《唐律疏议·名例》“疏议”亦重述了此说。我们知道，由于前主与后主都是相对的，所以，律与令亦是相对的。又如，例虽然在形式不能

形式不变的同时，其两元的主从角色会发生变化，即前者相对于它的后者为主，但相对于它的前者又为从；而后者相对于它的前者为从，但相对于它的后者又为主。这又是因为静态地看，前后两者的位序是绝对的；而动态地或者说延伸着来看，前后两者的位序却又是相对的。其原因即在于我们所看到的前后，实际上是基于某一确定点来说的，但在一个相互关联和互动的体系中，任何一点都是互有联系而又可移动的。所以，前者与后者、主与从，完全可以随观察者所确定和对应的点的变化而变化。针对这种现象，先贤们早就注意到了，有谓之刑德相养、逆顺若成的；[①]亦有谓之循环表里、迭相为用的。[②]其实，这些都是很准确的概括和表述。由此可见，传统中国法两元主从式的结构并不是固定不变的，而是在保持结构形式不变的同时，其内涵和角色都有可能会发生变化，结果是绝对与相对

上升为律，但律例合编为统一法典，这等于使例在作为律的补充时开始了向律的转化，而且实际上例亦往往代替律发挥作用，所谓"有例不用律"的现象在清代很严重。如《清史稿·刑法一》载："盖清代定例，一如宋时之编敕，有例不用律，律既多成虚文，而例遂愈滋繁碎。"(《历代刑法志》，群众出版社1988年版，第567页。)

① 如《黄帝四经》的《十大经·姓争》曰："刑德皇皇，日月相望，以明其当。望失其当，环视其央(殃)。天德皇皇，非刑不行。缪缪(穆穆)天刑，非德必顷(倾)。刑德相养，逆顺若成。……"

② 如白居易说："人之性情者，君之土田也，其荒也薙之以刑，其辟也则莳之以礼，其植之也获之以道；故刑行而后礼立，礼立而后道生；始则先道而后礼，中则先礼而后刑，终则修刑以复礼，修礼以复道；故曰刑者礼之门，礼者道之根。知其门，守其根，则王化成矣。……夫刑者可以禁人之恶，不能防人之情；礼者可以防人之情，不能率人之性；道者可以率人之性，又不能禁人之恶。循环表里，迭相为用，故王者观理乱之深浅，顺刑礼之后先；当其惩恶抑淫，致人于劝惧，莫先于刑；划邪窒欲，致人于耻格，莫尚于礼；反和复朴，致人于敦厚，莫大于道；是以衰乱之代，则驰而张刑；平定之时，则省刑而弦礼；清净之日则杀礼而任道……则岁候者适水火之用，达时变者得刑礼之宜，适其用，达其宜，则天下之理毕也，王者之化成矣。"(《长庆集·策林》)又如，在古代中国，早期是原始习俗演变为礼，礼转变为法，法又辅助和补充礼；后来是民间法部分上升为国家法，国家法转而指导和规范民间法，民间法又成为国家法的延伸和补充。这种习俗变为礼、准礼制法、出礼入刑、刑德相养的过程，正是白居易所说的循环表里，迭相为用的流转。

的统一,亦即辩证的差序关系。

由于差序关系是辩证的,所以,传统中国法的主从式就有了多样化的表现。因为在绝对与相对的统一中,亦即在辩证的作用下,差序关系的表现并不受某一形式的束缚,相反在有机一体的范围内,拥有极大的表现空间和可能,其结果必然是多样化的出现。其实,这就是我们通常所说的辩证多样。对于传统中国法的多样,本文前面已有说明。总而言之,构成传统中国法一体两元中的任何一元,以及任何一元中的任何一项,都有多样的表现形式。如同国家法与民间法的多样,礼有国礼、乡礼、家礼,法有国法、乡约、家法;德有大、中、小之分,刑亦有大、中、小之别。[①] 这是最基本的分类,细分就更加复杂。如国礼就有很多种,先秦时期有吉、凶、军、宾、嘉之五礼,秦汉以后礼仪趋于繁复,历代正史的礼乐记中均有记载,此不赘述。[②] 但需补充说明的是,传统中国法内涵的这种丰富多样,只是为主从式多样化的出现提供了条件,而造成主从式多样化的根源在于其自身的有机性,即生生不息的生命机能。传统中国法之所以有这样的机能,是因为它是一个有机体,至少在传统中国人的观念中是这样认为的。到此,我们可以总结说,传统中国法不止是一体两元主从式的构成,还是一体两元主从式多样化的构成。虽然这个构成是复杂的,但在观察者的眼里,两元主从结构无疑是它最显著的特征。

四、特征之三:辩证发展

传统中国法有机一体与两元主从的特征,是我们从它的形象与

---

① 德的分类,如《中庸》所说的“小德川流,大德敦化”;还有,把人品分为上、中、下,实质亦是按人德性的大、中、小来分的。刑的分类,如《唐律疏议·名例》“疏议”引《国语·鲁语上》曰:“古者大刑用甲兵,其次用斧钺;中刑用刀锯,其次用钻笮;薄刑用鞭扑。其所由来,亦已尚矣!”

② 参见陈戍国:《中国礼制史》(6卷本),湖南教育出版社2002年版。

结构上所获得的静态观察的结果。如果把它的形象与结构连接起来,从动态上来观察和把握它的运行机制及其轨迹,我们又能从中发现什么呢?

在回答这个问题之前,我们有必有先了解一下,有关对传统中国社会运行发展规律的认识,这与我们要讨论的问题密切相关。据笔者所知,在传统中国社会运行发展规律的认识上,有三种不同但同样具有影响的观点,即进化观、退化观和循环观。顾名思义,进化观是指传统中国社会的发展是进化的,退化观和循环观则认为是退化的或循环的。① 虽然这些观点是针对传统中国社会运行发展规律的,但依论者的思维应同样适用于传统中国法,因为传统中国法是传统中国社会的有机组成部分。但令人遗憾的是,这些说法都不能准确揭示出传统中国法的运行机制及其轨迹,笔者观察和研究的结果表明,传统中国法的运行机制及其轨迹,完全呈现出一种辩证发展规律的特征。

辩证发展首先是发展的,然后这种发展又是辩证的。辩证法是中国哲学的精华,它揭示了事物存在发展的基本法则,所以称为辩证法。辩证法的内容丰富复杂,但就其要义言,它认为事物的存在是相反相成、对立统一的;事物的发展是此消彼长、相互转化的;事物发展的结果是形式上的循环与实质上的变化的统一。这表明事物是运动、变化、发展的,世界上没有绝对和一成不变的事物,一切都是相对的,不变的只是变化本身。辩证法的这些要义是我们的先哲对事物的抽象和反映,而事物在传统中国人的观念中都是有机的,所以,在传统中国哲学中,包括自然、社会和人类的世界是有机

① 参见[美]韦政通:《中国哲学辞典》,王冰校勘,吉林出版集团有限责任公司2009年版,第73~76页。

一体的，而且这个有机一体的世界在思维上被理解和抽象为阴与阳的结合。阴阳结合所形成的关系，首先是阴阳一体、阳主阴从、生生不息；然后是在阴阳一体、阳主阴从、生生不息中，包含着相反相成与对立统一、此消彼长与相互转化、终而复始[①]与无有穷尽这样三对辩证关系。这即是传统中国的一阴一阳之道。[②] 由此可见，辩证法的要义其实是根源并对应于有机体的机制，亦即事物的构造、功能及其相互关系的。从构造上说，相反相成与对立统一根源于并对应于有机体中阴与阳的相异、相对与相成，亦即矛盾的统一存在；从功能上说，此消彼长与相互转化根源于并对应于有机体中阴与阳的相摩、相涵与相生，亦即矛盾的运动发展；从构造与功能的相互关系上说，形式上的循环与实质上的无穷根源于并对应于有机体中阴与阳的终而复始与无有穷尽，亦即生生不息的矛盾运动及其所形成的事物发展规律。这个规律用哲学语言来表述，就是变与不变的统一，即变是绝对的，不变是相对的；变中有不变，不变中有变；事物最终是变与不变的统一。[③]

这是传统中国人对万事万物，亦即对有机世界存在与发展的整体理解和把握。作为有机世界组成部分的传统中国法，当然亦不例外。所以，从哲学层面上讲，传统中国法的辩证发展包含了上述要

---

① 人们通常用“周而复始”，其实不然。正如伊川先生说：“天下之理，终而复始，所以恒而不穷。恒非一定之谓也，一定则不能恒也。惟随时变易，乃常道也。天地常久之道，天下常久之理，非知道者，孰能识之？”［（宋）朱熹、吕祖谦：《朱子近思录》，上海古籍出版社 2000 年版，第 30 页。］

② 正如北宋理学家程颐说：“‘一阴一阳之谓道’，道非阴阳也，所以一阴一阳道也。”［（宋）程颢、程颐：《二程集》，中华书局 1981 年版，第 67 页。］

③ 以上这段内容是笔者研读中国经学典籍的心得体会，这些典籍包括《周易》《老子》《中庸》《大学》《礼记》，以及《春秋繁露》、《周子通书》和朱熹等人的理学作品。此外，亦有美籍华人学者成中英先生的《论中西哲学精神》（东方出版中心 1991 年版）和［英］李约瑟的《中国科学技术史・科学思想史》（何兆武等译，科学出版社与上海古籍出版社 1990 年联合出版）的启发。

义，即辩证法是其运行机制及其轨迹的基本法则。依据辩证法的要义，首先，传统中国法是相反相成、对立统一的，亦即矛盾的统一存在；其次，传统中国法是此消彼长、相互转化的，亦即矛盾的运动发展；再次，传统中国法是形式上的循环与实质上的无穷，亦即不息的矛盾运动及其发展规律；最后，从哲学上说，传统中国法的辩证发展是变与不变的统一，亦即它的变是绝对的，不变是相对的，在变中有不变，在不变中有变。由此可见，辩证发展是一种进化，但不是简单直线型的进化。它在进化中有循环，但不是简单的重复，更不是退化，而是在进化中有回复，在回复中有进步，亦即在变中有不变、不变中有变，结果是变与不变的统一，这亦即先贤所说的“日新”①。从传统中国法的运行机制及其轨迹来看，事实正是如此。如在传统中国法体系中，国家法与民间法、礼与法或德与刑，首先是相反相成、对立统一的存在。因为依据传统中国观念，前者属阳为主，后者属阴为辅，阴阳主辅性质相异，但它们相反相成、对立统一为一体。落实到法上，即是前面所说的国家法与民间法的一体化，亦即礼法结合、德主刑辅。其次是此消彼长、相互转化的矛盾运动。因为国家法与民间法、礼与法或德与刑相互之间存在磨擦、吸收和转化，亦即前面所说的刑德相养、逆顺若成和循环表里、迭相为用。最后是形式上的循环与实质上变化的结合。因为在国家法与民间法、礼与法或德与刑的发展上，我们看到的确是变与不变的统一。

在传统中国文化中，不变与变通常是以经与权来表述的。② 在某种程度上，经是纲领代表了不变，权是权宜表示变，所以，经与权的关系就是不变与变在传统中国法中的延伸。③ 如果从现代法理学

---

① 参见杨成寅：《太极哲学》，学林出版社 2003 年版，第 202 页。

② 参见（宋）陈淳：《北溪字义》，熊国祯、高流水点校，中华书局 1983 年版，第 50～52 页“经权”。

③ 如《尚书·吕刑》曰：“……‘惟齐非齐’者，法之权也。‘有伦有要’者，法之经也。言刑罚虽惟权变是适，而齐之以不齐也。至其伦要所在，盖有截然而不可紊者也。”［（宋）蔡沈：《书集传》，凤凰出版社 2010 年版，第 253 页。］

出发,经与权亦可以表述为原则性与灵活性,或稳定性与变动性。但无论是哪一种表述,我们在传统中国法的运行机制及其轨迹中,确实看到了与这些表述相吻合的特征。如在传统中国法体系的结构中,国家法与民间法、礼与法或德与刑是一种主从式的关系,实际上我们亦可以把这种关系看作一种经与权、不变与变的关系。一般来说,国家法与民间法、礼与法或德与刑,前者相对于后者是经,代表了原则性和稳定性,在某种程度上意味着不变;而后者相对于前者是权,代表了变动性和不稳定性,在某种程度上意味着变。事实还不止于此,在国家法与民间法、礼与法或德与刑的对应关系中,它们中任何一项的自身内部亦存在经与权、不变与变的关系。如国家制定法中的律与例,律典之中的常法与临时制敕,刑之中的法定刑与法外刑,礼之中的礼经与礼俗,德之中的大德与小德,以及民间法中的族规与家法等,皆是此类。当然,在所有这些关系中,经与权、不变与变都是相对的。这一点不能遗忘,否则就不是辩证法了。

就传统中国法的辩证发展而言,以上只是从横向上对其整体观察所见。如果从分项上来考察,传统中国法的思想、制度和实践,亦同样呈现出经与权、变与不变的辩证关系特征。例如,在法的思想上,早在传统中国的政教原典《尚书》中,就有了"道有升降、政由俗革"①与"惟齐非齐、有伦有要"②的说法,此后历代思想家和政治家多有不乏此类的议论,而其中最为经典的莫过于西太后在变法谕旨中所说的:"世有万古不易之常经,无一成不变之治法。"③这个表述

① 《尚书·毕命》,解释见(宋)蔡沈:《书集传》,凤凰出版社2010年版,第240页。

② 《尚书·吕刑》,解释见(宋)蔡沈:《书集传》,凤凰出版社2010年版,第253页。

③ 慈禧太后以光绪帝名义拟定的《变法诏书》曰:"世有万古不易之常经,无一成不变之治法。……"

不只是揭示而是道尽了，经与权指导下的变与不变，在传统中国法思想中（尤其对变法立制）所具有的指导性。又如，在法的制度上，经与权所体现的变与不变更加明显，其例子亦不胜枚举，这里仅以五刑、十恶、八议为例。作为传统中国最重要的法律制度，五刑、十恶、八议不变者是作为制度本身的长期存在，其中五刑自夏商至清末一直都载于法典，十恶与八议最迟从隋唐开始就历代相沿不改；而五刑、十恶、八议所变者是不同时代有不同的具体规定，其中夏商周五刑与隋唐五刑的内容就大为不同，十恶与八议的内涵变化虽小，但亦不是没有变化，十恶是从重罪十条演变来的，而且即使罪名相同，其每一朝代的处罚亦不等同，同样八议的具体规定亦复如此，甚至在清代是有其名而无其实，即法律中有规定，但实际上不执行。[①] 概括来看，似乎可以这样说，传统中国法（尤其是国家法）的绝大部分制度，都是经与权的产物，拥有变与不变的特征。再是，在法的实践中，礼与法或德与刑常转变为情与理来理解，但正如我们在前面所说，在情与理的关系中，无论是“缘情立制”还是“据律酌情”，它们之间主从式的关系是始终存在的。在这个关系式中，主相对从来说是经代表着不变，从相对主来说是权表示着变。尽管实践中不同的语境和场域，可能导致人们对情与理内涵的理解有异，从而使情与理的主从角色发生变化，但它们之间主从式的关系，亦即这个关系式本身是不变的。这样，主与从所代表的经与权，经与权所表示的不变与变，不变与变中所蕴含的情理机制，亦即情与理的辩证统一，是始终贯彻并广泛存在于传统中国法的实践中的。虽然有例外和偏差，但犹如价格围绕价值波动一样，其主流和本质则是

① 在清代，《大清律例》中明确载有“八议”律文，但找不到“八议”的案例。据《大清会典》，雍正六年（1728）三月清世宗曾谓：“我朝律例于此条，虽仍载其入，而实未尝照此执行者”，认为八议之条“非理而害法”，“不可为训”。

相对稳定的。这在传统中国的司法资料，如经典的《名公书判清明集》中，例证可谓不在少数。①

以上是对传统中国法辩证发展的分项考察，如果我们把各分项合起来延伸着来看，亦即从整体上观察其运行轨迹，可以发现传统中国法作为一个整体，其体系从初起到完善以至解体，在历经数千年的过程中，一个显而易见的特征正是变与不变的辩证统一。从变的角度来说，数千年中每朝每代的法律体系都有不同。若就狭义上的法而言，先秦是以刑为主，汉代是律、令、科、比，唐代是律、令、格、式，明清是律与例；若就广义上的法而言，先秦是礼与刑，秦汉以后是礼与法，而其中又有国礼与乡礼、国家法与民间法之间的不同。然而，在每朝每代法律体系因不同而出现变化的同时，又强烈地表现出因其共同而相对不变的稳定性与连续性。如成文化、法典化和体系化，作为传统中国法长时段中的共同趋势和特征，它们所表现出来的稳定性与连续性，可以说是不争的事实。还有一个突出的例子是，自商鞅改法为律以后，律在二千多年中一直是传统中国法的基本形式和骨干。虽然每朝每代的律，如秦律与汉律、汉律与唐律、唐律与明律、明律与清律，它们之间都有变化和不同，但它们又都共享律这一最基本的法律形式和骨干的身份。此外，我们在前面所讨论的有机一体和两元主从，同样亦是传统中国法长时段中的共同趋势和相对不变的特征。

---

① 笔者曾仔细研读《名公书判清明集》，发现其中绝大部分判决，都是先围绕着情、理进行辨析和推导，然后再原情定罚或据律酌情予以裁判，判决力求人情与法意两协，体现了情与理的辩证统一。较典型的这类判词，参见《名公书判清明集》，中国社会科学历史研究所宋辽金元史研究室点校，中华书局1987年版，第100～102页、第124～126页、第175～176页、第215～216页、第348～349页、第501页、第602～603页。当然，亦有人情与法意两难而不能相协的纠纷，如第164～165页的判词（对其分析见该书第664～668页），但总体上这种情况较为少见。

其实,在长时段中,传统中国法作为一个整体,其体系上的这种变与不变相统一的辩证发展特征,不仅表现在体系的形式上,还体现在体系的内容和精神上。传统中国法内容上的变与不变,集中体现在法制度的变与不变上。上面所讨论的五刑、十恶、八议,就是这方面的例证。在程树德的《九朝律考》和沈家本的《历代刑法考》中,还可以得到进一步地证实。[①] 因此,这里我仅就其精神上的变与不变略作说明。在笔者看来,作为完整系统的传统中国法的精神,在长时段中,其所不变者是明刑弼教,亦即《尚书》所说的“以教祗德”。对此,《清史稿·刑法一》的进一步解释是:“中国自书契以来,以礼教治天下。……政也,刑也,凡皆以维持礼教于勿替。”然而,这个传统中国法数千年不变的精神,其本身却是长期演变的结果,它在不同的时代有着不同的表现。如先秦是礼乐刑政、综合为治,秦汉以后是礼法结合、德主刑辅。如果再细分的话,其间又有不同,如西周是“刑不上大夫,礼不下庶人”,汉代是“出礼入刑”,唐代是“德礼为本,刑罚为用”,明代是“定律以绳顽,明礼以导明”,清代从康熙开始是“以德化民,以刑弼教”。[②] 然而,在明刑弼教这个不变的精神指导下,所有这些又都是变而不离其宗,其情形恰如理学家所说的“是万为一,一实万分”。[③] 所以,我们在传统中国法的精神表现上所看到的,与我们从它的体系和内容上观察所见一样,都是在经与权的指导下,通过继承与发展的历史性累积,呈现为变与

---

① 这两部作品主要是考证中国法制的源流,在这方面可谓是经典之作。参见程树德:《九朝律考》,中华书局1984年版;沈家本:《历代刑法考》,中华书局1985年版。

② 分别参见《尚书·吕刑》、《汉书·刑法志》、《唐律疏议·名例》、《大明律·御制大明律序》以及《清圣祖实录》卷九十四。另外,参见杨鸿烈:《中国法律思想史》,中国政法大学出版社2004年版,第31~92页“儒墨道法诸家对立时代”和第93~145页“儒家独霸时代”。

③ (宋)朱熹、吕祖谦:《朱子近思录》,上海古籍出版社2000年版,第38页。

不变的统一,并在变与不变的统一中,历经形成、完善和退出的漫长过程,其运行机制和轨迹呈现出一种具有辩证发展规律的特征。但要注意的是,这个辩证发展不同于西方的辩证法。西方的辩证法是"肯定→否定→否定之否定",它的运行机制和轨迹呈现出"对抗→冲突→征服"的特征;而中国的辩证法是"对立→统一→发展",它的运行机制和轨迹呈现出"对应→吸收→转化"的特征;西方的辩证法以否弃对方而实现超越,中国的辩证法以吸纳对方而达到新生。[①] 所以,传统中国法能够在吸收中保持变中有不变,在转化中保持不变中有变,从而形成一种独特的变与不变相统一的辩证发展。

五、特征之四:道德人文

我们从传统中国法的形象到它的结构,从它的结构到其运行机制和轨迹,这是对传统中国法特征观察和认识的递进。现在要在这个基础上再进一步,深入它的内在本质,从而完成本文设定的沿着"形象→结构→机制→本质/机理"的思路,层层递进地寻找和揭示它内生、固有和特有的征状,以便在系统和贯通的层面上认识并把握传统中国法特征的任务。

我们知道,在有机系统中,事物的形象建立在结构上,结构建立在机制上,机制决定于机理,机理是事物变化的理由,但机理决定于事物的本质。所以,在有机系统中,本质具有决定性,从本质上认识事物,就是从根本上把握了事物的特征。相对于传统中国法而言,如果要从根本上把握它的特征,道德人文可以帮助我们达到这个目

① 参见[美]成中英:《论中西哲学精神》,东方出版中心 1991 年版,第 173~188 页。

标。道德人文是以道德为核心的一种文化类型。[①] 以传统中国为代表的古代东亚文化都属于这种类型。道德人文在本质上有别于以宗教或以科学为核心的其他文化类型,如古代印度的宗教文化和近代西方的科学文化。[②] 那么,什么是传统中国的道德人文呢?虽然这个问题在文史哲学界早有探讨,[③]但在法学界却未曾得到认真对待,即使有像陈顾远等前辈的相关成果,但在系统性和学理上依然存在不足。[④] 最近这些年,笔者通过对中国传统法文化理论的探索,认识到传统中国法内含了人文性和道德性,所以,从文化类型学上说,它是一种以道德为核心的文化类型。这亦意味着传统中国法的本质特征是道德人文。

---

① 文化类型是由于自然环境和生存方式差异,以及观念、信仰、兴趣、行为、习惯、智力发展方向和心理性格不同而形成的具有相似文化特征或文化素质的地理单元。文化类型是各种文化形态体系中最有特色、最能体现一种文化本质属性的特征,而不是指它的全部特征的总和。(参见 http://dict. youdao. com/wiki/%E6%96%87%E5%8C%96%E7%B1%BB%E5%9E%8B/#,最后访问日期:2012 年 2 月 1 日)

② 参见梁漱溟:《东西文化及其哲学》,商务印书馆 1987 年影印版,第 67~160 页。

③ 参见梁漱溟:《以道德代宗教》,载王元化主编:《释中国》(第 1 卷),上海文艺出版社 1998 年版,第 241~272 页;金岳霖:《中国哲学》,载王元化主编:《释中国》(第 2 卷),上海文艺出版社 1998 年版,第 645~659 页;冯友兰:《儒家哲学之精神》,载王元化主编:《释中国》(第 2 卷),上海文艺出版社 1998 年版,第 668~675 页;张岱年:《天人简论——天人五伦之五》,载王元化主编:《释中国》(第 2 卷),上海文艺出版社 1998 年版,第 1219~1235 页;朱光替:《乐的精神与礼的精神——儒家思想系统的基础》,载王元化主编:《释中国》(第 2 卷),上海文艺出版社 1998 年版,第 1236~1256 页;王国维:《殷周制度论》,载王元化主编:《释中国》(第 3 卷),上海文艺出版社 1998 年版,第 1711~1728 页;宗白华:《中国艺术意境之诞生》,载王元化主编:《释中国》(第 4 卷),上海文艺出版社 1998 年版,第 2783~2804 页。

④ 其实,陈顾远先生对这个问题并没有专门系统的研究,但他无疑是对与此相关问题研究最深、最有贡献的学者。他的这些成果主要收录在他的论文集中,阅者可参见《中国文化与中国法系——陈顾远法律史论集》。但在笔者看来,他的研究依然有意犹未尽、学理未通之处。如陈先生对天理、国法、人情三位一体,以及国法、人情都归于理的解读,可以说是正确的。(参见范忠信等编:《中国文化与中国法系——陈顾远法律史论集》,中国政法大学出版社 2006 年版,第 275~282 页。)但他通篇没有在哲学上说透,天理为何能支配国法、人情,亦没有在逻辑上说清天理、国法、人情是如何贯通的。

传统中国法的道德人文，首先表现在它“人为称首”的人文性上。中国文化一向认为，人在万物之中，所以与万物共生；但人又是万物之灵，所以人为贵。这种人为贵的思想，在唐律上被表述为人为称首。这个思想不仅由来已久，而且根深蒂固。如早期经典《尚书·泰誓上》曰：“惟天地万物父母，惟人万物之灵。”又如《荀子·王制》曰：“水火有气而无生，草木有生而无知，禽兽有知而无义，人有气有生有知，亦且有义，故最为天下贵。”这个思想不仅是中国文化的精髓，亦是传统中国法的精神特质。所以，《汉书·刑法志》开头说：“夫人宵天地之貌，怀五常之性，聪明精粹，有生之最灵者也。”汉光武帝亦有诏曰：“天地之性人为贵，其杀奴婢，不得减罪。”[①]但最有代表性的莫过于《唐律疏议》，《唐律疏议》在开篇《名例》篇首的“疏议”中说：“夫三才肇位，万象斯分。禀气含灵，人为称首。莫不凭黎元而树司宰，因政教而施刑法。”[②]“人为称首”就是以人为首的意思，相当于我们今天所说的以人为本。以人为本是人文性的根本，由此可见传统中国法的人文性。与此同时，传统中国法的道德人文精神，还表现在它重生与讲礼的道德性上。在传统中国社会，重生体现了德，亦即仁，因为仁即生，生为德；而讲礼就是讲理，即《礼记·乐记》所说的“礼也者，理之不可易者也”。讲理体现了道，亦即义，因为义即宜，宜为理，理为道。这样，重生就是由德而仁，讲礼就是由道而义，重生与讲礼合为道德仁义。道德仁义是道德性的根本体现，以人为首是人文性的根本体现，两者有机结合为一体，构成了传统中国法的道德人文。这种在“人为称首”的思想指导下，以仁义为内核的重生与讲礼的对立统一，就是传统中国法

① 《汉书·光武本纪》。

② 参见（唐）长孙无忌等：《唐律疏议·名例》，刘俊文点校，中华书局1983年版，第1页。

的根本所在或者说本质特征。

对于传统中国法的这个本质特征,最好还是落实到三纲五常的贯彻和实施上来理解,因为三纲五常是传统中国法的纲要和精神所系。三纲,即君为臣纲、父为子纲、夫为妻纲,是传统中国特有的宗法伦理。它强调忠孝(但这不是绝对而是相对的,因为君臣、父子、夫妇一体,所以,它要求君先要像君、父先要像父、夫先要像夫,然后才是君为臣纲、父为子纲、夫为妻纲),表现为上下、贵贱、尊卑、男女之间的等差,整体上是一种主从性的差序结构(但同等级中又有等差,如同贵贱中分尊卑,同尊卑中分长幼,同长幼中分男女)。这种结构在今天看来极不合理,但在传统中国却是合理的,因为它符合天地或者说自然世界的有序性法则。所以,三纲是天经地义之理,当然亦是讲究恰当有序,或者说追求秩序文明的讲礼的重心所在。五常,即仁、义、礼、智、信,同样是传统中国的伦理,但按传统中国人的理解,五常是人之为人的基本德性。所以,它不同于三纲,虽然不免有某些宗法的属性,但更有超越宗法的普适性,主要表现为人之为人的责任与担当。因此,比较三纲而言,五常建构的不是人之间主从性的差序关系结构,而是一种推己及人的对等关系结构。这种人际关系结构同样符合天地的自然法则,因为五常以仁义为首,仁又为五常之首,所以仁代表了五常①,而仁者爱人,爱人者重生。这表明以仁为首的五常,符合自然世界的创生性法则。所以,五常亦是天经地义之理,当然亦是重视生命或者说追求生命价值的重生的重心所在。三纲五常既是天经地义之理,自然亦就拥有无上的正当

---

① 如北宋理学家程颢说:“学者须先识仁,仁者浑然与物同体,礼、义、智、信皆仁也。”[(宋)程颢、程颐:《二程集》,中华书局 1981 年版,第 16 页。]又如南宋理学家陈淳说:“仁者,心之全德,兼统四者。”[(宋)陈淳:《北溪字义》,熊国祯、高流水点校,中华书局 1983 年版,第 22 页。]

性和普适性，正如朱熹所说："宇宙之间，一理而已。天得之而为天，地得之而为地，而凡生于天地之间者，又各得之而为性。其张之为三纲，其纪之为五常，盖皆此理之流行，无所适而不在。"[①]既然是"无所适而不在"之理，自然亦是人间的情理和法理。这样，天理、国法、人情才可以相通。事实上正是如此，如刘惟谦等人在所上的《进明律表》中说："陛下圣虑渊深，上稽天理，下揆人情，成此百代之准绳。"[②]作为传统中国的法理，三纲五常不仅是传统中国法的正当性所在，亦早已成为传统中国法的基本原则，所以指导和渗透到了法的各个方面，包括法的思想、制度和实践。但对于法律学人来说，这些都已经是熟知的事实。所以，有关三纲五常的贯彻和实施，笔者将着重从法哲学方面进行解读。

从法哲学上看，三纲五常在传统中国法中的贯彻和实施，主要体现为重生与讲礼的对立统一这样一种辩证关系。这是因为从三纲五常到重生与讲礼，蕴含传统中国哲学中道与德的辩证关系结构。依据传统中国哲学，道与德相对而言，道属阴，表示成、静、序、用、外、式、辅等；德属阳，表示生、动、长、体、内、质、主等，道与德犹如阴与阳，两者是对立统一的辩证关系。[③] 所以，道的有序建立在德的合理上，德的合理借由道的有序来展现。德的合理有两层含义，即绝对的合理与相对的合理。绝对的合理为万物同理，亦即理一；相对的合理为物各有理，亦即分殊；两者对立统一为理一分殊。理

---

① 《朱文公文集》卷七十《读大纪》。此外，现代学者贺麟先生亦对"五伦"特别是对"三纲"，作了与众不同而富有哲理的解读。他认为，在传统中国，三纲之为纲有着自然、政治和道德上的合理性，对于大一统国家的存在和维护作用亦是明显的。参见贺麟：《五伦观念的新检讨》，载王元化主编：《释中国》（第2卷），上海文艺出版社1998年版，第1204～1218页。

② 《大明律》，怀效峰点校，辽沈书社1990年版，第228页。

③ 这思想源出《易》，后经诸家百子推衍阐释，到理学始集大成。可资参考的有关资料，笔者在此特别推荐周敦熙所撰的《周子通书》和王柏所撰《研几图》中的《稽类图》。

一分殊是万物原理。① 理一意味着事物本质抽象上的同一,亦即形而上的"齐";分殊意味着事物本质现象上的不一,亦即形而下的"差"。"齐"要求同等对待(一体、同一、共生共荣),"差"要求区别对待(不等、有序、不同而和),但这两者都是合理的。② 德所固有的这种合理性结构,内在地规定了道并通过道向外呈现出来,最后形成了有序与合理,亦即道(有序)与德(合理)的有机结合,实际上是道与德的一体化,结果是合理有序的构成。其结构形式是道,表现为一体(道与德合为一体)二元(道与德各为一元)主从式(德生道成)多样化(德生道成/变化无穷)的构成;其本体性质是德,表现为生生不息的创生、仁爱、诚实、责任、本然等德性。在传统中国法中,三纲五常的道或者说重在秩序的讲礼,主要表现在纵向上的差序(三纲)与横向上的等序(五常)的结合上,形成一体(德礼与刑罚合为一体)两元(德礼与刑罚各为一元)主从式(德主刑辅)多样化(德主刑辅/多种多样)的法秩序,其中最突出的是一系列差序格局制度的设置与实施。③ 而三纲五常的德或者说关爱生命的重生,主要表现在贯穿三纲五常中的仁爱忠孝仁义上,亦即君仁臣忠、父慈子孝、

---

① 参见蒙培元:《理学范畴系统》,人民出版社1989年版,第77~100页"理一分殊"。

② 这有法律上的例证。例如,传统中国法律在理论和原则上都坚持:杀人者死,伤人者刑。这是基于人命同等、身体同样的理一原则;但同时在具体制度的规定上:杀人者有处死亦有不处死的,伤人者有同等刑亦有不同等刑的。这有两种情况:一是基于现实中人的身份有高低(不同德/质),因而身体有贵贱有不同(不同道/式);二是基于杀和伤有故意与过失等多种情形的区别,所以运用区别对待的分殊原则。但同一等级内(同德/质)的同样行为,则需负同样(同道/式)的责任,这又是贯彻理一原则。以上即是根于道德原理的传统中国法,在对待和处理杀、伤行为时,基于有序与合理有机结合的原则与规则。

③ 差序格局是费孝通先生的发明(参见费孝通:《乡土中国·生育制度》,北京大学出版社1998年版,第24页及前后)。差序格局在法律中的表现是,纵向上看是差序的,横向上看是等序的。这里所谓的差序,是指按传统中国法的规定,人的身份是一个上下

夫正妇贤，以及五常中的仁义等，而且在这些人之为人的德性面前，人是平等至少是相对平等的，其中最突出的是一系列慎刑恤刑制度的设置与实施。[①]所以，贯彻三纲五常、体现重生与讲礼的传统中国法，一方面表明它是传统中国合理有序的秩序构成，另一方面表明道德人文是它的本质特征。

传统中国法的这个本质特征，含有现实主义与理想主义的色彩，其文化因子亦是源于道与德的辩证关系结构。如上所述，道归属于阴性，阴性表示稳定、不动、成型、安静等性状，其对应的是井然有序的表象世界，所以，道是现实主义的根源。它表示对现实的认可和接受，而世界最大的现实是有序与稳定，所以，传统中国法中的三纲五常之道，或者说重在秩序的讲礼，就是对传统中国现实的认可和接受，其中最突出的是传统中国法中的差序性与宗法性。其实，这正是道德人文中的道，或者说道的现实主义一面的体现。同理，德归属于阳性，阳性表示变化、不息、成长、活动等性状，其对应的是生生不息的内在世界，所以，德是理想主义的根源。它表示对变动且成长世界的期待，意味着对未来可抱有希望，所以，传统中国法中的三纲五常之德，或者说关爱生命的重生，就是对生生不息世界的向往和追求，其中最突出的是传统中国法中具有普适性的仁慈

不等的阶梯结构，从上到下的排序是帝皇、贵族、官僚、平民、贱民、奴婢，除去奴婢在权利主体之外，这些不同等级主体之间的权利和义务是不相等的，形成纵向上的差序。但法律同时又规定，同一等级内主体的权利与义务是相等的，从而形成横向上的等序。有关传统中国法中差序格局制度的设置与实施，主要参见古代法典《名例》篇中有关身份的规定，以及现代《中国法制史》著作中的身份法部分。

① 有关内容包括死刑复奏、诸司会审、秋审朝审、秋冬行刑等慎刑制度，以及对老、弱、病、残、鳏、寡、孤、独和对妇女、儿童的恤刑制度，这里无法一一列举，有意者可参见传统中国法典的《名例》和《历代刑法志》中的相关部分；或参见［美］布迪等：《中华帝国的法律》，朱勇译，江苏人民出版社 1993 年版，第 112～140 页“司法制度”；或浏览《中国法制史》著作中的司法制度部分。

博爱。其实,这正是道德人文中的德,或者说德的理想主义一面的体现。最后,依据道与德的辩证关系结构,亦即道与德的对立统一,道德人文合现实主义与理想主义为一体,成为有理想的现实主义,其中理想主义具有引导和支配性。

为什么理想主义具有引导和支配性呢?因为道与德的内在结构是德生道成,或者说德发动道收成。德生道成是万物生成原理。[①]它的核心是万物有道、道中有德、德贵在生,生是万物存在的第一条件,成是万物存在的第二条件。所以,根源于德的理想主义,具有了引导和支配性。当然,这都是相对的。因为没有了道,德将生而不成;而没有德,道亦无可生成。因此,道与德即如阴与阳,始终是对立统一的辩证关系。联系到传统中国法的道德人文,可以说重生意味着德,德是生生不息的创生性象征,内含了变以及对变的期待,表现为理想主义,具有超现实的普适性,三纲五常之德即是它的体现。讲礼意味着道,道是井然有致的有序性象征,内含不变以及对不变的信念,表现为现实主义,具有实用的现世性,三纲五常之道即是它的体现。总结起来,从三纲五常到重生与讲礼,它们统一于传统中国法。这意味着道与德、现实主义与理想主义,在传统中国法中达到了辩证的统一。其中,因理想主义具有引导和支配性,从而形成有理想的现实主义。这不仅反映在法律的表达上,亦体现在法律的实践上。[②] 这正是传统中国法道德人文的本质所在,亦即在人为

① 《周易·系辞上》:“一阴一阳之谓道,继之者善也,成之者性也。”说的就是这个意思。但要明白这句话的意思,先要明白“一阴一阳之谓道”的“道”是原理之道,而非与德对应以表示事物形式或者说原理结构的道。所谓“一阴一阳之谓道”,是说万物生成的道理是一阴一阳,或者说阴阳变化的原理。所谓“继之者善也”,是说顺阴阳变化之道而生生不息者谓之善,亦即德,因为德曰生。所谓“成之者性也”,是说受阴阳变化之道而成形定型者谓之性,亦即道,因为道曰成。所以,一阴一阳亦即德生道成是万物生成原理。

② 传统中国的道德主义是理想主义与现实主义的统一,本质上是有理想的现实主义。反映在传统中国法上亦是如此,而不是黄宗智先生所说的那种单一的实用道德主

义。例如,黄宗智说:“中国的法律实践其实并不符合双方任何一面的建构。现代以前的调解其实主要是在国家法律制度之外的社区中进行的。正规法庭的主要手段其实是断案,而不是调解。县令调解其实只是儒家的理念,不是其实践。这是我从相当大量的诉讼案件档案中得出的一个经验结论。过去许多学术研究都把官方的构造等同于历史实践,其实是歪曲了历史的真实。从实践上来说,法庭调解其实并不是儒家法庭的实际行为,只是它的表达,它的理想建构。中国前现代的法庭,从实践来说主要是一个进行判决而不是进行调解的法庭。……法庭这样的实践说明的是清代的法律和治理既有它道德性意识形态的一面,同时亦有它非常实际的一面。地方县官体现的其实是两者的结合,我曾称之为‘实用道德主义’。结合道德高调的意识形态和十分实际的法庭实践其实是它未经明言的逻辑,亦是它之所以能够长期维持顽强的生命力的原因之一。”([美]黄宗智:《认识中国——走向从实践出发的社会科学》,载[美]黄宗智:《经验与理论——中国社会、经济与法律的实践历史研究》,中国人民大学出版社2007年版,第448页。)黄宗智的这个实用道德主义认识,较以往各种礼法之说有进步,但存在重大偏差,而且还容易引起误解和误导。偏差是:即如上述正文所论,道德有实用主义,亦有理想主义,是有理想的现实主义。道德实用主义只是揭示了道德主义的一面,即偏于面对有序世界之破坏而求现实问题之解决以回到有序世界的方法这一面,亦即道(术)的一面,而忽略了或者说遮蔽了追求生生不息之理想的德的一面。这是重大的偏差。误解是:容易让人误解中国道德主义即为实用主义,或者将两者混淆等同起来,这就在无意和无知中抽去了中国文化中的精髓,即生生不息的发展动力,亦即对理想的追求。没有理想的文化是没有前途的,因为专致实用必然没于现实,埋头当下则必失前瞻。之所以如此,是因为缺乏向前的冲动和失缺支撑向上的主心骨,亦即抽去了文化的性与质。用中国概念,这就是德,因为德代表事物的性质。所以,缺德的人是没有前途的,文化亦是如此。误导是:道德实用主义在实践上,譬如立法和司法,一旦被作为指导思想和原则来对待,就有可能引导(准确说诱导)大家走上一条单纯追求实用的现实主义路线,亦即日本式的“针对问题解决问题”的立法司法模式。但这样的追求与人类的向往和全面发展是相悖的,所以,我们既要走“针对问题解决问题”的现实主义路线,又要表达人类的理想,两者结合起来即是有理想的现实主义。这是作为中国人的世界观,亦即含有理想主义与现实主义,其中理想主义具有引导和支配性的道德原理的内在使命。其实,这亦是我们不能和无法拒绝的主体意识、道德责任与文化传统的共同要求。读者到此,可能会生出这样的疑问,即有理想的现实主义只是法律的一种表达,而黄宗智先生的实用道德主义是针对法律实践的,因此,是否可以说他的认识和判断并无重大偏差?笔者认为,即使在法律的实践上,亦不单纯是黄先生所说的实用道德主义,而是有理想的现实主义,这是笔者研读《名公书判清明集》之类的判例资料后所获得的一个认识。例如,在《名公书判清明集》的开卷载有指导意义的《咨日呈两通判及职曹书》,其中申儆并告示官吏说:“……盖闻为政之本,风化是先。……至于听讼之际,尤当以正名分,厚风俗为主。……”这里的正名分就是讲秩序,亦可以说是根源于道的现实主义要求;厚风俗就是弘德性,亦可以说是根源于德的理想实主义追求;而为政之本、风化是先则表明,在司法实践中(听讼之际)要贯彻和追求的正是有理想的现实主义,而不是单一的实用道德主义。而且,在事实上,《名公书判清明集》中的判词,即使不是全部亦是绝大部分,实际所贯彻和体现的正是这个特征,亦即正名分称首的思想指导下，以仁义为内核的重生和讲礼的对立统一。当然，对此我们亦要辩证地来理解。重生并不意味着不杀生，杀生亦不意味着不重生，而是杀生要有礼合理，亦即处罚要有程序和正当性。凡是有程序和正当性的，杀之则不谓之滥杀，处罚亦不谓之施暴，因为该杀而杀、该罚而罚，仁爱已行乎其中，传统中国正式的刑罚制度即是为此设置的；但在程序和正当性不充分，或有疑罪或可同情的情况下，则尽量从轻宽宥，传统中国的慎刑恤刑制度即是为此设置的。虽然在司法实践中，肯定有与设置相背离的现象，以致传统中国法给人留有残酷的印象，但这并不是传统中国法重生与讲礼本身的问题，而是社会中人的问题，甚至是古今中外都无法避免的理想、制度与实践背离的问题。但我们不能因为有此背离，就否定理想与制度，因为世上没有完全与实践吻合的理想与制度。事实上，理想、制度与实践始终是紧张的对立统一关系，而且这亦恰是它们之间的正常关系。所以，在理想、制度与实践之间，人们所能做的只是缩小而不是消灭背离，因为背离是无法消灭的。这个认识不仅有助于我们正确理解传统中国法的本质特征，亦同样适用于我们对传统中国文化本质特征的理解。

六、总括与简评

我们用法文化的视野和法哲学的方法，沿着“形象→结构→机

与厚风俗，或者说道与德、情与理的辩证统一，读者不妨试作辨析。（参见《名公书判清明集》，中国社会科学院历史研究所宋辽金元史研究室点校，中华书局1987年版，第1～2页及以下。）此外，笔者还认为，造成黄先生偏差的原因或许有二：一是过于重视经验，即他所自己说的“经验结论”，但凡是经验结论最易忽视由人类理性所建构的理论，而理性建构却是人类文化精神的组成和发展动力；二是没有从文化原理上来把握和认识道德，只是将道德视为伦理，实则道德是中国文化的原理，或者说是中国人的哲学。哲学包括世界观和方法论，道德就是中国人的世界观和方法论，即世界在本质上是德，在形式亦即方法上是道，道与德贯通自然、社会和人类。因此，道德不只是传统中国社会的伦理，而是覆盖伦理的中国传统文化原理。

制→本质/机理"的思路,层层递进地寻找和揭示了传统中国法的特征。从本文前面的论述来看,这些特征乃是传统中国法内生、固有和特有的,所以,作为特征来说,可谓是名正言顺。从前面的论述中,我们还发现,这些特征虽然独立却不是孤立的,它们之间存在的辩证的逻辑关系。简单地说,这种辩证的逻辑关系是,形象决定于结构,结构决定于机制,机制决定于本质;同时,前者对后者又有影响与反作用,形成前后互动、整体联动、相生相成、对立统一的辩证逻辑关系。具体来说,道德人文是根本,它依次决定和塑造了传统中国法的辩证发展、两元主从和有机一体;同时,从有机一体到道德人文,它们相互对立又相生相成,并在此基础上达到互动、联动和贯通,其结果是传统中国法的统一体系的形成。从比较的角度说,这个体系的最大特质是有机性。尽管这个有机性只是类比意义上的(因为它只是一种社会有机体,并不是生物意义上的有机体,所以,相对于活体的有机性,社会有机性是譬喻性的),但在传统中国的有机宇宙观下,它确实具有了某种类于有机物的有机性能。正是因为这种有机性能,本章所揭示的传统中国法的这些特征,不仅是内生、固有和特有的,而且存在辩证的逻辑关系。那么,有机性能为何具有这种功能呢?这是因为有机性能就是使事物构成的各部分互相关联而具有不可分割的统一性的性质和功能。① 所以,拥有了有机性能的事物,总是处于一体、联系和辩证的发展中,这就是你中有我、我中有你、相生相成的对立统一,亦即辩证的逻辑关系。

其实,我们不需要做这样的引证,只要稍加观察,就可以发现,作为生命系统的有机体,无论是大到自然界还是小到生命个体,自

---

① 参见 http://dict.baidu.com/s?wd=%D3%D0%BB%FA&tn=dict&dt=explain;http://baike.baidu.com/view/651600.htm,最后访问日期:2011 年 11 月 2 日。

动生长和自成一体是它最基本的特征。自动生长是一种生命机能，自成一体是一种有序机能，这两者都根源于有机体的有机性能。所以，作为有机体的有机性能，它首先是生，然后是生而有序。这表明生是有机事物存在的根据，序是有机事物存在的形式，生与序的对立统一，或者说有机结合，构成了有机事物的存在本身。鉴于此，我们的先贤将其提升为有机事物的存在之理。有机事物的存在之理，就是物之为物、人之为人的理由。对照传统中国法，它的重生是它作为有机体生的表现，它的讲礼是它作为有机体生而有序的表现。由此可知，在人为称首的思想指导下的重生与讲礼的对立统一，乃是传统中国法的存在之理。这亦使我们明白：为什么道德人文是传统中国法的本质特征？为什么合理是传统中国法的公平正义？为什么和谐是传统中国法的理想和终极目标？

首先，就本质特征而言，道德人文的精髓是重生与讲礼的对立统一，而重生与讲礼的对立统一是传统中国法的存在之理，法的存在之理即是法的正当性所在，法的正当性所在当然是作为规范的法的本质特征所在。其次，就公平正义而言，作为有机体的传统中国法，它的正当性源于自然的生与序，或者说哲学上的德与道；德曰生为同，道曰序为异，所以，生与序或德与道表现为重生与讲礼的结合，亦即重生尚德求同与讲礼重道别异的有机统一。这意味着传统中国法的公平正义不是简单绝对的平等，而是重生与讲礼的有机统一，亦即包含同与不同、等与不等的合理。所谓同/等就是同生同德同理者同等，这谓之等序；所谓不同/不等就是不同生不同德不同理者不同等，而是依据生之先后、德之高低、理之大小排序，生先、德高、理大者居上，生后、德低、理小者居下，这谓之差序。但无论是等序还是差序，都是事物固有的，所谓本来如此，符合事物的存在法则，所以都是合理的。合理作为传统中国人的正义观，体现在法律上就是平或曰义,亦即公平正义。由此可见,这个公平正义不是简单绝对的平等,而是同与不同、等与不等的有机结合,其结果即是法律上合理有序结构的形成。由于这个结构是基于理而成的,所以它的有序或者说等差,因获得了理的支撑而拥有了正当性。又因为这个理是源于自然的生与序而成,所以它的正当性就有了扎根于自然的道德性。因此,从自然中的生序到哲学上的道德,从哲学上的道德到法律中的合理,这就是植根于道德原理的传统中国法的公平正义。这种形式上有序、实质上合理而本质上为道德的公平正义观,与西方形式上平等、实质上对抗而本质上为自由的公平正义观恰成对极,但与前人在评价《唐律疏议》时所说:"论者谓唐律一准乎礼,以为出入得古今之平",[①]诚可谓若合符节。否则,我们无法理解:唐律一准乎礼,而礼是有差序的,为何又谓之平?原来传统中国的平是合理,而合理是有差序的,准确说合理是同与不同、等与不等,亦即等序与差序的有机结合。可见,前人的评价是何等的精准!最后,就和谐即理想而言,有机体的自然状态是和谐,但这种状态很容易受到破坏,所以,和谐成为有机体存在的理想和终极目标。这就等于说,作为被视为有机体的传统中国法,它的理想和终极目标必然是和谐。毫无疑问,这个和谐是有差别的,因为它原本就是重生与讲礼在传统中国法中对立统一的体现,亦即人们通常所说的和而不同,但在传统中国人看来,这种有差别的和谐就是公平正义,因为它合理,所以亦是理想的。传统中国法的公平正义,虽然是有差别的和谐,但它并不违背人类法律的内在使命和基本价值。人类法律

---

①　这个评语出自《四库全书总目唐律疏议提要》,可以说是前人对《唐律疏议》最精当的评价。参见(唐)长孙无忌等:《唐律疏议》,刘俊文点校,中华书局1983年版,第677页。

的内在使命和基本价值是秩序与正义。[①] 传统中国法的“讲礼→差序→合理有序”，即是对秩序追求的表现；传统中国法的“重生→等序→共生共荣”，即是对正义追求的表现，只不过是这个正义不同于西方而已。西方以平等为原则，中国以合理为原则。[②] 平等是机械宇宙论的正义观，合理是有机宇宙论的正义观。合理的正义观以理为据，亦即以事物固有的存在之理为依据，所以它不是单一的平等，而是平等与不平等的有机结合。这使传统中国法既不完全同于西方，又不违背人类法律的内在使命和基本价值。

然而，尽管传统中国法诸特征的意蕴，并不违背人类法律的内在使命和基本价值，但这些特征毕竟是传统中国法内生、固有和特有的。如果与近代西方法相比较，或者就法的近代化而言，传统中国法的这些特征存在缺失。对于这些缺失，笔者认为至少可以提出三点。首先是对法律体系发展的限制。传统中国法的有机一体，在获得整体系统性的同时，不可避免地遮蔽了个体部门，导致个体部门发展不突出，所以，传统中国法有诸法合体的整体性，却没有分门别类的部门法律体系的发展。虽然，法律体系的发展主要受制于经济社会结构的变化，但法律体系自身的结构特征无疑亦是其要素之一。[③] 其次是对法律思维和学术的影响。传统中国法有机一体中的有机联系，特别是你中有我、我中有你的相互兼容和转化的辩证发展，亦即永不停歇的变动和不确定性，不仅同样限制了分门别类的

---

① 参见［美］E. 博登海默：《法理学——法哲学及其方法》，邓正来等译，华夏出版社1987年版，第302~339页“法律：秩序与正义的综合体”。

② 中国的合理正义观本书已有论证，西方的平等正义观此处亦不必展开，这里仅举一例可以为证，即美国联邦最高法院建筑物上所刻的格言：在法律之下实现平等的正义（Equal Justice under Law）。

③ 参见张中秋：《中西法律文化比较研究》（第5版），法律出版社2019年版，第197~222页“中华法系的封闭性”。

部门法律的发展,还在一定程度上模糊了个体与个体、部门与部门之间的区别,以致独立的个体亦因变动性的辩证思维而不能确定,结果导致基于个体区别和内涵确定的类的概念的不清晰,从而使建立在类之上的概念与范畴亦都不发达。这样,人们就无法再借助概念与范畴进行逻辑性的分析和推导,最终导致系统性的科学理论或者说学科体系难以形成。[①] 最后是对法律体系开放和转型的羁绊。有机系统具有封闭性,这是有机系统的天然属性之一,传统中国法亦不例外。但问题是传统中国法的封闭性,在获得了道德人文固有的宗法血缘的支持后又被大大强化了。因为宗法最根本的特点是,将现世社会的秩序限制在家国一体的血缘网络之中;而血缘关系的最大特点是封闭,突出表现为"排异内守"。[②] 这个特点在促进传统中国法自洽的同时,亦使其体系失去应有的开放性,延续到中国传统社会后期,受宗法血缘伦理亦即礼教强化的影响,曾经充满活力

---

① 近代科学是借助概念,扩展到范畴,再进行合逻辑的分析和推导而建立起来的。其中,概念是起点和支点。概念之所以作为起点和支点,是因为概念是对事物的明确定义。定义之所以明确,首先在于对象的确定,对象不确定则无法定义。无法定义就没有概念,没有概念就无法分析和推导。所以,近代科学的前提是,世界必须是确定而可分析的,这是无机的或者说机械的世界观。中国是有机世界观,认为世界有机一体而且处在永不停歇的变动中。这种联系和变动的世界观,意味着世界在本质上是不确定和不可分析的,而是互相联系辩证发展的,这其中隐含着变动—不确定—无不变规则—无形式逻辑—无近代科学的理路。所以,近代科学在传统中国难以产生,法律科学亦不例外。这就是传统中国的辩证思维,虽不符合近代科学的形式逻辑思维,但似乎符合世界自身的实际状态,只是它注重宏观与辩证而忽略微观与分析,这一点已为越来越多的人所认识。参见[美]理查德·尼斯贝特:《思维的版图——东方人见森西方人见木》,李秀霞译,中信出版社 2006 年版;[英]李约瑟:《中国科学技术史·科学思想史》,何兆武等译,科学出版社与上海古籍出版社 1990 年联合出版,第 239~372 页"中国科学的基本观念";[美]成中英:《论中西哲学精神》,东方出版中心 1991 年版,第 117~173 页"中西哲学范畴差异"和第 173~201 页"中国哲学中的和谐辩证法"。

② 参见张中秋:《家礼与国法的关系与原理及其意义》,载《法学》2005 年第 3 期;[日]富永健一:《马克斯·韦伯论中国和日本的现代化》,李国庆译,载《社会学研究》1988 年第 2 期。

以变为核心的辩证思维趋于教条化，以致出现了“天不变，道亦不变”[①]的绝对化。其实，这是反辩证法的，并不符合一阴一阳之道。[②]但是，这样一来，变法不仅越来越困难，而且似乎亦成了不合理的事。因为，道是经，法是权，权为经所制。所以，天不变，道亦不变；道不变，变法就失去了正当性。其结果是法的辩证发展趋于停滞，法律体系更趋于封闭。[③] 这个变化和前两个因素叠加在一起，无疑又加重了传统中国法向近代转型的艰难。

可是，尽管传统中国法诸特征蕴含着这样一些缺失，但它们毕竟不违背人类法律的内在使命和基本价值，而且这些特征是传统中国法内生、固有和特有的，所以，它们有着坚韧的生命力，依然存活于当代中国法中，虽然是以某种变化了的形式表现出来，但仍然可见其强有力的内在联系。

首先，从法律体系的形象和结构特征来看，传统中国是有机一体与两元差序的结合，结果是一体两元主从式多样化的构成。当代

---

① 语出董仲舒的“道之大原出于天，天不变，道亦不变”。（《汉书·董仲舒传》）但在宋明理学形成前，天的内涵并不确定，所以，“天不变，道亦不变”没有绝对化。理学使内涵不定的天变成了不变的天理，从而使“天不变，道亦不变”趋于绝对化。

② 正如笔者所指出的，传统中国有机世界观的辩证思维，其要义和精髓都在于：世界是变与不变的统一，而变是绝对的，不变是相对的。这个思想的核心意义是，包括天与道在内的一切都是会变的，更不必说人间的法律了，当然亦要随着天与道的变化而变化。这个变法思想在理学形成前，对中国法律的发展起了极大的推动作用。但理学形成和影响扩大以后，思想逐渐趋于保守，加上政治和礼教的桎梏，辩证法的精髓渐渐被遮蔽而遗忘，出现了“天不变，道亦不变”的反辩证法思想，这使变法失去了原本来自天道的合理性支持。所以，我们今天要做的不是放弃辩证法，而是要回到辩证法，恢复辩证法的真精神。

③ 如作为传统中国法主干的律，唐宋以后没有发生实质性的变化，便与上述思想有直接的联系，以致清末变法修律所受到的指责，不是基于法律而是基于礼教。以张之洞、劳乃宣、刘廷琛为首的“礼教”派，激烈指责以沈家本为首的“法理”派的变法修律是“蔑弃礼教”，认为三纲五常“实为数千年相传之国粹，立国之大本，不可改矣！”相关争论，参见故宫博物院明清档案部编：《清末筹备立宪档案史料》（下册），中华书局 1979 年版，第 821~915 页。

中国的法律体系主要是由国家法构成的,包括中央层面的全国人大、中央军委、国务院及其各部委,地方层面的省、自治区、直辖市和拥有立法权的省辖市以及特区的立法。① 中国大陆大部分高校正在使用的《法理学》教科书,对它的特征是这样表述的:“中国现行立法体制是特色甚浓的立法体制。从立法权限划分的角度看,它是中央统一领导和一定程度分权的,多级并存、多类结合的立法权限划分体制。最高国家权力机关及其常设机关统一领导,国务院行使相当大的权力,地方行使一定权力,是其突出的特征。”②依据这一体制,当代中国的法律体系实际上已有某种一体(国家法律为有机统一整体)两元(中央立法与地方立法各为一元)主从式(中央立法为主与地方立法为从)多样化(多级多类的立法)构成的现象。事实亦是如此,如 2011 年 10 月 27 日,国务院新闻办公室发布的《中国特色社会主义法律体系》明确指出:“中国特色社会主义法律体系,是以宪法为统帅,以法律为主干,以行政法规、地方性法规为重要组成部分,由宪法相关法、民法商法、行政法、经济法、社会法、刑法、诉讼与非诉讼程序法等多个法律部门组成的有机统一整体。”③如果将我们实际生活中各种各样的行为习惯和秩序规范纳入民间法范

---

① 参见《中华人民共和国立法法》;当代中国的立法体制,或者说法律秩序构成的实际情形极为复杂,有意者可参见[英]帕瑞·凯勒:《中国法的渊源》,桂万先译,载张中秋编:《中国法律形象的一面——外国人眼中的中国法》,法律出版社 2003 年版。

② 参见张文显主编:《法理学》(第 3 版),高等教育出版社 2007 年版,第 227 页。

③ 中华人民共和国国务院新闻办公室发布:《中国特色社会主义法律体系》,人民出版社 2011 年版,第 10 页。又,该书第 33 页在阐述“中国特色社会主义法律体系的特征”时进一步指出:“中国宪法和法律确立了具有中国特色的统一而又多层次的立法体制,这就决定了中国特色社会主义法律体系内在统一而又多层次的结构特征,这既反映了法律体系自身的内在逻辑,亦符合中国国情和实际。与其相适应,中国特色社会主义法律体系以宪法为统帅,由法律、行政法规、地方性法规等多个层次的法律规范构成。这些法律规范由不同立法主体按照宪法和法律规定的立法权限制定,具有不同法律效力,都是中国特色社会主义法律体系的有机组成部分,共同构成一个科学和谐的统一整体。”

畴，把它们视为与国家法对应并作为国家法补充的一元，那么，当代中国的法律体系实际上亦是某种一体（国家法与民间法统为一体）两元（国家法与民间法各为一元）主从式（国家法为主而民间法为从）多样化（国家法与民间法多种多样）的构成。[①] 从以上简单的对比中可以看到，即使古今法律体系的内涵已经发生了重大变化，但其形象和结构的特征又是何等相似！

对此，或许有人会说，大陆法系国家都是追求法律体系化的，当代中国属于大陆法系，所以，有此现象并不为奇，相似或许是偶然。但笔者认为，这是只知其一，不知其二。所谓知其一者，作为大陆法系国家的当代中国，追求法律体系化，这个认识是对的。所谓不知其二者，即世界上除了中国以外，大陆法系的国家，特别是大陆法系的发源地欧陆国家，它们法律体系化的程度都很高，其内部结构亦很精致，但法无明文规定不为罪亦不处罚的法定主义原则，使它们的法律体系在构成上，尤其是在吸收普通法判例制度之前，亦即法典化运动及其完成时期，呈现出法典形式逻辑严谨与成文规范单一，亦即一体（国家法构成一体）一元（法典法成为一元）的特征；而不是当代中国这种国家法与民间法、法典化与非法典化、成文法与非成文法、中央立法与地方立法并存，结果呈现出一体两元主从式多样化构成的特征。这是为什么？答案恐怕要到传统中国法与当代中国的内在联系中去寻找。因为这种联系和表现是具有中国特色的部分，而这个特色部分正是传统中国法所固有的特征。

另外，从法律体系的运行机制和本质特征来看，传统中国法是辩证发展与道德人文互为表里，其中道德人文这个本质特征，从根

---

① 参见中华人民共和国国务院新闻办公室发布：《中国特色社会主义法律体系》，人民出版社 2011 年版，第 10～30 页“中国特色社会主义法律体系的构成”。

本上塑造和决定了传统中国法的形象和走向。这在当代中国法中亦明显可见。如前所说，辩证发展是变与不变的统一，表现为经与权的政治法律原则，从而指导传统中国法的运行发展。从现代法理出发，经与权就是我们所说的原则性与灵活性，或者说稳定性与变动性；经与权的关系就是原则性与灵活性、稳定性与变动性的对立统一。对照当代中国法的运行发展，即可发现这个特征是如此鲜明的存在。因为当代中国的法律原则正是原则性与灵活性、稳定性与变动性的统一。如《中国特色社会主义法律体系》中说："中国特色社会主义法律体系妥善处理了法律稳定性和改革变动性的关系，既反映和肯定了改革开放和现代化建设的成功做法，又为改革开放和现代化建设进一步发展预留了空间。"①如果说这两者之间还有什么不同的话，笔者认为最大的不同，是经与权或者说原则性与灵活性的内涵发生了变化。传统中国法的经是立基于道德人文之上的三纲五常之礼教，当代中国法的经是马克思主义与中国实际相结合的毛泽东思想及其新发展。传统中国法的权主要体现在礼教的时代性上，亦即时代赋予礼教的新内容，如宋明礼教在继承汉唐礼教中所发生的变化；当代中国法的权主要体现在毛泽东思想的时代性上，亦即时代赋予毛泽东思想的新内容，如中国革命和建设年代毛泽东思想的变化，以及改革开放以来毛泽东思想的新发展，即从四项基本原则、邓小平理论到"三个代表"重要思想、科学发展观和习近平总书记系列重要讲话精神以及习近平新时代中国特色社会主义思想。② 然而，尽管经与权或者说原则性与灵活性的内涵，在传统

---

① 中华人民共和国国务院新闻办公室发布：《中国特色社会主义法律体系》，人民出版社2011年版，第32页。

② 例如，《中国特色社会主义法律体系》（中华人民共和国国务院新闻办公室发布，人民出版社2011年版）第10～11页载："中国现行宪法是一部具有中国特色、符合社会主义现代化建设需要的宪法，是治国安邦的总章程。它是经过全民讨论，于1982年由全国

与当代中国法中有了如此大的变化,但经与权或者说原则性与灵活性相统一的关系,及其所呈现出来的辩证发展路径与本质决定性的特征并未改变。不过,我们亦要看到,相对于上述法律体系在形象与结构特征上的影响,作为运行机制的辩证发展这个特征还没有充分展开。这部分是因为传统中国法有数千年的历史,还有部分是因为形象与结构特征是相对外在的,而当代中国法只限于当代且尚在转型与发展中,所以,其辩证发展的特征还需要有时间来表现。①

此外,道德人文这个本质特征,除了本质决定性这一原理模式没有改变外,其内涵实际上早已面貌全非。这主要是近代以来中国法制现代化的趋势使然,其中最显著的变化是放弃了礼教,转而采用新的法律指导思想和原则(如抛弃宗法血缘性的道德伦理、对法的独立性与权威性的追求,引进并制定新的法律制度等),这无疑是历史性的进步。但笔者认为在这个问题上亦存在失误,其中最大的失误是在接受实证主义法律观的同时,彻底割断了法律与本民族固

人民代表大会通过的。根据国家经济社会的发展,全国人民代表大会先后通过了4个宪法修正案,对宪法的部分内容作了修改。中国宪法确立了国家的根本制度和根本任务,确立了中国共产党的领导地位,确立了马克思列宁主义、毛泽东思想、邓小平理论和'三个代表'重要思想的指导地位……"还有,2014年10月23日中国共产党第十八届中央委员会第四次全体会议通过的《中国共产党第十八届中央委员会第四次全体会议公报》中提出:"全会强调,全面推进依法治国,必须贯彻落实党的十八大和十八届三中全会精神,高举中国特色社会主义伟大旗帜,以马克思列宁主义、毛泽东思想、邓小平理论、'三个代表'重要思想、科学发展观为指导,深入贯彻习近平总书记系列重要讲话精神,坚持党的领导、人民当家作主、依法治国有机统一,坚定不移走中国特色社会主义法治道路,坚决维护宪法法律权威,依法维护人民权益、维护社会公平正义、维护国家安全稳定,为实现'两个一百年'奋斗目标、实现中华民族伟大复兴的中国梦提供有力法治保障。"有关习近平新时代中国特色社会主义思想,参见中国共产党第十九次全国代表大会报告。

① 正如《中国特色社会主义法律体系》(中华人民共和国国务院新闻办公室发布,人民出版社2011年版)在"结束语"中所说:"建设中国特色社会主义是一项长期的历史任务,完善中国特色社会主义法律体系同样是一项长期而又艰巨的任务,必须随着中国特色社会主义实践的发展不断向前推进。"

有道德的联系，特别是在抛弃宗法血缘的伦理道德时，亦抛弃了超宗法血缘的道德原理与道德人文。这使我们的法律失去了万物有序与生生不息的自然之理，而这个自然之理恰是中国人的世界观及其正当性所在，亦是中华文明历五千年风雨而绵延不绝的思想根源，甚至还有可能是我们复兴中华文化，包括创新中国法文化的思想资源和精神动力。因此，如果有一天，建立在有机宇宙论之上的道德人文精神，亦即在人为称首的思想指导下，以仁义为内核的重生与讲理的对立统一，在未来中国法中以某种变化而适时地形式再现。对此，我们不应该感到吃惊。[①] 因为历史最终会纠正人的错误。而且，只有到了那一天，我们才可以说，传统中国法与当代中国法的联系是本质上的，而不是像目前这样仅仅停留在原理模式的形式关联上。

---

① 如《中国特色社会主义法律体系》（中华人民共和国国务院新闻办公室发布，人民出版社 2011 年版）第 34 页中，有这样的说法："中国特色社会主义法律体系的形成，始终立足于中国国情，坚持将传承历史传统、借鉴人类文明成果和进行制度创新有机结合起来。一方面，注重继承中国传统法制文化优秀成分，适应改革开放和社会主义现代化建设需要进行制度创新，实现了传统文化与现代文明的融合；另一方面，注意研究借鉴国外立法有益经验，吸收国外法制文明先进成果，但又不简单照搬照抄，使法律制度既符合中国国情和实际，又顺应当代世界法制文明时代潮流。这个法律体系具有很强的包容性和开放性，充分体现了它的独特文化特征。"

第三章　传统中国的法律关系*

一、对传统中国法律关系的探索

在法律规范与社会秩序和人类目标之间，唯有法律关系将这三者联结起来。法律关系透过法律规范的强制性，能够有效地引导、规范和塑造人们的行为，从而建构起为立法者所期盼的社会关系和社会秩序模式，进而实现人类目标。从这个意义上说，法律关系是一个社会法制的架构和枢纽所在。所以，如果我们要认识一个社会的法制，特别是它的内部构造及其正当性和特性等，那么法律关系不啻是一个绝佳的视点和有效的途径。正因如此，法律关系一直是法理学的核心内容，而研究法律关系则是将对法律的探索，从其外围推进到了它的内部。

在对法律关系的探索中，学界的努力和成就显

---

* 原载《政法论坛》2018 年第 2 期，有修改。

而易见,但同时亦引发了一些问题。首先在西方学者方面,他们的探索在人类法学史上具有原创性,其最大的成就是将法律关系归结为权利—义务关系。这使人们对法律运行的轴心和机制有了把握,但同时亦由于他们将所有的法律关系都化约为权利—义务关系,这不仅遮蔽了事实上的法律关系的丰富性和复杂性,而且极易误导人们对法律关系做过度简单化的理解。所以,美国学者霍菲尔德在20世纪初就提出,在法律上广义的权利—义务概念中,事实上至少包含了四对严格的基本法律关系,即狭义的权利—义务关系、特权—无权利关系、权力—责任关系和豁免权—无资格关系。[①] 霍菲尔德的法律关系理论是对法律关系探索的重大突破和贡献。[②]

在中国学者方面,由于法理学是引进的学科,所以对法律关系最初只能是译介而已,其认识基本上停留在西方早期的权利—义务观上。不过,随着法理学说的发展,中国学者在引进的同时,亦开始了自己的探索。譬如,从20世纪90年代起,我国学者对霍菲尔德

---

① 美国法学家韦斯利·霍菲尔德(Wesley Newcomb Hohfeld,1879—1918),分别于1913年和1917年在《耶鲁法学杂志》(*Yale Law Journal*)上发表了两篇同名论文《司法推理中应用的基本法律概念》(Some Fundamental Legal Conceptions as Applied in Judicial Reasoning),他在文章中对广义的权利—义务概念进行了较系统的逻辑分析,提出了四对严格的基本法律关系概念。原文参见"Some Fundamental Legal Conceptions as Applied in Judicial Reasoning",23 *Yale Law Journal*,1913:pp. 16-59 或 *Fundamental Legal Conceptions as Applied in Judicial Reasoning and Other Legal Essays*,edited by Walter Wheeler Cook,Yale University Press,1923, pp. 3-114。译文参见[美]韦斯利·霍菲尔德:《司法推理中应用的基本法律概念》,陈端洪译,载《环球法律评论》2007年第3~4期;[美]韦斯利·霍菲尔德:《基本法律概念》,张书友译,中国法制出版社2009年版。评介参见[英]戴维·M.沃克编著:《牛津法律大辞典》,邓正来等译,光明日报出版社1988年版,第415页"霍菲尔德"词条和第488页"法律关系"词条;沈宗灵:《对霍菲尔德法律概念学说的比较研究》,载《中国社会科学》1990年第1期;王涌:《寻找法律概念的"最小公分母"——霍菲尔德法律概念分析思想研究》,载《比较法研究》1998年第2期。

② 参见[英]戴维·M.沃克编著:《牛津法律大辞典》,邓正来等译,第415页"霍菲尔德"词条和第488页"法律关系"词条;王涌:《寻找法律概念的"最小公分母"——霍菲尔德法律概念分析思想研究》,载《比较法研究》1998年第2期。

的理论，不再是停留在译介上，而是加入了结合中国实际的讨论。[①]但这是殊为少见的现象，更令人遗憾的是，其基本的观点还是原来的，即不仅用单一的权利—义务关系来解释中国现行的法律关系，而且还用同样的看法来理解传统中国的法律关系，结果中国的法律关系都可以归结为一个权利—义务关系，或者说从义务本位的义务—权利关系向权利本位的权利—义务关系的变迁。[②] 这显然不符合传统中国的法律事实，只是反映出在对法律关系概念的理解和运用上，中国学者存在明显的套用和误解。那么，传统中国的法律关系又是怎样的呢？这需要我们做新的探索。

探索传统中国的法律关系，面临着相当大的风险和难题。首先是中西两套学术话语如何沟通的问题。这意味着本章所要使用的分析工具，即法律关系这个核心概念及其分类原本是西方的法理学说，它是否可以用来对传统中国的法律关系进行分析？我最根本的看法是，像法律关系这类源于西方的法理学说，由于其自身的科学性和实践上的有效性，我们不仅应该而且可以接受；同时，考虑到西方法律文化的地域性和传统中国法律的独特性，我们应该审慎而不是不加辨析地加以运用。这就像张光直教授在考察中国古代文明在世界文明中的地位时所说："……上面把中国古代社会的特征做了简单说明，是为了把具有这些特征的中国古代社会放在西方社会科学的一般原则中作一番考察，看看两者是否合辙。如果合辙的话，那么我们可以说中国的材料加强了西方社会科学的这些原则；

① 参见沈宗灵：《对霍菲尔德法律概念学说的比较研究》，载《中国社会科学》1990年第1期。

② 参见张文显主编：《法理学》（第3版），高等教育出版社2007年版，第135～148页；张晋藩：《中国法律的传统与近代转型》，法律出版社2009年版，第51～65页、第425～434页。

从传统中国法律实际出发，参照上述霍菲尔德的法律关系理论，笔者试着对传统中国的法律关系进行分类，并依据其重要性进行排序，然后通过它们所涉及的法律领域加以例证。[①] 首先，笔者认为在传统中国的法律中，同样存在霍菲尔德所说的四对严格的基本法律关系；同时，要特别指出，在传统中国的法律中，还存在霍菲尔德所没有说到的两对严格的基本法律关系，即义务—权利关系与责任—权利关系。义务—权利关系比较容易理解，它可以表述为：你必须履行，我有权要求。这在古代法中很普遍，传统中国法律亦不例外。而责任—权利关系较为复杂，下面将有专门的讨论。这里，笔者先对已提到的六对严格的基本法律关系，根据它们在传统中国法律中的重要性加以排序。从相互对应的角度可以排序为：权力—责任关系、义务—权利关系、责任—权利关系、特权—无权利关系、豁免权—无资格关系和狭义的权利—义务关系。当然，对这六对法律关系亦可以从相互对立的角度来排序，即权力—无资格关系、权利—义务关系、责任—无责任关系、特权—义务关系、豁免权—责任关系和权利—无权利关系，但考虑到习惯上人们对法律关系的理解通常是从相互对应的角度出发，所以，本章亦是从这个角度来认识传统中国的法律关系的。以下我们将对这六对法律关系逐一说明和例证，但在此之前，我们还有必要先说明一下责任—权利关系。因为在传统中国的法律中，这是一对非常特别的法律关系。

责任—权利关系是一对非常特别的法律关系，一方面，现今的各种法律关系学说都没有它的相关内容，可以说是一个空白；另一

① 这里还要说明的是，本章运用霍菲尔德的法律关系理论，仅仅是把它作为分析工具来观察传统中国的法律关系，并试着对它们进行分类和排序。这种分类和排序基本上是一种客观描述，亦即它们的先后虽有重要性之别但并无优劣之分。因为按照霍菲尔德的法律关系理论，每一对法律关系都是基本的，而且对传统中国的法律与社会来说，每一对法律关系亦都是必需的。所以，这一点还请读者理解。

方面,它是传统中国法律关系中最具中国特色的一对法律关系,这或许是更本质的。在这对法律关系中,权利的含义比较明确,仍然作狭义的理解,即人们有权要求他人作为或不作为。相对于权利含义的明确,责任的含义则需要界定。众所周知,责任有多重含义,从法律意义上说,责任是行为违反义务后所要承担的不利后果。[①] 不过,这是从西方来的现代法律概念。在传统中国的语境中,责任首先是担当(包含担责),其次是职责(包含服从)。这是它的两个基本含义,在传统中国的伦理和法律上通用,亦流行在普通百姓的日常生活和大众话语中。所以,即使从法律意义上说,传统中国的责任与现代法律上的责任亦不相同,是否可以这样说,传统中国法律中的责任是基于伦理道德要求而由法律加以确认的一种担当(包含担责)和职责(包含服从)。这意味着在本章所要讨论的法律关系中,凡是涉及"责任"的法律概念,如在权力—责任和责任—权利关系中,其"责任"的含义即是上述所给出的界定,即包括担当(包含担责)和职责(包含服从)两个方面。很显然,这个含义相对于霍菲尔德法律关系理论中偏重于"职责"的"责任"含义有所扩张。但正如霍菲尔德本人将法律上广义的权利—义务关系发展为四对严格的基本法律关系那样,我们依据传统中国法律的实际状况,参照霍菲尔德的法律关系理论,在理解上做这样的扩张看来是必要的。否则,我们在分析传统中国法律中的"责任"时,就只能分析体现"职责(包含服从)"那部分"责任"含义的法律关系,而无法分析体现"担当(包含担责)"那部分"责任"含义的法律关系,而这部分法律关系恰是传统中国最富特色和极为重要的法律关系,这将在后面的讨论中说明。

---

① 参见张文显主编:《法理学》(第3版),高等教育出版社2007年版,第167页。

此外,或许有人还会问:担当只是一种道德责任,而职责才是法律责任,为什么传统中国法律中的责任,在职责这个法律责任之外,还有担当这种道德责任?简单说是因为传统中国法律的道德化和道德的法律化,往深处说是因为在传统中国,个人是生活在与他人共同构成的有机整体中的一部分,其中任何一员若放弃了这种担当和职责,都会威胁到有机体的完整性。所以,传统中国法律中的责任不完全同于西方法律中的责任,即它不仅是基于先在的法律义务以及对义务的违反所带来的不利后果(职责),而且还是基于先在的伦理道德和伦理道德化的法律所产生的一种担当。这种担当既然是由法律加以确认的,所以它当然是一种法律责任而不是道德责任。现代学者可能囿于对西方或当代法律中责任的理解,而未能看到传统中国法律中责任的特有内涵。然而,如果要认识传统中国的法律关系,就应该从它自身的内涵出发,然后再做现代性的比较和评论,这样才符合事实,而事实才是我们认识真理的起点。

在界定了责任的含义后,我们可以把责任—权利关系表述为:我应当履行,你可以要求。如果将这个表述与义务—权利关系的表述(你必须履行,我可以要求)比较一下,即可发现两者之间确实有所不同,其最根本的差异来自责任与义务的区别。如果仔细分辨一下,责任与义务在内涵、特征和本质上都有区别。从内涵上说,责任是主体积极主动做分内应做的事,并勇于承担于己不利的结果;义务是主体应要求后而作为或不作为,以应对或满足他人的要求。由内涵可以看到它们的特征,责任具有自觉自愿性、积极主动性、非对称性和弱强制性诸特征;而义务则有应被要求的受动性、消极应对性、对称性和强制性诸特征。责任与义务的这些区别源于它们的本质,即责任的本质意味着行为人具有自由意志,而义务的本质则意味着行为人的自由意志受到限制。[①] 因此，虽然责任与义务有相通相同之处，譬如都具有行为性，但说到底，责任是积极的，义务是消极的，责任包含并超越了义务，义务则无法涵盖和代替责任，这就造成了“我应当”与“你必须”之间的不同。基于这种不同，联系到传统中国法律关系的事实，笔者认为不能以义务—权利关系来代替责任—权利关系。事实上，在传统中国的法律关系中，这是两种并存（或有交叉）但不同的法律关系，因此需要分别来探讨。

（一）有关权力—责任法律关系的说明及例证

要对传统中国的法律关系进行具体的说明和例证，首先是在序列中居于首位的权力—责任关系。如前所述，权力—责任关系可以表述为：我能够约束你，你必须接受。在传统中国的法律关系中，权力—责任关系是一项权力优先的法律关系。基于权力的性质和职能，权力—责任关系主要分布在有关国家的政事、刑事和军事等法律领域。

在政事法律领域中，最重要的是权力的设置。所以，从中央到地方州县，从皇帝到基层官吏，有关他们职权的法律规定，基本上都可以归入这一类法律关系。例如，《唐律疏议·名例》“谋反”议曰：“……王者居宸极之至尊，奉上天之宝命，同二仪之覆载，作兆庶之父母。为子为臣，惟忠惟孝。……”[②]从唐律有关皇帝的这条规定来看，它既体现了君权至上（权力：我能够约束你）—万民服从（责任：你必须接受）的法律关系。就君权至上言，即“王者居宸极之至尊，奉上天之宝命，同二仪之覆载，作兆庶之父母”；就万民服从言，即“为子为臣，惟忠惟孝”。在君权之外，中央最高的三师三公

---

① 参见［澳］皮特·凯恩：《法律与道德中的责任》，李世华译，商务印书馆2008年版，第8页。

② （唐）长孙无忌等：《唐律疏议》，刘俊文点校，中华书局1983年版，第6~7页。

职权的设置亦是如此。例如,唐“开元二十五令”规定:“太师一人,太傅一人,太保一人。右三师,师范一人,仪形四海。太尉一人,司徒一人,司空一人。右三公,经邦论道,燮理阴阳,祭祀则太尉亚献,司徒奉俎,司空行扫除。”①这是国家法律对三师三公职权的设置,《唐六典》对这种设置中的权力—责任关系和责任—权力意味作了极好的注解。《唐六典》曰:“三师训导之官也(权力:训导之官)……明虽天子必有所师(责任:天子以三师为师)。……”②引文中括号内的文字是笔者所加的注,由此可以看出在三师与天子之间的权力—责任关系,即我(三师)能够约束(为师训导)你(天子),你(天子)必须接受(我三师的为师训导)。

在政事法律领域中,除了君权和三师三公外,还有更广泛系统的行政权力设置,它包括从中央到地方的各级各部门,其行政长官和职事官都拥有各自相应的职权,其中在位而又主事的行政官员,则拥有直接管治的职权。如果我们对这种职权稍加分析,就可以发现隐在其中的权力—责任关系。譬如,以州县行政长官为例,他们拥有此职就拥有了管治一州一县范围内部民的权力,而该范围内的部民则必须接受他们的管治,这就构成了“我能够约束你,你必须接受”的权力—责任关系。如唐令规定:“诸天下之人户,量其资产,定为九等。每三年县司注定,州司覆之,然后注籍而申之于省。……”③又如,唐令规定:“诸应给园宅地者,良口三口以下给一亩,每三口加一亩。贱口五口给一亩,每五口加一亩,并不入永业、口分之限。其京城及州县郭下园宅,不在此例。……”④这两条法

① [日]仁井田陞:《唐令拾遗》,栗劲等编译,长春出版社1989年版,第24~25页。

② 《唐六典》卷一“三师三公”条。转引自[日]仁井田陞:《唐令拾遗》,栗劲等编译,长春出版社1989年版,第24~25页。

③ [日]仁井田陞:《唐令拾遗》,栗劲等编译,长春出版社1989年版,第151页。

④ [日]仁井田陞:《唐令拾遗》,栗劲等编译,长春出版社1989年版,第558页。

令规定了在户等划分登记和园宅地分配方面，唐代地方行政长官与其所辖部民之间的权力—责任关系。其中，在户等划分登记方面，县司的权力是“注定”，州司的权力是“覆核”，而其所辖部民的责任则是必须接受县司的注定和州司的“覆核”。同样，在京城及州县郭下以外园宅地的分配方面，地方行政长官的权力是按规定依良、贱和人数不等分给园宅地，而其所辖部民的责任则是必须接受这种分配。再如，到了宋代，法律给行政官员又加了禁赌的职权，而其所辖部民的责任则是必须接受禁赌，否则就要受到处罚，这在《名公书判清明集》中有记载。①

在政事法律领域以外，有关刑事审判和军事行动的法律规定，亦是权力—责任关系分布较多的领域。如唐令规定：“诸有犯罪者，皆从所发州县推而断之。在京诸司，则徒以上送大理。杖以下当司断之。若金吾纠获，皆送大理。”②又令：“诸犯罪者，杖罪以下县决之……”③这两条法令都包含了审判者与被审者之间的权力—责任关系，其中第一条含有案发地的州县和在京诸司审判者与被审者之间的权力—责任关系，亦即我（案发地的州县和在京诸司审判者）能够约束你（审理相应案子中的被审者），你（被审理案子中的被审者）必须接受；第二条含有杖罪以下的案子在州县审判者与被审者之间所形成的权力—责任关系，亦即我（县司）能够约束你（审理杖罪以下被审者），你（杖罪以下被审者）必须接受。上述这种权力—

① 如《禁赌有理》云：“四民之所不收，百害之所必至，始而赌博，始而嬉戏，始而斗殴，始而和同，终而必争，败事丧家，皆由此始，固官司之所必禁也。然禁戢者有司之责，信必者当识之令，有敢狃于习俗，视为常故，官有明条，决脊无容恕。备榜晓谕：输钱人自首，特原其本罪，追还其钱，却将赢钱人依条断令。”[参见《名公书判清明集》（下），中国社会科学院历史研究所宋辽金元史研究室点校，中华书局1984年版，第533页。相关案例可见该书第530~533页所录。]

② [日]仁井田陞：《唐令拾遗》，栗劲等编译，长春出版社1989年版，第689页。

③ [日]仁井田陞：《唐令拾遗》，栗劲等编译，长春出版社1989年版，第689页。

责任关系，表现在具体的审判中，即《唐律疏议·断狱》“依告状鞫狱”所规定：“诸鞫狱者，皆须依所告状鞫之。若于本状之外，别求他罪者，以故入人罪论。”[①]在这条律文中，权力—责任的关系是这样构成的，当事人一方是鞫狱者，亦即审案的官员，另一方是被审者，他们之间的法律地位是不对等的，用《疏议》的话说，“‘鞫狱者’，谓推鞫之官”，他有审案的权力，而被审者唯有服从的责任。这样，在审与被审两者之间形成了“我能够约束（审判）你，你必须接受（审判）”的权力—责任关系。[②]

在唐代，与刑事审判法律规定相似，有关军事行动的法律规定，同样是权力—责任关系的重要领域。如唐令规定：“诸每一旅帅，管二队正；每一校尉，管二旅帅。卫士以二百人为团，团有校尉；五十人为队，队有正。”[③]这是一条有关军事组织权力设置的法令。依据这条法令，旅帅有权管治二队正（合计百人），校尉有权管治二旅帅（合计四百人）。这样，在旅帅与队正、校尉与旅帅之间，就形成了对应的权力—责任关系，亦即我（旅帅与校尉）能够约束你（队正与旅帅），你（队正与旅帅）必须接受（我管）。又如，《唐律疏议·擅兴》“擅发兵”曰：“诸擅发兵，十人以上徒一年，百人徒一年半，百人加一等，千人绞（谓无警急，又不先言上而辄发兵者。虽即言上，而不待报，犹为擅发。文书施行即坐）。……”[④]大家知道，发兵是一个重大的事件，亦是一项重大的权力，一旦发兵令出，士兵的职责就

---

① （唐）长孙无忌等：《唐律疏议》，刘俊文点校，中华书局1983年版，第555页。

② 类似的法律在《唐律疏议》中还有规定，如《唐律疏议·断狱》曰：“诸断罪皆须具引律、令、格、式正文，违者笞三十。……”［（唐）长孙无忌等：《唐律疏议》，刘俊文点校，中华书局1983年版，第561页。］不用分析就可以看出，这条律文一旦付诸实施，审判者只须具引律、令、格、式正文，就可以在审与被审两者之间形成相应的权力—责任关系。

③ ［日］仁井田陞：《唐令拾遗》，栗劲等编译，长春出版社1989年版，第278页。

④ （唐）长孙无忌等：《唐律疏议》，刘俊文点校，中华书局1983年版，第298页。

是服从，这就在法律上构成了“我能够约束你，你必须接受”的权力—责任关系。在检阅和比对相关法律条文时，笔者发现在军事法律领域中，权力—责任关系分布广泛。这或许与军事重大有关，正如《唐律疏议·擅兴》在开篇的《疏议》中所说：“大事在于军戎，设法须为重防。”①

总结这部分，笔者认为在传统中国法律中，体现权力—责任的法律关系，基本上都是通过各种职权的规定体现出来。譬如，行政权、刑罚权、军事权等。有关这些权力—责任的法律规定，在《唐律疏议》中大多集中和分布在《职制》、《卫禁》、《擅兴》、《厩库》和《断狱》诸篇，而在《唐令》中则集中在《职员令》、《宫卫令》、《军防令》、《狱官令》以及《田令》和《赋役令》诸篇。此处不再赘述，有意者可以查阅。

（二）有关义务—权利法律关系的说明及例证

从学理上说，在相互对应概念的法律关系中，义务—权利关系可以表述为：你必须履行，我有权要求。从历史上来看，义务—权利关系是古代法律中最主要的法律关系之一，除罗马万民法以外，它广泛存在于奴隶制法、封建法和专制政治的法律中。因此，有学者认为传统社会的法律是义务本位法，传统社会的法律关系以义务—权利为轴心。②

传统中国长期处于封建社会，政治上属于中央集权的官僚制国家，所以，在传统中国的法律关系中，义务—权利关系亦是重要的一项。义务—权利关系主要体现在个人、家庭和社会组织对国家的法

---

① （唐）长孙无忌等：《唐律疏议》，刘俊文点校，中华书局1983年版，第298页。

② 如博登海默认为，前资本主义社会法律的主要任务是为社会提供安全和秩序，义务优先具有普遍性。参见［美］E. 博登海默：《法理学——法哲学及其方法》，邓正来等译，华夏出版社1987年版，第244~245页。

律关系中，因此主要分布在涉及经济管制、社会控制和某些刑事法律领域，如土地法、赋役法、社会与商业管制法和刑法等。当这些法律付诸实施后，经它们调整所形成的法律关系，对个人、家庭和社会组织而言，都是义务优先的义务—权利法律关系。虽然义务—权利关系有涉及身份的方面，但为了与后面的特权—无权利和豁免权—无资格两对法律关系在内容上不重复，这里要讨论的义务—权利关系以不涉及身份的法域为例，涉及主体身份的将在特权—无权利和豁免权—无资格关系中讨论。

首先以土地法为例。唐代土地法的核心是均田制，按照唐令规定，每丁男（中男亦同）受田一顷（唐制百亩），其中二十亩为永业田，八十亩为口分田。永业田可以传承，口分田在主人死后必须交还政府。因此，均田制下口分田一般不准买卖。[①] 为此，《唐律疏议·户婚》“卖口分田”曰：“诸卖口分田者，一亩笞十，二十亩加一等，罪止杖一百；地还本主，财没不追。……”[②]这条律文蕴含相应的义务—权利法律关系规则，它所构成的主体一方是受田者（一般是丁男和中男），另一方是授田者（国家或官方）；客体是口分田；内容是主体之间的权利与义务。由上述律文可知，在这个法律关系中，作为主体一方的受田者负有不卖口分田的义务，而提出这个义务主张的是作为主体的另一方即授田者，他们两者之间的关系可以表述为：你（受田者）必须履行（不卖口分田的义务），我（授田者）有权要求（你履行这个义务），这正是典型的义务—权利关系。笔者检阅还发现，在土地法领域，类于禁卖口分田这样的规定，还有禁止

① 唐令：“诸丁男、中男给田一顷，笃疾、废疾给四十亩，寡妻妾三十亩，若为户者加二十亩。所授之田，十分之二为世业，八分为口分。世业之田，身死则承户者便授之，口分则收入官。……”（参见［日］仁井田陞：《唐令拾遗》，栗劲等编译，长春出版社1989年版，第540页。）

② （唐）长孙无忌等：《唐律疏议》，刘俊文点校，中华书局1983年版，第242页。

占田过限，禁止盗耕、妄认、盗卖公私田，以及禁止在官侵夺田地等。[①] 此外，禁止妄认、盗卖公私田，以及禁止在官侵夺田地亦是这类规定。[②] 这些法律规定一旦介入并调整相应的社会关系，即可形成类于禁卖口分田那样的义务—权利关系。

其次是赋役法。唐代中前期赋役法主要是租庸调，《唐会要·租税》、《唐六典·户部郎中员外郎》、《唐令·赋役令》以及《唐律疏议·户婚》等，对租庸调都有与以下内容大致相似的记载："武德七年，始定律令。……赋役之法：每丁岁入租粟二石。调则随乡土所产，绫、绢、絁各二丈，布加五分之一；输绫、绢、絁者，兼调绵三两；输布者，麻三斤。凡丁，岁役二旬。……"[③]这表明按照赋役之法，唐代的受田者，亦即接受国家授田的丁男（一般以户主为代表），除了负有上述不能出卖口分田的义务外，还对国家负有缴纳租税（租）、提供特产（调）和服役（庸）的三项义务，而且只有履行了这些义务，才有权利接受和耕种国家所授之田，这就构成了与上述同样性质的义务（缴纳租庸调）—权利（接受官方授田）法律关系。如果不能完全履行这些义务，当事人（户主等）要受到法定处罚，唐律对此做出

---

① 如《唐律疏议·户婚》"占田过限"曰："诸占田过限者，一亩笞十，十亩加一等，过杖六十，二十亩加一等，罪止徒一年。……"[（唐）长孙无忌等：《唐律疏议》，刘俊文点校，中华书局1983年版，第244页。]又如《唐律疏议·户婚》"盗耕种公私田"曰："诸盗耕种公私田者，一亩以下笞三十，五亩加一等；过杖一百，十亩加一等，罪止徒一年半。荒田，减一等。强者各加一等。苗子归官、主。"[（唐）长孙无忌等：《唐律疏议》，刘俊文点校，中华书局1983年版，第244～245页。]

② 《唐律疏议·户婚》"妄认盗卖公私田"曰："诸妄认公私田，若盗贸卖者，一亩以下笞五十，五亩加一等；过杖一百，十亩加一等，罪止徒二年。"[（唐）长孙无忌等：《唐律疏议》，刘俊文点校，中华书局1983年版，第245页。]又《唐律疏议·户婚》"在官侵夺公私田"曰："诸在官侵夺公私田者，一亩以下杖六十，三亩加一等；过杖一百，五亩加一等，罪止徒二年半。园圃，加一等。"[（唐）长孙无忌等：《唐律疏议》，刘俊文点校，中华书局1983年版，第246页。]

③ 《旧唐书·食货志》。

了明确具体的规定。例如,《唐律疏议·户婚》"输课税物违期"曰:"诸部内输课税之物,违期不充者,以十分论,一分笞四十,一分加一等。[州县皆以长官为首,佐职以下节级连坐]户主不充者,笞四十。……"[①]这是针对违期不输课税之物,亦即户主违犯了需按期缴纳租调之义务的规定。又如《唐律疏议·擅兴》"丁夫杂匠稽留"曰:"诸被差充丁夫、杂匠,而稽留不赴者,一日笞三十,三日加一等,罪止杖一百。……"[②]这是针对应服役而稽留,亦即服庸者丁夫杂匠违犯了需按时服役之义务的规定。还有,《唐律疏议·捕亡》"丁夫杂匠亡"曰:"诸丁夫、杂匠在役及工、乐、杂户亡者,[太常音声人亦同]一日笞三十,十日加一等,罪止徒三年。……"[③]这是针对服役的丁夫杂匠等逃亡,亦即丁夫杂匠等违犯了在役者不得逃亡之义务的规定。

再次是社会与商业管制法。唐代为了加强对社会的控制,规定在当时的京城长安实行严格的城坊制度,城坊之门按击鼓开关,人之出行按击鼓行止,违者谓之犯夜。《唐律疏议·杂律》"犯夜"曰:"诸犯夜者,笞二十;有故者,不坐。……"[④]对此《疏议》解释说:"《宫卫令》:'五更三筹,顺天门击鼓,听人行。昼漏尽,顺天门击鼓四百搥讫,闭门。后更击六百搥,坊门皆闭。'违者,笞二十。故注云:'闭门鼓后、开门鼓前,有行者,皆为犯夜。'故,谓公事急速。但公家之事须行,及私家吉、凶、疾病之类,皆须得本县或本坊文牒,然始合行,若不得公验,虽复无罪,街铺之人不合许过。既云闭门鼓后、开门鼓前禁行,明禁出坊外者。若坊内行者,不拘此律。"从律文

---

① (唐)长孙无忌等:《唐律疏议》,刘俊文点校,中华书局1983年版,第252页。

② (唐)长孙无忌等:《唐律疏议》,刘俊文点校,中华书局1983年版,第317页。

③ (唐)长孙无忌等:《唐律疏议》,刘俊文点校,中华书局1983年版,第534页。

④ (唐)长孙无忌等:《唐律疏议》,刘俊文点校,中华书局1983年版,第489页。

和《疏议》可知，当时身在长安之人，要想获得出行的权利，首先要承担不犯夜的义务，除非有故，否则要受到处罚。这其中的法律关系就是行人与政府之间的义务—权利关系。同样，为了加强对商业的管制，《唐律疏议·杂律》"买奴婢牛马不立市券"曰："诸买奴婢、马牛驼骡驴，已过价，不立市券，过三日笞三十；卖者，减一等。立券之后，有旧病者三日内听悔，无病欺者市如法，违者笞四十。即卖买已讫，而市司不时过券者，一日笞三十，一日加一等，罪止杖一百。"[①]就这条律文所含的规则而言，在买卖双方之间是平等的，他们之间的法律关系是权利—义务关系；但在买卖方与官方（市司）之间，他们的地位是不平等的，一方是管制者，另一方是被管制者，他们之间的法律关系是义务—权利关系。这是因为买卖方的权利，或者说买卖是否有效，要以服从法律规定的义务，亦即到官方（市司）立券为前提。否则，不仅无权买卖，即使买卖亦无效，而且还要受到处罚。

最后是刑法。刑法一般都是禁止性规范，内含义务优先权利次之，甚至只有义务而无权利的规则。譬如，我们知道，传统中国最严重的同时亦是处罚最严厉的刑事犯罪是十恶。《唐律疏议·名例》"十恶"《疏议》曰："五刑之中，十恶尤切，亏损名教，毁裂冠冕，特标篇首，以为明诫。"[②]"明诫"就是明确告诫人们不要有十恶之行，若有十恶之行就是触犯了"十恶"之律，触犯了"十恶"之律就是没有履行国法要求臣民谨守的十项最大的义务，没有履行和谨守这个义务，当事人和连带人就要被剥夺作为帝国臣民的权利，或死或流或徒或没为官奴。如对"十恶"中的前三恶，即谋反、谋叛、谋大逆，

---

① （唐）长孙无忌等：《唐律疏议》，刘俊文点校，中华书局1983年版，第500页。

② （唐）长孙无忌等：《唐律疏议》，刘俊文点校，中华书局1983年版，第6页。

《唐律疏议·贼盗》“谋反大逆”规定：“诸谋反及大逆者，皆斩；父子年十六以上皆绞，十五以下及母女、妻妾（子妻妾亦同）祖孙、兄弟、姊妹若部曲、资财、田宅並没官……伯叔父、兄弟之子皆流三千里，不限藉之异同。……”[1]同样，在唐律中，凡是刑事犯罪，如贼盗、杀伤、奸淫等，这类含有禁止之意的法条，都内含义务—权利关系的规则，因此，在法律关系的构成上与“十恶”同为一类。此外，在含有军防内容的某些法条中，其法律关系的构成只有义务而没有权利。如《唐律疏议·擅兴》“私有禁兵器”曰：“诸私有禁兵器者，徒一年……”《疏议》解释说：“‘私有禁兵器’，谓甲、弩、矛、矟、具装等，依令私家不合有。若有矛、矟者，各徒一年半。……”[2]由《疏议》可知，禁兵器是私家不该拥有的，对此私家只有义务而没有权利，违者要受处罚。因此，如果要从法律关系的构成上来说，该法条就是一条单纯的义务性规范。

（三）有关责任—权利法律关系的说明及例证

在探讨了义务—权利关系后，接着要探讨的是责任—权利关系。在前面已经说明，从传统中国法律关系的事实出发，我们不能以义务—权利关系来代替责任—权利关系。这不仅是因为责任与义务之间存在我应该与你必须的不同，更重要的是责任—权利关系可谓是传统中国最具特色的法律关系。同样，从学理上说，在相互对应概念的法律关系中，责任—权利关系可以表述为：我应当履行，你可以要求。在传统中国法律关系中，责任—权利关系以责任优先权利次之为特征，因此主要分布在与伦理密切相关的家庭和社会法领域。

---

① （唐）长孙无忌等：《唐律疏议》，刘俊文点校，中华书局 1983 年版，第 321 页。

② （唐）长孙无忌等：《唐律疏议》，刘俊文点校，中华书局 1983 年版，第 314～315 页。

先说家庭法领域。在传统中国,家庭是伦理的根基,所以三纲中有两纲是关于家庭的,即父为子纲和夫为妻纲。就纲而言,后人看到的大多是父和夫的权利,其实,不管父和夫有多少权利,都是以责任为前提的。譬如,作为家长的父亲(包括母亲),法律赋予他们以教令权,对违犯教令的子孙有送惩权,亦即请求官府惩处的权利。[①]《唐律疏议·斗讼》“子孙违犯教令”曰:“诸子孙违犯教令及供养有阙者,徒二年。(谓可从而违,堪供而阙者。须祖父母、父母告,乃坐)”《疏议》解释说:“祖父母、父母有所教令,于事合宜,即须奉以周旋,子孙不得违犯。‘及供养有阙者’,礼云‘七十,二膳;八十,常珍’之类,家道堪供,而故有阙者,各徒二年。……若教令违法,行即有愆;家实贫务,无由取给;如此之类,不合有罪。皆须祖父母、父母告,乃坐。”[②]若把律文和《疏议》结合起来看,其中的教令权就蕴含了责任—权利关系。具体来说,祖父母、父母的教令权是以教令有不违法之类这个责任担当为前提的;有了这个责任担当作为前提,祖父母、父母才可行使他们的教令权,否则,就不能行使教令权。因此,如果祖父母、父母教令于事合宜,那么,子孙就必须奉以周旋,否则,祖父母、父母就有权送惩。然而,如果祖父母、父母教令有违法之类,那么,子孙不遵行亦不合有罪。这其中的责任—权利关系,对祖父母、父母而言,责任是教令应于事合宜(不违法之类),权利是可以要求子孙奉以周旋;对子孙而言,责任是应当奉以周旋,

---

① 对此,除了有明确的法律规定,历史上还有案例记录。如《名公书判清明集》载:“胡大为人之子,而不能顺其母,遂致其母讼之。夫母之于子,天下至情之所在也,而乃一旦至此,必有大不能堪者矣。本合重作施行,以正不孝之罪,又恐自此母子兄弟不复可以如初矣,且押下厢,就本人家决十五,令拜阿谢阿李,仍令四邻和劝。如再不改前非,定当照条断罪。”[《名公书判清明集》(下),中国社会科学院历史研究所宋辽金元史研究室点校,中华书局1984年版,第386页。]

② (唐)长孙无忌等:《唐律疏议》,刘俊文点校,中华书局1983年版,第437~438页。

权利是可以要求教令有不违法之类(于事合宜)。或许有人还会提出:这其中的法律关系是否亦可以说是权利—义务关系呢?如祖父母、父母行使教令权,子孙则承担奉以周旋的义务;或祖父母、父母行使教令权,亦承担教令不违法之类的义务;而子孙虽对教令有奉以周旋的义务,但亦有对违法之类教令不遵行的权利。从形式上看,这的确是一种权利—义务关系。但我们不要忘了,权利—义务关系是主体间地位平等的一种法律关系。可是,在唐代以至于整个传统中国,按照国家法律规定,祖父母、父母与子孙之间是尊卑和上下的关系,他们的法律地位是绝对不平等的,否则就不会有教令权的设置,所以,他们之间的法律关系不可能是权利—义务关系,而只能是责任—权利关系。

在传统中国,法律赋予家长,特别是作为家长的父亲的权利确实是多方面的。[①] 但这些权利并非后人想象的那么绝对,在某种程度上,这些权利要受到两方面的限制:一是伦理道德的限制,即家长要有家长的样子;二是法律的限制,即家长行使权利不能违法。[②] 前者是应该,后者是必须。这两者都是家长行使权利的前提,亦即作为家长必须要担当的责任,没有这个责任担当,家长的权利就要受

---

① 正如瞿同祖先生所说:"中国的家族是父权家长制的,父祖是统治的首脑,一切权力都集中在他的手中,家族中所有人口——包括他的妻妾子孙和他们的妻妾,未婚的女儿孙女,同居的旁系卑亲属,以及家族中的奴婢,都在他的权力之下,经济权、法律权、宗教权都在他的手里。……同时,由于法律对其统治权的承认和支持,他的权力更不可撼摇了。"(瞿同祖:《中国法律与中国社会》,中华书局1981年版,第5~6页。)

② 这亦为现代调查和研究所证实。例如,滋贺秀三先生引许烺光教授在云南做地方调查时的发现:"父亲在关于儿子的问题上有极大的权威,但是他的权威是受到在社会性上父和子互相是另一方的部分(part of each other)这样的事实所制约,父亲就像不伤害自己自身一样不能滥用他的权力。……"(参见[日]滋贺秀三:《中国家族法原理》,李力、张建国译,中华书局2013年版,第140页。)此外,滋贺秀三先生自己通过对中国家族法的研究,提出"对于父亲的恣意来说儿子的权利是受到保障的",他以继承权为例对此作了仔细的探讨。(参见[日]滋贺秀三:《中国家族法原理》,李力、张建国译,中华书局2013年版,第198~202页。)

到限制，特别是在涉及家庭全体的问题上，家长虽有代表全家的权利，但同时负有更大的责任。譬如，《唐律疏议·名例》"共犯罪造意为首"曰："诸共犯罪者，以造意为首，随从者减一等。若家人共犯，止坐尊长；（于法不坐，罪归于其次尊长。尊长，谓男夫）……"《疏议》解释说："'共犯罪者'，谓二人以上共犯，以先造意者为首，余並为从。家人共犯者，谓祖、父、伯、叔、子、孙、弟、姪共犯，唯同居尊长独坐，卑幼无罪。……"[①]从律文中可以看到，一般的共同犯罪要分主犯从犯，主犯是倡首先言的造意者，而其他人则为从犯；但若一家人共同犯罪，则既不分主犯从犯，亦无造意者与其他人之分，只处罚共同生活在一起的男性家长，亦即尊长或次尊长，其他卑幼和女性则一律无罪。在今天看来，这似乎是一条很奇特的法律规定，但其实它是又一条传统中国富有特色的蕴含责任—权利关系的法规。如果说教令权是从确立家长的权利方面规定了家长与家人之间的责任—权利关系，那么家人共犯就是从约束家长的权利方面规定了家长（尊长）与家人之间的责任—权利关系。然而，无论是从哪方面出发，贯注其中的基本精神和准则却是相同的，即家长对家人的权利受到他们的责任限制，其权利越大则责任越大，而且当涉及家人违法犯罪时，家长（尊长）对家人的责任则远大于其权利，如"家人共犯，止坐尊长"就是典型的例证。

上述两例说明了作为家长的父母或其他尊长与家人之间的责任—权利关系，这是父为子纲以及扩展了的尊卑关系在法律上的某种体现。同样地，作为男性的尊长或丈夫与家人和妻子之间亦存在这种责任—权利关系，这可以说是男尊女卑和夫为妻纲在法律上的某种体现。一般来说，男性的权利确实要大于女性，丈夫的权利亦

---

① （唐）长孙无忌等：《唐律疏议》，刘俊文点校，中华书局1983年版，第116页。

肯定大于妻子,但如前所说,这种权利首先不是无条件的,同时亦是权利越大责任越大。如在“家人共犯,止坐尊长”中,尊长是指男夫,亦即《疏议》所说:“尊长为男夫者,假有妇人尊长,共男夫卑幼同犯,虽妇人造意,仍以男夫独坐”[1]这说明相对于妇人尊长,男夫尊长的权利大责任亦大,表现在家人共犯的担责上,即使是妇人造意,亦仍然是独坐男夫。这极端地体现了男夫尊长与妇人尊长之间的责任—权利关系,亦即在妇人尊长造意而家人共犯的情况下,男夫尊长依律亦应当履行担当家人共犯的尊长之责,而造意的妇人尊长依律则可以(有权)要求他担当这个责任。还有,在夫妻之间,法律赋予丈夫有“七出”的权利,据此有人认为这是丈夫拥有的单方面休妻的权利,其实,这个权利亦受到伦理道德和法律的限制,即妻子若履行了自己“三不去”中的责任,那么,丈夫就要失去行使“七出”的权利(妻有恶疾和奸淫除外),这即是丈夫“七出”的权利要以遵循“三不去”的责任为前提。[2] 这其中的责任—权利关系是:我(丈夫)应当履行(三不去之责任),你(妻子)可以要求(非七出之权利)。

在家庭法领域,传统中国还有一项重要的法律制度,即除了严重的谋反、谋大逆和谋叛外,父母子女等家人之间有罪可以相互隐

---

① (唐)长孙无忌等:《唐律疏议》,刘俊文点校,中华书局 1983 年版,第 115~116 页。

② 按:“七出”又称“七弃”,意指妻子有七种情况之一者,丈夫可以单方面休弃她。《大戴礼记 · 本命》云:“妇有七出:不顺父母,去;无子,去;淫,去;妒,去;有恶疾,去;多言,去;盗窃,去。”“三不去”者,即妻有下列三种情形之一,则妻虽有七出之状亦不能被休,亦即“妇有三不去:有所取无所归不去;与更三年丧不去;前贫贱后富贵不去”。(《史记 · 梁孝王世家》)“七出”“三不去”,唐、宋见之于律(《唐律疏议 · 户婚》,“妻无七出而出之”条“疏议”;《宋刑统 · 户婚》,“和娶人妻”条“疏议”);元、明见之于令(《通制条格 · 户令》;《大明令 · 户令》);清律附注于律文之内(《大清律例 · 户律》“出妻”条例“例注”)。由此可知,与“七出”一样,这“三不去”既是伦理道德又是法律规范,还是丈夫行使“七出”权利的前提。

瞒,或在官方缉捕时给家人通风报信,这两种行为都不为罪亦不处罚。如《唐律疏议·名例》"同居相为隐"曰:"诸同居,若大功以上亲及外祖父母、外孙,若孙之妇、夫之兄弟及兄弟妻,有罪相为隐……皆勿论,即漏露其事及擿语消息亦不坐。……若犯谋叛以上者,不用此律。"[①]这条律文充分体现了家庭成员之间不分尊卑,在相互负有保护责任的前提下,所拥有的"有罪相为隐"和"漏露其事及擿语消息"的权利。这表明在一般犯罪情况下,家庭成员之间存在保护责任优先的责任—权利关系。

在家庭法以外的社会法领域,亦存在责任优先的责任—权利关系。这可以说是家庭伦理向社会推展,或者说家国一体、天下一家的观念在相关法律中的表现。在社会组合上,家庭向外推展的首先是邻里,因此邻里之间相互负有责任。唐令规定:"百户为里,五里为乡,四家为邻,五家为保。在邑居者为坊,在田野者为村。村坊邻里递相督察。"[②]具体督察什么?唐令有明确的规定:"诸户皆以邻聚相保,以相检察,勿造非违。如有远客,来过止宿,及保内之人,有所行诣,并语同保知。"[③]这是法律规定的邻里之间相互督察的责任,此外,邻里之间还有相互救助的责任。《唐律疏议·捕亡》"邻里被强盗及杀人"曰:"诸邻里被强盗及杀人,告而不救助者,杖一百;闻而不救助者,减一等;力势不能赴救者,速告随近官司,若不告者,亦以不救助论。……"[④]上述唐令与唐律清楚表明,邻里之人应该有相互督察和救助的责任,然后自己的人身和人格权利才有相应的保障;如果有人不履行督察,尤其是不履行救助的责任,那么政府

① (唐)长孙无忌等:《唐律疏议》,刘俊文点校,中华书局1983年版,第130~131页。

② [日]仁井田陞:《唐令拾遗》,栗劲等编译,长春出版社1989年版,第123页。

③ [日]仁井田陞:《唐令拾遗》,栗劲等编译,长春出版社1989年版,第138页。

④ (唐)长孙无忌等:《唐律疏议》,刘俊文点校,中华书局1983年版,第530页。

和邻里之人依律可以要求其救助，否则以“不救助论”。[①] 这正是“我应当履行，你可以要求”的责任—权利关系体现。

邻里向外推展的就是公共社会，所以，对于涉及公共社会的道德和治安问题，法律基于伦理同样予以人们必要的责任，如同邻里救助一样，违背这责任亦要受到处罚。唐律中有好几条这样的规定，如《唐律疏议·杂律》“见火起不告救”曰：“诸见火起，应告不告，应救不救，减失火罪二等。……”《疏议》解释说：“见火起，烧公私廨宇、舍宅、财物者，並须告见在及邻近之人共救。若不告不救，‘减失火罪二等’，谓若于官府廨宇内及仓库，从徒二年上减二等，合徒一年；若于宫及庙、社内，从徒三年上减二等，合徒二年；若于私家，从笞五十上减二等，笞三十。……”[②]又如，《唐律疏议·捕亡》“道路行人不助捕罪人”曰：“诸追捕罪人而力不能制，告道路行人，其行人力能助之而不助者，杖八十……”[③]再如，《唐律疏议·杂律》“得阑遗物不送官”曰：“诸得阑遗物，满五日不送官者，各以亡失罪论；赃重者，坐赃论。私物，坐赃论减二等。”[④]这三条律文都是有关社会道德的规定，其中都潜存着责任—权利关系的规则，即我（见火起者/道路行人/得遗物者）应该履行（告救/助捕/送还的责任），你（被火烧的公私廨宇、舍宅、财物拥有者/追捕人/遗物者）可以要求（告救/助捕/送还的权利）。同样，在有关社会治安的规定中，亦存在同类型的责任—权利关系规则。如《唐律疏议·杂律》“在市人

---

① 唐律对此虽有明确规定，但此类案例在唐代文献中很难觅得，但在宋代《名公书判清明集》的“士人因奸致争既收坐罪名且寓教诲之意”一案中有记载：“……张八九系邻人，见陈宪被打，不与四邻救劝，决小杖十二。……”[《名公书判清明集》（下），中国社会科学院历史研究所宋辽金元史研究室点校，中华书局 1984 年版，第 443 页。]

② （唐）长孙无忌等：《唐律疏议》，刘俊文点校，中华书局 1983 年版，第 511 页。

③ （唐）长孙无忌等：《唐律疏议》，刘俊文点校，中华书局 1983 年版，第 529 页。

④ （唐）长孙无忌等：《唐律疏议》，刘俊文点校，中华书局 1983 年版，第 521 页。

众中警动扰乱”曰:“诸在市及人众中,故相警动,令扰乱者,杖八十;以故杀伤人者,减故杀伤一等;因失财物者,坐赃论。其误警杀伤人者,从过失法。”[①]这条律文潜存的责任—权利关系规则是,我(在市内及人众中者)应该履行(不相警动、不令扰乱的责任),你(维持治安的官方或被警动、扰乱而有损失者)可以要求(有不相警动、不被扰乱的权利)。

前文曾提到,在军事法律领域,权力—责任关系分布广泛,这样的法律条文有不少是直接用“应”字来规定和强调责任的。同样有趣的是,在责任—权利关系的规则中,亦有用“不应”文字或包含“不应”意思的法律条文,其中最著名的是“诸不应得而为之”[②]的法律规定。本章之所以将这类条文所蕴含的规则归入责任—权利关系而不是责任—权力关系,主要是考虑到责任—权力关系所涉及的是公家(官方/官人)的权力与职责问题,用现代概念来说是属于公法领域内的法律关系;而责任—权利关系所涉及的主要是私家(民间/民人)之间的责任和权利问题,用现代概念来说主要是私法领域内的法律关系,所以,有必要加以分别探讨。

(四)有关特权—无权利法律关系的说明及例证

本章在前面探讨了义务—权利关系,但主要以不涉及主体身份

---

① (唐)长孙无忌等:《唐律疏议》,刘俊文点校,中华书局1983年版,第504页。该条《疏议》解释说:“有人在市内及众聚之处,‘故相警动’,谓诳言有猛兽之类,令扰乱者,杖八十。若因扰乱之际而失财物,坐赃论;如是众人之物,累併倍论,併倍不加罪于一人,失财物者即从重论。因其扰乱而杀伤人者,‘减故杀伤一等’,警人致死,减一等流三千里;折一支,减一等徒三年之类。其有误警,因而杀伤人者,从‘过失’法收赎;铜入被杀伤之家。”

② 《唐律疏议·杂律》“不应得而为之”曰:“诸不应得而为之者,笞四十;(谓律、令无条,理不可为者)事理重者,杖八十。”[(唐)长孙无忌等:《唐律疏议》,刘俊文点校,中华书局1983年版,第522页。]律文中的“不应”是与“事理”相对应的,而这个“事理”又是要依据伦理和法理的,最终反映到法律关系上就是责任优先的责任—权利关系。

的法律领域为例，涉及主体身份的是我们现在和接下要探讨的特权—无权利关系和豁免权—无资格关系。依据霍菲尔德的法律关系理论，特权—无权利关系可以表述为：我可以做，你不可以干涉我。这里要说明一下，在霍菲尔德的法律关系理论中，特权并不是指特殊阶层如贵族的专享权利，而是指一种不受他人干涉的自由，所以，他的特权概念不同于我们日常生活中的概念。他的特权与无权利法律关系是指：我可以做某事，你不可以提出主张来干涉我做该事，而不是指我可以做某事，你不能做该事。所以，在特权—无权利关系中，特权否定的是狭义的义务。[①] 一般来说，在传统中国法律中，特权—无权利关系主要分布在涉及身份的政事、刑事、民事和相关的日常生活法律领域。

从政事上说，历代王朝都有“我可以做，你不可以干涉我”之类的法律规定。譬如，如唐令规定：“诸皇兄弟皇子，为亲王；亲王之子承嫡者，为嗣王；皇太子诸子，并为郡王；亲王之子承恩者，亦封郡王，诸子封郡公。其嗣王、郡王及特封王，子孙承袭者，降受国公。”[②]这是一条唐代封爵的法令，规定了从亲王到国公受封的条件，其间存在的特权—无权利关系可以表述为：我（符合条件者：皇兄弟皇子、亲王之子承嫡者、皇太子诸子、亲王之子承恩者，以及嗣王、郡王及特封王的子孙承袭者）可以做（亲王、嗣王、郡王、郡公、国公），你（不符合条件者：非皇兄弟皇子、亲王之子承嫡者、皇太子

① 譬如，依据唐律中赋予臣民自由的规定，一般可以认定为在臣民与政府和其他人之间建立了特权—无权利关系。如政府授田给男丁，则男丁就有耕种的自由（特权），政府和其他人不得（无权）干涉。又如，贵族、官员及其亲属犯罪所享有的议、请、减、赎、当、免的权利，则属于豁免权，而不是特权。因为这不是贵族、官员及其亲属的自由，而是国家在行使权力时，不能像对其他人一样来追究他们的责任。总之，能对抗权力的是豁免，不可以干涉别人做某事的是无权利。

② ［日］仁井田陞：《唐令拾遗》，栗劲等编译，长春出版社 1989 年版，第 218 页。

诸子、亲王之子承恩者，以及嗣王、郡王及特封王的子孙承袭者）不可以干涉我做（亲王、嗣王、郡王、郡公、国公）。又如，在隶属于传统中国政事的行政法制中，有关于入仕为官的文官铨选制度。但如果我们稍加分析，就不难发现这个制度本身就蕴含着特权—无权利关系。在传统中国，最迟自隋唐以来，法律将民人分为良贱[1]两类，政府只授予良民子弟入仕为官的权利，而工商之类的贱民以及其他法定不合格者则无此权利。[2] 依据这个法律规定，我们可以认定在良民子弟与政府和其他人之间建立起了特权—无权利关系，即我（良民子弟）可以做（参加铨选的入仕为官之事），你（政府及其他人）不可以提出主张来干涉我做该事。

在刑事法律领域，特权—无权利关系也存在，如《唐律疏议·斗讼》"保辜"曰："诸保辜者，手足殴伤人限十日，以他物殴伤人者二十日，以刃及汤火伤人者三十日，折跌支体及破骨者五十日……限内死者，各依杀人论；其在限外及虽在限内，以他故死者，各依本殴

---

① 譬如，唐代民分良、贱。良民主体为广大的自耕农和中小庶族，独立的手工业者和商人亦是其组成部分。依律良民有独立的人格，对任何人无人身依附关系，可以视为独立的权利主体，但对国家负有纳税、服役、征防的义务。贱民是唐代社会分层中较为复杂的一个系统，依律贱民分为官、私两种，官贱民有官奴婢、官户（番户）、工乐户、杂户、太常音声人；私贱民有私奴婢和部曲（包括部曲妻、客女、随身），在贱民中，奴婢的地位最低，唐律视同"畜产"，是民事权利客体。贱民总体上不能视为独立的权利主体，但又呈现出不同的形态，有的接近良民，有的是民事权利客体，还有的处于两者之间的过渡状态。

② 譬如，以唐代为例，唐令规定："诸官人，身及同居大功以上亲，自执工商，家专其业者，不得仕。其旧经职任，自解绌，必有事用者，三年以后听用。"（［日］仁井田陞：《唐令拾遗》，栗劲等编译，长春出版社1989年版，第206页。）；又《唐律疏议》"诈假官假与人官"疏议曰："依《选举令》：'官人身及同居大功以上亲，自执工商，家专其业者，不得仕。其旧经职任，因此解绌，后能修改，必有事业者，三年以后听仕。其三年外仍不修改者，追毁告身，即依庶人例。'……及未满三年，隐状选得官者……合徒一年。其三年外仍不修改，若方便不输告身，依旧为官者，亦同'不应为官'之坐。……"［（唐）长孙无忌等：《唐律疏议》，刘俊文点校，中华书局1983年版，第462页。］

伤法。……”①保辜是唐代中国一项极富特色的法律制度，指凡是斗殴都以一定时限作为判定伤害行为实施人应承担何种法律责任，亦即以一定的时间过程作为判定伤害行为与伤害后果存在因果关系的制度。如甲用手脚打伤乙，乙在10天内死亡，甲则依杀人罪论处；若乙在10天后死亡，或乙在10天内因其他原因死亡，那么甲则依斗殴法处罚。同样，不是用手脚而是他物或刀刃及汤火伤人者，以及折跌支体及破骨者，其保辜限期则各有规定。从这项制度中，我们可以发现潜存其间的特权—无权利关系，即我（伤害行为实施人/甲）可以做（享有并行使在限外不受杀人罪论处的特权之事），你（政府或其他人）不可以提出主张来干涉我做该事。

在民事法律领域，特权—无权利关系的存在，如亲属邻人不动产优先购买权，亦即出卖不动产者的本家近亲和四邻对其不动产有优先购买权。唐天宝十四载（公元755年）令：“天下诸郡逃户，有田宅产业妄被人破除，并缘欠负租庸，先已亲邻买卖，及其归复，无所依投。永言此流，须加安辑。……”②令文中“先已亲邻买卖”表明亲邻先买权已然存在。唐五代后周时期，这一制度臻于完善，明确规定：“如有典、卖庄宅，准例房亲、邻人合得承当，若是亲邻不要，及著价不及，方得别处商量，和合交易。”③此制延及明清，成为中国民事法律中的一个传统。在这项制度中，特权—无权利关系可以表述为：我（不动产出卖人的本家近亲及邻人）可以做（优先购买其近亲邻人不动产之事），你（政府或其他人）不可以提出主张来干涉我做该事。还有，在民事范畴的婚姻领域中规定了“当色为婚”，亦即

---

① （唐）长孙无忌等：《唐律疏议》，刘俊文点校，中华书局1983年版，第388～389页。

② 《唐会要》卷八五《逃户》。

③ 《册府元龟》卷六一三《刑法部·定律令五》。

同等级主体之间可以结婚、不同等级等主体之间不能结婚的法律制度。如《唐律疏议·户婚》"奴娶良人为妻"曰:"诸(主——引者按)与奴娶良人女为妻者,徒一年半;女家,减一等。离之。其奴自娶者,亦如之。……"《疏议》解释说:"人各有耦,色类须同。良贱既殊,何宜配合?……"[①]又《唐律疏议·户婚》"杂户官户与良人为婚"曰:"诸杂户不得与良人为婚,违者,杖一百。官户娶良人女者,亦如之。良人娶官户女者,加二等。即奴婢私嫁女与良人为妻妾者,准盗论;知情娶者,与同罪。各还正之。"《疏议》解释说:"杂户配隶诸司,不与良人同类,止可当色相娶,不合与良人为婚。……"[②]这两条律文及其《疏议》都表明,国家法律禁止良贱之间为婚,所以良贱之间不存在法律关系,但"当色为婚"中却蕴含着特权—无权利关系的法则,即我(当色为婚者)可以做(当色为婚之事),你(政府或其他人)不可以干涉我做(与当色者为婚之事)。

除了民事婚姻外,传统中国对不同等级的人,在衣、食、往、行以及器物使用上的不同,都有非常明确的法律规定。如唐代非良民的工商杂户等贱民不得衣黄,因为黄是高贵色。[③] 即使在官员之间,不同等级亦是不同待遇。如《唐律疏议·杂律》"舍宅车服器物违令"规定:"诸营造舍宅、车服、器物及坟茔、石兽之属,于令有违者,杖一百。虽会赦,皆令改去之;(坟则不改)……"《疏议》解释说:"营造舍宅者,依营缮令:'王公已下,凡有舍屋,不得施重拱、藻井。'车者,仪制令:'一品青油纁,通幰,虚偃。'服者,衣服令:'一品衮冕,

---

① (唐)长孙无忌等:《唐律疏议》,刘俊文点校,中华书局1983年版,第269页。

② (唐)长孙无忌等:《唐律疏议》,刘俊文点校,中华书局1983年版,第270页。

③ 公元674年即唐高宗上元元年,朝廷颁发了一道《衣服令》,规定普通百姓(庶人)可以穿黄色的衣服,即"自非庶人,不听服黄"。胡三省在《通鉴》卷二〇二中解释说:"自非庶人,谓工商杂户。"这样,商人与手工业者及杂户这类人服用传统中国人崇拜的黄色衣服的权利被剥夺了。

二品鸞冕。’器物者,‘一品以下,食器不得用纯金、纯玉’。坟茔者,‘一品方九十步,坟高一丈八尺’。石兽者,‘三品以上,六;五品以上,四’。此等之类,具在令文。若有违者,各杖一百。虽会赦,皆令除去,唯坟不改。……”[①]由上可知,无论是在不同色类(如官民/良贱)之间,还是同色类的不同等级(如官品不等)之间,有关他们的法律规定可以概括为,高色类与低色类、高等级与低等级权利不等,但同色类、同等级之人各拥有其特权,亦即不受他人干涉的权利。如果要从法律关系上来看,在有关他们的这些法律规定中,就潜存着“我可以做,你不可以干涉我”的特权—无权利关系法则。

(五)有关豁免权—无资格法律关系的说明及例证

在探讨了特权—无权利关系后,接着要探讨的是豁免权—无资格关系。与特权—无权利关系相比,豁免权—无资格关系亦是涉及身份法域的法则,亦即在基于权力、地位和人的等级的身份法域上,它们都有涉及。但除此之外,豁免权—无资格关系还涉及基于人道、公道和华夷有别的身份法域,这是特权—无权利关系所没有涉及的领域。同样,依据霍菲尔德的理论,在相互对应概念的法律关系中,豁免权—无资格关系可以表述为:我可以免除,你不能约束我。

在涉及基于权力、地位和人的等级的身份法域上,豁免权—无资格关系广泛存在于各种不同身份的对应者之间。首先在刑事法律领域中,例如,在贵贱、官民之间,除了犯有“十恶”等少数罪行外,贵者和官员以及他们的亲属,犯罪后都享有各种豁免权,而普通百姓却无此资格。贵者和官员们的这种豁免权,概括起来是议、请、减、赎、当、免,即拥有一定爵位和官品的人以及他们的亲属,犯罪后

① (唐)长孙无忌等:《唐律疏议》,刘俊文点校,中华书局1983年版,第488页。

依法可以享受上奏皇帝议、请减罪，或法定的减刑、赎罪，或以官抵罪和免官而不受刑罚的豁免权，而包括当事人在内的其他任何人都不能约束他们享有此项豁免权。对此，《唐律疏议》在《名例》篇的卷二和卷三中有详细的规定。[①] 还有，我们可以看到，虽然与贵贱、官民相比，良贱、尊卑、亲疏、长幼之间相犯的处刑差别没有那么大。[②] 但是在法律关系的归类上，它们仍然是豁免权—无资格关系法则的体现，即我（良民/尊/亲/长）可以免除（或部分免除刑罚），你（贱民/卑/疏/幼或其他人）不能约束我（免除或部分免除刑罚）。此外，这种体现豁免权—无资格关系法则的刑事法律规定，在传统中国还普遍存在于基于民族或种族歧视的法律中，特别是那些入主中原所建立的少数民族政权，他们的法律往往赋予作为统治者的征服者以豁免权，而作为被统治者的被征服者则无此资格，实际上这亦是一种基于权力、地位和人的等级的身份反映。如元朝法律有规定，蒙古人因争及乘醉殴打死汉人，仅征"烧埋银"了事；而汉人殴

---

① 参见（唐）长孙无忌等：《唐律疏议》，刘俊文点校，中华书局 1983 年版，第 32～47 页。譬如，《唐律疏议·名例》"八议者（议章）"曰："诸八议者，犯死罪，皆条所坐及应议之状，先奏请议，议定奏裁；（议者，原情议罪，称定刑之律而不正决之）流罪以下，减一等。其犯十恶者，不用此律。"［（唐）长孙无忌等：《唐律疏议》，刘俊文点校，中华书局 1983 年版，第 32 页。］又如，《唐律疏议·名例》"皇太子妃（请章）"曰："诸皇太子妃大功以上亲，应议者期以上亲及孙、若官爵五品以上，犯死罪者，上请；（请，谓条其所犯及应请之状，正其刑名，别奏请。）流罪以下，减一等。其犯十恶，反逆缘坐，杀人，监守内奸、盗、略人、受财枉法者，不用此律。"［（唐）长孙无忌等：《唐律疏议》，刘俊文点校，中华书局 1983 年版，第 32～33 页。］其他减、赎、当、免，各有规定，可据上注检阅。

② 如在良贱之间，《唐律疏议·斗讼》"部曲奴婢良人相殴"规定："诸部曲殴伤良人者，（官户与部曲同）加凡人一等。（加者，加入于死）奴婢，又加一等。……其良人殴伤及杀他人部曲者，减凡人一等，奴婢又减一等。……"［（唐）长孙无忌等：《唐律疏议》，刘俊文点校，中华书局 1983 年版，第 404～405 页。］又如在尊卑、亲疏、长幼之间，若他们相犯，对前者的处罚则轻于后者。譬如，《唐律疏议·斗讼》"殴缌麻兄姊等"规定："诸殴缌麻兄姊，杖一百。小功、大功，各递加一等。尊属者，又各加一等。……若尊长殴卑幼折伤者，缌麻减凡人一等，小功、大功递减一等。……"［（唐）长孙无忌等：《唐律疏议》，刘俊文点校，中华书局 1983 年版，第 411～412 页。］

打死蒙古人,则要被处死。[1] 这其间的豁免权—无资格关系法则就是:我(蒙古人)可以免除(死罪处罚),你(汉人或其他人)不能约束我(免除死罪处罚)。

除了刑事法律领域以外,豁免权—无资格关系还集中于经济法律领域,这是对应于身份与经济利益关系的反映。这方面最突出的例子是,传统中国法律历来规定,百姓(良民)有提供赋税徭役和服兵役的义务。[2] 如前述唐代均田制下的受田者,对国家负有缴纳租税(租)、提供特产(调)和服役(庸)的三项义务,而且只有在履行了这些义务后,才有权利接受和耕种国家所授之田。然而,这只是针对普通百姓的规定,唐代的皇室、贵族和官僚等特权阶层并不受此限制,他们一方面依法可分得更多的田地,另一方面还享有豁免课役亦即免缴租庸调的权利,而普通百姓却没有这样的资格。例如,"唐制:太皇太后、皇太后、皇后缌麻以上亲,内命妇一品以上亲,郡王及五品以上祖父兄弟,职事勋官三品以上有封者,若县男父子,皆免课役"。[3] 又"[宝历二年(公元 826 年)正月],户部侍郎崔元略奏:准《赋役令》,内外六品以下官及京司诸色职掌人,合免课役。……"[4]而且规定"诸任官应免课役者,皆待蠲符至,然后注免。符虽未至,验告身灼然实者,亦免。其杂任被解应附者,皆依本司解时日月据征"。[5] 由此可见,在涉及身份与经济利益的法律关系上,贵贱、官民之间存在广泛而合法的豁免权—无资格关系。

豁免权—无资格关系除了涉及基于权力、地位和人的等级的身

① 参见《元史·刑法志》,载《历代刑法志》,群众出版社 1988 年版,第 468 页、第 470 页。

② 这在历代食货志中有详细记载。

③ 《文献通考·复除考》;《唐律疏议·户婚》"相冒合户"疏议。

④ 《唐会要·户部侍郎》。

⑤ 《通典·赋税》;《唐律疏议·名例》"以赃入罪"疏议。

份法域外，还涉及基于人道、孝道和公道，亦即仁政的身份法域。从人道方面说，传统中国法在刑事担责上，一直对老小、废疾、孕妇及应侍者等弱势群体给予优待，这种优待事实上就是一种豁免权，不能享有优待的属于无资格。有关的法律规定历代都有，而且相当完备。这里以唐为例，择录几条为证。例一，《唐律疏议·名例》曰："诸年七十以上、十五以下及废疾，犯流罪以下，收赎。……八十以上、十岁以下及笃疾，犯反、逆、杀人应死者，上请；盗及伤人者，亦收赎。……余皆勿论。九十以上、七岁以下，虽有死罪，不加刑。……"[①]例二，《唐律疏议·断狱》曰："诸……年七十以上，十五以下及废疾者，并不合拷讯，皆据众证定罪，违者以故失论。……其于律得相容隐，即年八十以上，十岁以下及笃疾，皆不得令其为证，违者减罪人罪三等。"[②]例三，《唐律疏议·断狱》曰："诸妇人犯死罪，怀孕，当决者，听产后一百日乃行刑。若未产而决者，徒二年；产讫，限未满而决者，徒一年。……"[③]例四，《唐律疏议·断狱》曰："诸妇人怀孕，犯罪应拷及决杖笞，若未产而拷、决者，杖一百；伤重者，依前人不合捶拷法；产后未满百日而拷决者，减一等。失者，各减二等。"[④]例五，《唐律疏议·名例》曰："诸犯死罪非十恶，而祖父母、父母老疾应侍，家无期亲成丁者，上请。犯流罪者，权留养

---

① （唐）长孙无忌等：《唐律疏议》，刘俊文点校，中华书局 1983 年版，第 80～83 页。另外，唐令对废疾和笃疾的条件标准作出了明确规定："诸一目盲、两耳聋、手无二指、足无三指、手足无大拇指、秃疮无发、久漏下重、大瘿瘇，如此之类，皆为残疾。痴症、侏儒、腰脊折、一肢废，如此之类，皆为废疾。恶疾、癫狂、两肢废、两目盲，如此之类，皆为笃疾。"（[日]仁井田陞：《唐令拾遗》，栗劲等编译，长春出版社 1989 年版，第 136 页。）

② （唐）长孙无忌等：《唐律疏议》，刘俊文点校，中华书局 1983 年版，第 550～551 页。

③ （唐）长孙无忌等：《唐律疏议》，刘俊文点校，中华书局 1983 年版，第 570 页。

④ （唐）长孙无忌等：《唐律疏议》，刘俊文点校，中华书局 1983 年版，第 570～571 页。

亲……若家有进丁及亲终期年者，则从流。……即至配所应侍，合居作者，亦听亲终期年，然后居作。”[①]从上述所引律文可知，唐律基于年龄、身体、妇女孕期和产后以及养老的人道因素，给予有犯的老小、废疾、孕妇、产妇及应侍者以不同形式和程度的豁免，有的是部分豁免，有的是全部豁免。他（她）们之所以获得豁免，是因为他（她）们拥有豁免的资格，即他（她）们是老小、废疾、孕妇、产妇及应侍者，不是这种身份的人当然就没有资格享此豁免的权利。如果将这个规则转化为法律关系来理解，就是我（老小、废疾、孕妇、产妇及应侍者）可以免除（或部分免除犯罪处罚），你（非老小、废疾、孕妇、产妇及应侍者或其他人）不能约束我（免除或部分免除犯罪处罚）。

在刑事以外的经济法律领域，豁免权—无资格关系亦涉及基于人道、孝道和公道的身份法域。与上述人道方面相似，传统中国法在经济利益上，一直对一些特殊人群给予优待。例如，根据唐代律令，下列几种人享有豁免部分或全部赋役的权利：其一，“凡丁（成年男子——引者注）新附（新登记——引者注）于籍帐（国家户籍——引者注）者，春附则课役并征，夏附则免课从役，秋附则课役俱免”[②]；其二，“诸没落外蕃得还者，一年以上复（免征——引者注）三年，二年以上复四年，三年以上复五年，外蕃人投化者复十年”；[③]其三，“诸部曲奴婢放（解放——引者注）附户贯，复三年”；[④]其四，“若孝子顺孙、义夫节妇，志行闻于乡闾者，州县申省奏闻，表其门闾，同籍悉免课役。有精诚致应者，则加优赏焉”；[⑤]其五“侍（侍养

① （唐）长孙无忌等：《唐律疏议》，刘俊文点校，中华书局1983年版，第69~71页。
② 《通典·赋税》。
③ 《通典·赋税》。
④ 《通典·赋税》。
⑤ 《唐六典》卷三《户部郎中员外郎》；《旧唐书·职官志》。

老人——引者注)丁,依《令》免役,惟输调及租";[1]其六,"凡水旱虫霜为灾,十分损四已上免租,损六已上免调,损七已上课役俱免"。[2]概括对这六种人豁免的优待,可以说是基于公道、孝道和人道的关怀。从相互对应的法律关系上看,这种优待亦是一种豁免权,无此权利者即为无资格。

在刑事和经济法律领域以外,豁免权—无资格关系还涉及一个特殊的法域,即基于华夷有别的涉外法律领域。譬如,在处理涉外纠纷方面,《唐律疏议·名例》"化外人相犯"规定:"诸化外人,同类自相犯者,各依本俗法;异类相犯者,依律论。"《疏议》解释说:"'化外人',谓蕃夷之国,别立君长者,各有风俗,制法不同。其有同类自相犯者,须问本国之制,依其俗法断之。异类相犯者,若高丽之于百济相犯之类,皆依国家法律,论定刑名。"[3]这表明唐代对同一外邦人之间的相犯者适用他们自己的法律,对不同外邦人或外邦人与唐人之间的相犯者通用唐律。这条规定典型地体现了豁免权—无资格关系法则,其犯者是否豁免适用唐律的资格完全取决于是同类还是异类化外人这个身份。这个关系法则可以表述为:我(同类化外人)可以免除(适用唐律),你(异类化外人和唐人)不能约束我(免除适用唐律)。

(六)有关狭义的权利—义务法律关系的说明及例证

最后要探讨的是权利—义务关系。权利—义务关系是现代社会最基本最主要的法律关系,但无论是从广义还是狭义上讲,它在传统社会特别是在传统中国的法律中并不居于优先位置。然而,考

---

① (唐)长孙无忌等:《唐律疏议》,刘俊文点校,中华书局1983年版,第70页。
② 《旧唐书·食货志》。
③ (唐)长孙无忌等:《唐律疏议》,刘俊文点校,中华书局1983年版,第133页。

虑到权利—义务关系确实是传统中国的法律关系之一，可是其重要性和地位又不及前述五对法律关系，所以，本章安排在这一部分加以探讨应该是合适的。正如霍菲尔德所说，权利—义务关系有广义和狭义之分，本章是从狭义上来使用这个概念的，亦即霍菲尔德所说的狭义的权利—义务关系。依据霍菲尔德理论，在相互对应概念的法律关系中，狭义的权利—义务关系（以下简称权利—义务关系）可以表述为：我主张，你必须满足。其实，权利—义务关系就是平等主体间的法律关系，所以，它和人们的日常生活相关，主要分布在传统中国的民事和与民事相关的法域，潜存于有关契约、婚姻、继承以及其他与民事相关的法律规范中。[①]

我们知道，普通买卖是人们日常经济活动的一部分，即使在等级严格的传统中国社会，这部分活动亦是要遵循意思自治的市场法则，即买卖是平等主体间的自愿协商行为。这种自愿协商在唐代称为"和同"，从中我们可以看到主体间的权利—义务关系。如《唐律疏议·杂律》"卖买不和较固"曰："诸卖买不和，而较固取者；（较，谓专略其利。固，谓障固其市）……杖八十。已得赃重者，计利，准盗论。"《疏议》解释说："卖物及买物人，两不和同，'而较固取者'，谓强执其市，不许外人买，故注云'较，谓专略其利。固，谓障固其市'……並杖八十。已得利物，计赃重于杖八十者，'计利，准盗论'，谓得三匹一尺以上，合杖九十，是名'赃重'，其赃既准盗科，即合征还本主。"[②]这条律文告诉我们，市场上的买卖是卖物人与买物人，亦即买卖法律关系的主体双方两相自愿和同的行为，符合这样

① 这是对拥有独立的人格和法律地位的主体而言，由于奴婢在法律上视同畜产，即如同财物一样属于主人所有权范畴，并不拥有独立的人格和法律地位，自然亦不是法律关系的主体，所以，理论上奴婢与主人之间不存在权利—义务关系。

② （唐）长孙无忌等：《唐律疏议》，刘俊文点校，中华书局1983年版，第500页。

行为的结果才有效，亦即买卖法律关系才得以成立；如果不是和同而是强买，强买人不仅要受到法律制裁，而且还要返还强买物。[①] 从这条禁止性的法律规范中，我们看到在唐代市场上，合法有效的买卖行为，是主体间平等协商的行为，通过这样的行为所确立的法律关系，可谓是典型的权利—义务关系，借用法律关系的理论来表述，即我（卖物人在和同的前提下有）主张（收取货款的权利），你（买物人在和同的前提下有）应当满足（我收取货款的义务）。

买卖是契约行为的一种，但唐代的契约不止买卖一种，还有借贷、租赁、寄存、雇佣等。[②] 据笔者所见，这些契约，特别是民间的私契，都遵循和贯彻了和同的原则，对此，国家法律不仅不干涉还予以认可，这使每个契约行为都产生一个合法有效的权利—义务关系，而且每当权利—义务关系受到破坏时，国家法律会以禁止性规范的形式予以制裁和纠正，以保护和确认权利—义务关系的合法有效性。这里可举几例说明。

例一，唐令规定："诸公私以财物出举（出借生利——引者注）者，任以私契，官不为理。每月取利，不得过六分。积日虽多，不得过一倍。若官物及公廨（公家——引者注），本利停讫，每计过五十日不送尽者，余本生利如初，不得更过一倍。家资尽者，役身折酬。役通取户内男口，又不得回利为本（其放财物为粟麦者，亦不得回利为本及过一倍）。若违法积利、契外掣夺及非出息之债，官为理。收质者，非对物主不得辄卖。若计利过本不赎，听告司市对卖，有剩还之。如负债者逃，保人代偿。"[③]

---

① 唐《杂律》与《杂令》对于借贷买卖都规定要"两情和同"，在民间契约中亦有"二主和同立券"或"两和立契"的惯语。［参见张传玺主编：《中国历代契约会编考释》（上）北京大学出版社1995年版，第193页、第201页等。］

② 参见张中秋：《唐代经济民事法律研究》，法律出版社2002年版，第155~174页。

③ ［日］仁井田陞：《唐令拾遗》，栗劲等编译，长春出版社1989年版，第789页。

例二,《唐律疏议·杂律》“受寄物辄费用”曰:“诸受寄财物,而辄费用者,坐赃论减一等。诈言死失者,以诈欺取财物论减一等。”《疏议》解释说:“受人寄付财物,而辄私费用者,坐赃论减一等,一尺笞十,一匹加一等,十匹杖一百,罪止徒二年半。‘诈言死失者’,谓六畜、财物之类,私费用而诈言死及失者,‘以诈欺取财物论减一等’,谓一尺笞五十,一匹加一等;五匹杖一百,五匹加一等。……”①

例三,《唐律疏议·杂律》“负债违契不偿”曰:“诸负债违契不偿,一匹以上,违二十日笞二十,二十日加一等,罪止杖六十;三十匹,加二等;百匹,又加三等。各令备(赔——引者注)偿。”《疏议》解释说:“负债者,谓非出举之物,依令合理者,或欠负公私财物,乃违约乖期不偿者……”②

上述例一中的唐令“任以私契,官不为理”,实际上是传统中国法律的一项基本原则。③ 这项原则等于明示,私人契约不受官方干涉,契约者享有自愿自主的权利。因此,在这种情形下,无论是出举(例一)、寄存(例二)还是借债(例三)等所产生的契约,应该都是和同而成的契约,和同而成的契约必然产生权利—义务关系。如同前面所说明的市场买卖契约,这种权利—义务关系是合法有效的,所以,当它们受到破坏时,法律即给予制裁以修复受到破坏的权利—义务关系。这个规定反映在上述三例中,即是例一的“若违法积利、契外掣夺及非出息之债,官为理”和“如负债者逃,保人代偿”,例二的“受人寄付财物,而辄私费用者,坐赃论减一等……”以及例三的

---

① (唐)长孙无忌等:《唐律疏议》,刘俊文点校,中华书局1983年版,第484~485页。

② (唐)长孙无忌等:《唐律疏议》,刘俊文点校,中华书局1983年版,第485页。

③ 在唐代各种契约中往往有“官有政法,人从私契”的惯语,作为一代大法的《宋刑统》在其《杂律》“受寄财物辄费用”门引唐《杂令》中重申了这条原则。

“诸负债违契不偿，一匹以上，违二十日笞二十……各令备偿”。

在传统中国，除了上述涉及物的各种契约外，婚姻亦是权利—义务关系所涉及的法域之一。虽然从整体上说，传统中国的婚姻法律关系，还不是严格意义上的男女双方主体地位平等的权利—义务关系，但在有关婚姻的约定和自愿离婚上，却存在主体地位平等或接近平等的权利—义务关系。例如，《唐律疏议·户婚》“许嫁女辄悔”曰：“诸许嫁女，已报婚书及有私约……而辄悔者，杖六十。（男家自悔者，不坐，不追娉财。）虽无许婚之书，但受娉财，亦是。……”《疏议》解释说：“许嫁女已报婚书者，谓男家致书礼请，女氏答书许讫。‘及有私约’……皆谓宿相谙委，两情具惬，私有契约，或报婚书，如此之流，不得辄悔，悔者杖六十，婚仍如约。若男家自悔者，无罪，娉财不追。……”[①]从权利—义务关系来解读，这条律文告诉我们，凡是有婚书、私约或娉财的，都是或都被视为是男女双方的婚约，由于这个婚约是双方自愿和同，亦即“男请女答”或“两情具惬”的结果，所以，在这个婚约所确立的法律关系中，作为主体的男女双方的权利义务，受到了平等或接近平等的保护，即法律要求双方不得违约悔婚，违者要受到处罚。尽管处罚男方轻女方重，但在对双方都有处罚上可以说是平等的，但是在处罚的轻重上只能说是接近平等，而在这其中发挥作用的，正是婚约所确立的权利—义务关系法则。如果说这个例子还有瑕疵，即有接近平等的不平等之处，那么，唐律关于和离的规定，就是一个完美的例证。《唐律疏议·户婚》“义绝离之”曰：“……若夫妻不相安谐而和离者，不坐。……”《疏议》解释说：“……‘若夫妻不相安谐’，谓彼此情不相

① （唐）长孙无忌等：《唐律疏议》，刘俊文点校，中华书局1983年版，第253～254页。

得,两愿离者,不坐。……”[①]律文的含义是,夫妻如果感情不和,可以自愿离婚而不受法律制裁。这与现代婚姻法关于离婚自由的规定没有多少差别,现代婚姻法中离婚自由的规定所确立的是一种夫妻平等的权利—义务关系,因此,是否可以这样说,唐律关于和离的规定所确立的亦是一种夫妻平等的权利—义务关系。

在权利—义务关系所涉及的民事法域中,与上述婚姻相关的是继承。传统中国的继承比较复杂,至少包括身份继承(如嫡长子继承)、爵位继承(如伯爵继承)和财产继承。[②] 在这三种继承所形成的法律关系中,唯有第三种财产继承所形成的法律关系,可谓是继承主体地位平等的权利—义务关系;前两种继承因直接与身份有关,所以,它们所形成的法律关系不是继承主体地位平等的权利—义务关系。对于财产继承,传统中国法律一般采取诸子均分的原则。例如,《唐律疏议·户婚》“同居卑幼私辄用”曰:“……即同居应分,不均平者,计所侵,坐赃论减三等。”《疏议》解释说:“……‘即同居应分’,谓准令分别。而财物不均平者,准户令:‘应分田宅及财物者,兄弟均分。妻家所得之财,不在分限。兄弟亡者,子承父分。’违此令文者,是为‘不均平’。谓兄弟二人,均分百匹之绢,一取六十匹,计所侵十匹,合杖八十之类,是名‘坐赃论减三等’。”[③]这

① (唐)长孙无忌等:《唐律疏议》,刘俊文点校,中华书局1983年版,第268页。

② 传统中国的财产继承亦颇为复杂,从性质上讲,家庭财产属于家人共有,并非家长的私产,因而多数情况下,财产继承与家产的全面分割同时进行,其实质是财产的管理权、收益权和处分权从父祖辈转移到子孙辈,即财产主体的转移,因此这种继承并不同于现代法律意义上的遗产继承,而是一种广义的财产承受。

③ (唐)长孙无忌等:《唐律疏议》,刘俊文点校,中华书局1983年版,第241~242页。《唐律疏议》该条中所说“准户令”,即《户令》应分条:“诸应分田宅及财物者,兄弟均分。(其父祖亡后,各自异居,又不同炊,经三载已上;逃亡,经六载已上;若无父祖旧田宅、邸店、碾硙、部曲、奴婢见在可分者,不得辄更论分)妻家所得之财,不在分限。(妻虽亡没,所有资财及奴婢,妻家并不得追理)兄弟亡者,子承父分(继绝亦同);兄弟俱亡,则诸子均分。(其父祖永业田及赐田亦均分,口分田即准丁中老小法。若田少者,亦依此法

条律文有几个明确的要点：其一，按照律令规定，财产继承确定兄弟均分、不别嫡庶的原则；其二，妻家所得之财，不在分限；其三，兄弟之中有死亡者，由死亡者之子代位继承；其四，不均分者，要以坐赃论减三等处罚。从法律关系的角度来看，由于第二个要点所涉及的财产不在分限，所以不在我们的探讨范围内，其他三个要点都与权利—义务关系法则相关。其中第一个和第三个要点从正面确立了财产继承中继承主体地位平等的权利—义务关系法则，即兄弟不分嫡庶大小一律均分，父亡可以子承父份作代位继承，这真可谓是彻底的平等平均主义。如果违反了这个法则就要受到第四个要点内含的处罚，即唐律从反面以禁止性规范的形式，制止和纠正对继承主体地位平等的权利—义务关系法则的破坏。这个法则若用法律关系的理论来表述，即我（继承人有）主张（均分的权利），你（被继承人和其他同位序继承人有）必须满足（我主张均分的义务）。否则，就要受到法律的制裁。这样的实例，在唐代文献中一时找不到记录，但在宋代的文献中却有判例记录。[①]

最后，权利—义务关系还有涉及与民事相关的其他法域。例如，《唐律疏议·斗讼》"为人作辞牒加状"曰："诸为人作辞牒（代人写诉状——引者注），加增其状，不如所告者，笞五十；若加增罪重，减诬告一等。即受雇诬告人罪者，与自诬告同，赃重者坐赃论加二等，雇者从教令法（减受雇者一等——引者注）。……"《疏议》解释说：

为分）其未娶妻者，别与娉财；姑、姊妹在室者，减男娉财之半；寡妻无男者，承夫分。若夫兄弟皆亡，同一子之分。（有男者，不得别分，谓在夫家守志者。若改适，其见在部曲、奴婢、田宅，不得费用，皆应分人均分）"（［日］仁井田陞：《唐令拾遗》，栗劲等编译，长春出版社1989年版，第155页。）

① 参见《名公书判清明集》（上、下），中国社会科学院历史研究所宋辽金元史研究室点校，中华书局1984年版，第126页、第234页、第236页、第277页、第610页。

“为人雇请作辞牒，加增告状者，笞五十。若加增其状，得罪重于笞五十者，‘减诬告罪一等’……合杖九十之类。若因雇请受财，得赃重者，同非监临主司因事受财坐赃之罪，如赃重，从赃科；赃轻者，从减诬方告一等法。……”[①]这条律文所指向的行为本身具有民事性，即代人写诉状者受人雇请代写诉状，包括收费和不收费两种，这都属于民事范畴的雇佣关系；但该行为的性质又有刑事性，即受雇人不依所告写诉状，或受雇人代雇者写诬告状，这两种情况又都属于刑事范畴的犯罪行为，因此受雇人与雇人者分别要受处罚。像这样兼有民事和刑事的法律规定，即是笔者所说的与民事相关的其他法域。从法律关系上看，在这条律文所涉及的雇佣关系中，雇人者与受雇人，或者说告状人与代书人，他们之间存在雇佣法律关系，而贯彻其中的正是权利—义务关系法则，即雇人者有权利（雇人代写诉状），亦有义务（致谢或付费和不雇人写诬告状）；被雇者有义务（依雇人者所告写诉状和不写诬告状），亦有权利（接受致谢或收费和拒绝写诬告状）。法律认可和保护双方的这种权利义务关系，所以，如果双方没有犯罪行为，亦即不雇人写诬告状和只依所告写诉状，那么，这就在正常的民事雇佣范围内，法律对此不作任何规定，实际上是“任从私契”的不干预；但如果双方有犯罪行为，亦即雇人写诬告状和不依所告写诉状，那么，这就是在刑事犯罪范围内，法律对此作了惩罚性的规定，实际上是以禁止性规范的形式来确保“作辞牒”这种雇佣法律关系中权利—义务关系法则的有效性。

三、对传统中国法律关系的讨论

以上是笔者依据《唐律疏议》，参照霍菲尔德的法律关系理论，

---

① （唐）长孙无忌等：《唐律疏议》，刘俊文点校，中华书局1983年版，第444~445页。

对传统中国的法律关系所作的分类说明和例证。这项工作为我们呈现了一幅由六对法律关系组成的图像,这幅图像展示了传统中国法律关系的整体面貌及其内部构造。在这幅图像中,虽然每一对法律关系只是通过调整与其相对应的社会关系而形成,但这六对法律关系相互关联,从而在整体上组成了对社会关系的总体调控。这表明借助法律规范调整社会关系的国家法制统一性的形成,而这正是建构立法者所期望的社会关系和社会秩序的制度保障。因此,在传统中国法制体系中,如上所论,尽管这六对法律关系的重要性及其分布和功能各有不同,但无疑任何一对法律关系都是国家法制统一性所不可或缺的部分。如果要对此做一个归纳的话,笔者至少可以得出以下几点看法。

一是传统中国有六对法律关系并存,这远远超出了我们以前的认识,表明传统中国存在丰富复杂的法律关系;二是这种丰富复杂的法律关系源于丰富复杂的社会关系,因为法律关系是社会关系的法律化构造;三是传统中国丰富复杂的法律关系主要与身份相关联,集中在官僚行政体制与宗法伦理社会方面;四是发达的身份法律关系可以说是传统中国法律关系的重心和特色所在,但尽管如此,传统中国依然存在非身份的平等法律关系(如狭义的权利—义务关系);五是从身份与非身份、平等与不平等都被纳入法律调整的范围来说,传统中国是一个法制社会,或者说是一个有法律控制的社会;六是通过这六对法律关系,让我们看到了广义上的权利—义务在传统中国不同主体之间是怎样分配的,而通过这种分配又使我们认识到传统中国是一种由什么样的法律控制的社会。为此,我们需要做进一步的探讨,以期揭示传统中国法律关系的正当性及其历史命运和于今可用的资源。

从原理上说,法律出自社会,法律关系是社会关系的反映,社会关系是社会构成的表现，这表明在社会构成与社会关系和法律关系之间，存在决定与反映的逻辑关系。因此，要评判某种法律关系的正当性，关键在于它是否反映和体现了其所处的社会关系和社会构成。从这个意义上来说，我们要探讨传统中国法律关系的正当性，就应当从传统中国的社会关系与社会构成开始。传统中国的社会关系立基于其社会构成之上，传统中国的社会构成是家国一体。所谓家国一体，就是人们通常所说的，国乃家的放大，家是国的缩小，其实是把家与国视为同一个生命体，两者同构共质拥有和分享同一生命的机理和法则，所不同的只是无关紧要的外部形式和规模而已。[①] 这样一来，以家政为国政原型的法律关系，即反映由家的管理到国的治理所引的社会关系的法律化构造，亦即有关权力—责任的法律关系便由此而生，这种法律关系体现了家国一体下管理—控制型或者说行政型国家的特质。与此同时，以家庭伦理为国家政治原则的法律关系，即反映由家内伦理到国家政治伦理所引的社会关系的法律化构造，亦即有关责任—权利的法律关系亦同样生成，这种法律关系体现了家国一体下道德—责任型或者说伦理型社会的特质。

家国一体下的传统中国，不仅规模巨大、文明发达，而且社会关系极其丰富复杂，因此，权力—责任和责任—权利关系法则所调整的社会关系只是其中的部分。虽然这部分社会关系极其重要且有特色，但依然还有其他不可或缺的社会关系需要法律调整，对这部分社会关系的法律调整，就形成了我们在前面所探讨的义务—权利、特权—无权利、豁免权—无资格和权利—义务关系。在这些法律关系中，前三对法律关系在整体上是与身份相关联的法律关系，

---

① 参见本书第一章《传统中国国家观》。

反映了由家到国同构共质关系的某种演变和转化，亦即从家长制到君主制、从家族宗法等级到国家贵族官僚特权、从家内奴婢到国家贱民等所引起的社会关系的法律化构造，体现了家国一体下与身份相关联的等级与特权。同时，这里需要补充的是，由于传统中国的家国一体是一种有机生命观，所以，在一体方面，即使是对域外之人亦有天下一家的仁爱情怀；然而在一体之中仍不仅有内外之别，而且有化内化外的华夷之分。这两者成为构造豁免权—无资格关系在处理涉外纠纷方面的规定，亦即兼顾属人主义和属地主义司法原则的由来。此外，有机观亦是一种有序观，它表现为整体包容部分、部分属于整体，以及等者同等、不等者不等的有序构成。所以，在它整体有序的差序结构中，还有等者同等的等序结构。差序结构成为与身份相关联的法律关系所调整的对象，而等序结构则成为与身份无关联的法律关系所调整的对象。在本章所讨论的六对法律关系中，前五对法律关系属于前者，即都是与身份相关联的法律关系，只有最后一对法律关系，即狭义的权利—义务关系属于后者。这意味着狭义的权利—义务关系是对社会中实际存在但无身份关联的人之间和无关身份的领域中人们之间社会关系的法律化构造，它体现了家国一体下的差序格局社会中人们之间同时存在部分的平等和非身份关系的现实。

从上述讨论中可以看出，传统中国的六对法律关系，无论是与身份有关联的还是无关联的，都是出自社会，都是对家国一体的社会关系与社会构成的反映，因此，从法学原理上说，它们都各有其正当性，而这亦正是它们因此生成和长期存在的内在理据。当然，这是在传统中国历史范围内的观察，随着晚清中国社会转型的开启，原有社会关系和社会构成发生变化，清末变法修律既是对这个变化的促进又是回应，其结果是传统中国法律的解体，这直接导致传统中国法律关系的整体,即由六对法律关系组成的统一体归于瓦解,所以,我们在后来的法律中不再能看到原先那样的整体图像。那么,站在今天的立场上,我们又该如何来评判传统中国的法律关系呢?

从传统中国的法律关系角度来看,所谓今天的立场,实际上是一个发展了的当下的内含比较的视野。在这个视野内,笔者以特殊性与非特殊性来做评判,也就是说传统中国的法律关系存在特殊性与非特殊性。所谓特殊性,是指与因社会转型而发生变化的社会关系和社会构成相脱节的那部分法律关系;所谓非特殊性,是指与因社会转型而发生变化的社会关系和社会构成不相脱节的那部分法律关系。具有特殊性的法律关系因与特定的环境(譬如,地理环境、社会环境和历史文化环境)相关联,所以当环境发生变化,特殊性开始消失,这部分法律关系因失去社会基础和调整对象而逐渐全部或部分地失效。在传统中国的法律关系中,这样的法律关系曾经时间不一程度不同地发生在义务—权利、责任—权利、特权—无权利和豁免权—无资格的法律关系上。而具有非特殊性的法律关系因与不特定的环境(譬如,国民性和人性)相关联,所以具有超越时空的优点和特点,这部分法律关系因未失去社会基础和调整对象而继续全部或部分地有效。在传统中国的法律关系中,这样的法律关系亦曾经时间不一程度不同地发生在权利—义务、权力—责任、特权—无权利和豁免权—无资格的法律关系上。[①] 由此可见,在传统中国的六对法律关系中,分别因其特殊性与非特殊性而有了不同的命运,完全失效的表明已被历史淘汰,部分失效的表明已经被历史改

---

① 本章前注中所揭沈宗灵先生的《对霍菲尔德法律概念学说的比较研究》一文,对当代中国法律中相应概念作了探讨和比较,其中有与本章评判相关或相合的地方,读者可以参阅。

造，没有失效的表明于今仍是资源。其中，以责任优先权利次之的责任—权利关系为例，这个传统中国法律关系的特色和价值所在，笔者认为经过适时合理的改造可以起到抑制个人主义和防止权利优先走向极端的作用，特别是在与伦理密切相关的家庭和社会领域立法中可以发挥固本纠偏的作用。

义观的研究，虽极其必要却又严重不足。说极其必要，是因为这直接关系我们如何从法的本体和核心价值上去认识中国传统法律，而法的本体和核心价值又是今天我们确立主体自觉和文化自信的根基，这两方面对我们创制有中国特色的社会主义法治都极其必要和重要。然而，尽管如此，无论是过去还是现在，学界对于中国传统法律正义观的研究可谓是严重不足。① 正因如此，不少人对此还存在某些误解和偏见。② 所以，作为中国传统法的研习者，我觉得有必要面对和提出这个问题，以引起大家的关注。此外，在这里还有必要交代的是，本章的中国传统法律正义观研究是指对中国传统法律中正义观念的一种揭示和阐释，用于揭示和阐释的基本方法是法哲学的方法。这是因为正义观本身是法哲学问题，其他任何研究包括实证研究虽有必要，但都不能代替更无法超越法哲学的抽象思维研究。所以，文章即是按照这样的理解来设计和展开的，其重点在于揭示和阐释中国传统法律正义观的基本内涵及其原则、理论结构及其原理，以及内在价值和现代问题诸方面。这表明本文主要集中在中国传统法律中的正义观念，或者说制度化了的正义观上。至于那

---

① 笔者在中国知网（http://kns.cnki.net）上检索以“中国”“传统法律”“正义”为关键词的研究文献，获得0条；检索以“中国传统法律正义观”为主题的研究文献，获得145条；检索以“中国传统法律正义论”为主题的研究文献，获得94条；检索以“中国传统法律正义研究”为主题的研究文献，获得1701条，但无论是哪一种检索结果，可以说这些文献基本上都不是专门研究中国传统法律正义观的，只是在研究中国传统和现行法律时涉及正义问题而已。（最后访问日期：2017年6月19日）还有，在域外学者中，只有在美国学者金勇义的《中国与西方的法律观念》（陈国平等译，辽宁人民出版社1989年版）第78~106页“公平的概念”和英国学者李约瑟的《中国科学技术史·科学思想史》（何兆武等译，科学出版社与上海古籍出版社1990年联合出版）的第551~620页的“中国和西方的人间法律和自然法则”中有比较性的讨论；此外，结合法律规定和案例的相关讨论，可以参见美国学者布迪等人的《中华帝国的法律》（朱勇译，江苏人民出版社1993年版）第31~35页及以下，但这些都不是专门的研究，亦缺乏这样专门的著作。

② 现代学者深受西方影响，以为正义就是平等，不平等就是不正义，所以，在不少人的潜意识中或想当然地认为，中国传统法律只有不平等的规定，哪有什么平等的正义问题！

些曾经存在于中国传统社会中的各种不同的正义观念，如表示江湖义气的正义观；以及非国家法律范畴内的其他规范，如乡规民约中的正义观；还有中国传统法律正义观的司法实践等。这些方面虽互有联系和影响，字里行间亦有论及，但都不是本章的重点。如果要作为重点来探讨，还有待进一步的研究。为此，还请大家谅解，亦望大家参与。

一、中国传统法律正义观的基本内涵及其原则

如果要研究中国传统法律正义观，就要从揭示它的内涵开始，但中国传统法律正义观的内涵比较复杂，所以，我们就从它的基本内涵开始，这并不违背本书的要义和宗旨。中国传统法律正义观的基本内涵，实际上就是中国传统法律中正义观念的基本含义，或者说这个正义观念的主要内容是什么。在中国传统语境中，"正义"一般是用"义"来表述。[①] "义"有多重含义[②]，其基本义是"宜"[③]，引申为适宜、恰当、正当、应当、公平、合理之类。[④] "义"的这些基本含

---

① 参见黄玉顺：《中国正义论纲要》，载《四川大学学报》2009 年第 5 期。

② 参见(汉)许慎、(清)段玉裁：《说文解字注》，上海古籍出版社 1981 年版，第 633 页"义"字条。

③ 如《韩非子·解老》曰："义者，谓其宜也，宜而为之。"(《韩非子》校注组编写：《韩非子校注》，周勋初修订，凤凰出版社 2009 年版，第 151 页)；又如《礼记·祭义》曰："义者，宜此者也。"(《四书五经》，陈戍国点校，岳麓书社 1991 年版，第 608 页。)；再有，如《唐律疏议》中所引的孔颖达疏《周易》曰："义，宜也。言以此行之，得其宜也。"[(唐)长孙无忌等：《唐律疏议》，刘俊文点校，中华书局 1983 年版，第 24 页。]；还有，专门探讨字义的《北溪字义》亦曰："义是宜之理。"[(宋)陈淳：《北溪字义》，熊国祯、高流水点校，中华书局 1983 年版，第 18 页。]

④ 参见《古代汉语词典》，商务印书馆 1998 年版，第 1850~1851 页"义"字条；韦政通：《中国哲学辞典》，吉林出版集团有限责任公司 2009 年版，第 65 页"义"字条；另外，黄玉顺教授将汉语"义"与西语"justice"的对应义整理成表，列出"义"的 11 种含义，其中包含本章所列举的适宜、恰当、正当、应当、公平、合理之类的引申义，很有参考价值，所以在此不再赘述。(参见黄玉顺：《中国正义论的重建》，安徽人民出版社 2013 年版，第 21~22 页。)

义，首先是表述在中国的传世经典中，即《周易·系辞下传》所说的"天地之大德曰生，圣人之大宝曰位，何以守位曰仁，何以聚人曰财，理财、正辞、禁民为非曰义"。[①] 然后是为中国的传世法典所确认，成为中国传统法律的法理依据，即《唐律疏议·名例》"疏议"所说的"易曰：'理财、正辞、禁民为非曰义。'故铨量轻重，依义制律"。[②] 很清楚，在中国传世的经典和法典中，当然亦在中国的传统法律中，甚至亦可以说在中国人的传统观念中，理财、正辞、禁民为非就是"义"，或者说就是"正义"。按照唐律的规定，这个"正义"就是制定法律的依据，即上述《唐律疏议·名例》"疏议"所言"依义制律"。那么，怎样来理解这个"义"或"正义"呢？对此，明儒丘濬在《大学衍义补·详听断之法》中解释说，所谓"义"就是分别各人之所当有（理财）、所当言（正辞）和所不当为（禁民为非）者，而分别各人之所当有、所当言和所不当为者，亦即区分正当与不正当的标准和依据，最终都是以理或者说以是否合理为准。[③] 这表明在丘濬看来，理财、正辞、禁民为非即"义"，而"义"的标准和依据就是理。这意味着"理"与"义"的内涵相通，否则，"理"不可能成为"义"的标准和依

---

① 《四书五经》，陈戍国点校，岳麓书社1991年版，第201页。

② 参见（唐）长孙无忌等：《唐律疏议》，刘俊文点校，中华书局1983年版，第1～2页。

③ 丘濬曰："臣按：〈大易〉有云：'理财，正辞，禁民为非，曰义。'所谓理财，则分别各人之所当有者；正辞，则明正各人之所当言者；禁民为非，则禁革各人之所不当为者——此三者守宝位之义也，而治争之大柄在焉。夫守位固在乎仁，而所以行仁而使之各得其宜者，则在乎义。反乎义则不仁，而刑法之所以必加也。刑生于狱，狱起于讼，讼之所以起者，由乎财之不均，言之不顺，为之不当乎理也。"[（明）丘濬：《大学衍义补》，林冠群、周济夫点校，京华出版社1994年版，第906～907页。]笔者认为，在中国传统社会和语境中，不均、不顺与不当为一样都是不当乎理。因为理是当，不均是不当有，不顺是不当言，所以，不均、不顺与不当为一样都是不合理。

据,难怪荀子说“义者,理也,故行”。[1] 所以,在中国传统语境和法律中,“理”是当然之则,而这当然之则中就含有“义”的适宜、恰当、正当、应当、公平之类的含义。[2] 此外,“理”在中国传统语境和法律中,还可以解读为与它相通的纲常礼教,亦即道德、仁义、情理、礼法与理相通。[3] 故而,综上所述,中国传统法律中的“义”,或者说它的正义观念,就其基本内涵而言,可以说是一种适宜、恰当、正当、应当、公平、合理之类的观念;亦可以说是一种与纲常礼教,亦即与道德、仁义、情理、礼法相通的观念;还可以说就是一种合理的观念。虽然这几种观念的表述措辞不同,但所表达的基本内涵却是相通相

---

① 《荀子·大略》(《荀子校注》,张觉校注,岳麓书社 2006 年版,第 352 页。);又如《孟子·告子上》亦说:“心之所同然者何也？谓理也,义也。”(《四书五经》,陈戍国点校,岳麓书社 1991 年版,第 118 页。)此外,《北溪字义》对义、宜、理三者作了贯通的解释:“义就心上论,则是心裁制决断处。宜字乃裁断后字。裁断当理,然后得宜。”[(宋)陈淳:《北溪字义》,熊国祯、高流水点校,中华书局 1983 年版,第 19 页。]

② 如陈淳对“理”字解释说:“理无形状,如何见得？只是事物上一个当然之则便是理。……只是事物上正当合做处便是‘当然’,即这恰好,无过些,亦无不及些,便是‘则’。……古人格物穷理,要就事物上穷个当然之则,亦不过只是穷到那合做处、恰好处而已。”[(宋)陈淳:《北溪字义》,熊国祯、高流水点校,中华书局 1983 年版,第 42 页。]又如,高明士先生在对唐律和判例集中的理研究后认为:“唐律中的理,简单说就是义理。……理或义理,讲求事情的正当性,正如〈礼记·中庸〉引孔子说‘义者,宜也’。判集中常以‘宜’字作论断,其实亦是义理之意。”(高明士:《律令法与天下法》,上海古籍出版社 2013 年版,第 184 页。)

③ 在当时,理之所以能与纲常礼教相通,一方面是因为当时的纲常礼教,亦即道德、仁义、情理、礼法中本身就含有了义,如仁义之义,以及对应于仁义之义的道德之道、情理之理和礼法之法等,所以,两者不仅能够相通甚或相同;另一方面是在中国传统语境中,义的基本内涵虽是独立的,但它在精神上受到了仁的支配和影响,两者之间形成了一种对立统一的辩证关系,即仁中有义、义中有仁、内仁外义,仁在其中居主导地位,亦即《礼记·礼运》中所说的“仁者,义之本也”。(《四书五经》,陈戍国点校,岳麓书社 1991 年版,第 518 页。)因此,在中国传统社会,包括在中国传统法律中,义是仁之义而不是不仁之义。既是仁之义,自然在精神上与具有仁爱精神的纲常礼教相通甚或相同。这亦意味着中国传统法律中的义,是具有仁爱精神的正义。这点特别重要,后面会论及。另外,参见高明士:《律令法与天下法》,上海古籍出版社 2013 年版,第 152~186 页“唐律中的‘理’”;刘晓林:《〈唐律疏议〉中的“理”考辨》,载《法律科学》2015 年第 4 期。

同的,即在中国传统语境和法律中,适宜、恰当、正当、应当、公平之类与纲常礼教以及合理都是对“义”的基本内涵的表达。如果要对这种措辞不同而内涵相通相同的表述做一个概括性的选择,那么“合理”一词应该是最恰当的选项。因为如上所述,理是“义”的标准和依据,[①]所以,“合理”一词已然涵括了上述“义”的多重含义以及与“义”相通的诸义。因此,从这个意义上说,中国传统法律中的“义”,或者说它的正义观念是合理,简称为合理的正义观。

正义和正义观都是有原则的,那么,作为合理的正义观,它的原则又是什么呢?如果我们把它与现代法律正义观稍作比较,那么,便可以发现,现代法律正义观是以平等为原则的,[②]而中国传统法律的合理正义观,既是适宜、恰当、正当、应当、公平之类,又与纲常礼教相通,所以,在它的基本内涵中,既含有平等又含有不平等,可以说是等与不等,或者说是等者同等、不等者不等、等与不等辩证变动的有机统一,其等与不等、变与不变的正当性都在于合理。对此,笔者把它概括为三项原则,一是等者同等,二是不等者不等,三是等与不等辩证变动。[③] 这三项原则的核心是等与不等,所谓等就是同理

---

① 这里还可以补充理据,如《管子·心术上》曰:“义出乎理。”[(清)黎翔凤:《管子校注》,梁运华整理,中华书局2004年版,第770页。]《荀子·议兵》曰:“义者循理。”(《荀子校注》,张觉校注,岳麓书社2006年版,第180页。);宋儒陈淳说:“理与义对说,则理是体,义是用。”[(宋)陈淳:《北溪字义》,中华书局1983年版,第42页。]

② 参见[美]罗尔斯:《正义论》,何怀宏、何包钢、廖申白译,中国社会科学出版社2001年版;[德]古斯塔夫·拉德布鲁赫:《法哲学》,王朴译,法律出版社2013年版,第68页;张中秋:《中西法律文化比较研究》(第5版),法律出版社2019年版,第8章第2节相关论述。其实,现代法律的平等正义观亦是从西方等者同等、不等者不等的分配正义发展而来的,后经校正正义的校正才逐渐形成现代的平等正义观。

③ 黄玉顺教授在他的研究中,提出了中国正义论的两条原则,即正当性原则与适宜性原则,而且做了相应的阐释。(参见黄玉顺:《中国正义论的形成》,东方出版社2015年版,第26页及以下相关论述)这里笔者从法律正义观的角度提出三项原则,在某种程度上可以说是相通的,其中等者同等、不等者不等是正当性原则的体现,等与不等辩证变动是适宜性原则的体现。

者同等;所谓不等就是不同理者不同等,依理之大小排序。这样,无论是等还是不等,都是建立在理上,所以称为合理。而且,这种合理本身亦要合理地或者说辩证地来理解,即它是动态的,其等与不等不是绝对的、固定的,而是相对的、变动的,所以又可以称为动态的合理正义观。这种动态的合理正义观正是中国人固有的法律正义观。譬如,在中国传统观念中,人生来是一样的,亦即人生来都是一条命,人的自然生命有同等价值,这是天然的理,亦即天理,所以,法律依据这个理,在原则上规定,人命关天,杀人者死、伤人者刑,不分高低,这可以说是一种原则性的或者说理念上的合理正义观。[①] 但实际上,人生来是一样的,后来发展不一样,集中体现在人的德和能的不同,亦即人的精神生命和社会生命的价值有高低差别,这是实际的理或者说理的现实,所以,法律又依据这个理,亦即人的德与能的不同这个现实的理,来具体分配权利义务和定罪量刑,高者高、低者低,等者同等、不等者不等、等与不等辩证变动。这样,在理的支点上又形成了可上下移动的阶梯结构,其结果即是我们看到的礼法结合所形成的差序格局。[②] 因此,这又可以说是一种现实的或者说动态的合理正义观,这种动态的合理正义观在身份法中表现得更为明显。我们知道,中国传统身份法的规定是等者同等、不等者不等,

---

① 如《汉书·刑法志》记载:“汉兴,高祖初入关,约法三章曰:‘杀人者死,伤及盗抵罪。’”(《历代刑法志》,群众出版社 1988 年版,第 14 页。)即是其例。

② 差序格局是费孝通先生的发明[参见王元化主编:《释中国》(第 1 卷),上海文艺出版社 1998 年版,第 608~616 页“差序格局”。]。差序格局在法律中的表现是,纵向上看是差序的,横向上看是等序的。这里所谓的差序,是指按中国传统法律规定,人的身份是一个上下不等的阶梯结构,从上到下的排序是帝皇、官僚、贵族、平民、贱民、奴婢,除去奴婢在权利主体之外,这些不同等级主体之间的权利与义务是不相等的,向上权利越大,向下义务越多,形成纵向上的差序。但法律同时又规定,同一等级内主体的权利与义务是相等的,从而形成横向上的等序。有关中国传统法律中差序格局制度的设置与实施,主要参见古代法典《名例》篇中有关身份的规定,以及现代《中国法制史》著作中的身份法部分。

即同辈分的同等、不同辈分的不同等,这是合理正义观的体现。① 但这是在正常情况下的一般规定,如果情况有了变化,或者说在某种具体情形下,身份法中的等和不等又是相对和变动的。如法律规定,在家庭关系中,相对于子女,父母同称,享有同等的权利;②但作为子女的父母,在作为夫妻时,却又是不等的,即夫为妻之天。③ 同样,相对于父母,子女或儿女同称,兄弟姊妹可以同样获得父母的关爱;④但作为兄弟姊妹时,他们之间,特别是在嫡长子与其他庶子之间,其地位是不等的。⑤ 这种等者中有不等、不等者中又有等、等与不等辩证变动的情况,正是动态的合理正义观的体现。⑥ 对于这三项原则,我们在理解和表述上可以分开,但实际上它们是一个有机整体。作为有机整体,这三项原则不仅不可分割地存在于中国传统法律正义观中,亦同样不可分割地存在于依这种正义观而确立的制度与实践中,可以说它们贯穿中国传统法律的全过程和各方面。

正如人们所知,正义是法律的核心价值所在,所以正义观对法律的影响,在精神上必然是支配,在内容上自然有普遍体现。对此,

---

① 这在后面的论证中将得到说明。此外,《大明律》和《大清律例》前所附的服制图中所规定的,亲族之间的身份与权利义务关系最可以说明这一点。

② 在中国传统法律中父母同称,并赋予父母同等的教令权。如唐律规定:“祖父母、父母有所教令,于事合宜,即须奉以周旋,子孙不得违犯。……若教令违法……皆须祖父母、父母告,乃坐。”[(唐)长孙无忌等:《唐律疏议》,刘俊文点校,中华书局 1983 年版,第 437~438 页。]

③ 如《唐律疏议·户婚》曰:“夫为妇天,尚无再醮。”[(唐)长孙无忌等:《唐律疏议》,刘俊文点校,中华书局 1983 年版,第 257 页。]

④ 父母对于子女的这种同等关爱,可以通过手心手背都是肉的民谚来体察。这民谚一直为礼法所认可,而礼法正是中国传统法的重要内容。

⑤ 在兄弟姊妹之间,首先遵循的是长幼有序的礼法,其次不能违反的是嫡庶有别的规定。如唐律规定:“诸立嫡违法者,徒一年。……”[(唐)长孙无忌等:《唐律疏议》,刘俊文点校,中华书局 1983 年版,第 238 页。]

⑥ 有关这类案例及分析,参见[英]马若斐:《传统中国法的精神》,陈煜译,中国政法大学出版社 2013 年版,第 56 页、第 81 页、第 86~88 页。

中国传统法律亦不例外。这里，我们再以《唐律疏议》为例予以说明。“义”或者说正义观，在《唐律疏议》中体现为精神支配的，就是前引《名例》“疏议”中所说的“依义制律”，亦即依据理财、正辞、禁民为非的正义观来制定法律。这种正义观在《唐律疏议》内容上的普遍体现，主要体现在它的三项原则上，亦即对等者同等、不等者不等、等与不等辩证变动的法律规定上。现分述如下。

首先是体现“等者同等”的法律规定。这主要表现在两个方面：一方面是部分罪名不区分犯罪主体的身份，依据所犯罪行，纳入同一法律规制。如《户婚律》规定，凡是不以嫡妻的长子为嫡子的，均被视为立嫡违法，不区分犯罪者是贵族、官员，还是一般老百姓，均科以徒一年的刑罚处罚，只有“嫡妻年五十以上无子者，得立嫡以长”。[①] 另一方面是同一阶层的主体之间享有相同的法律权利，这又主要表现为两类：一是同一层级的特权阶层享有的权利是相等的，如对于“议”“请”“减”“赎”等特权的适用主体而言，他们之间有高低贵贱之分，然而对于同样享有某一特权的人来说，他们之间却是平等的。譬如“七品以上之官及官爵得请者之祖父母、父母、兄弟、姊妹、妻、子孙”在触犯流罪及其以下刑罚时，都享有“减一等”处罚的司法特权。[②] 二是贱民阶层的权利虽受到法律的限制，但同一层级的贱民阶层之间享有的权利却是相等的。如法律明确规定良贱之间不得为婚，否则将受到刑罚处罚。然而，贱民与贱民之间

---

① 参见(唐)长孙无忌等:《唐律疏议》,刘俊文点校,中华书局 1983 年版,第 238 页。同样,在《户婚律》中不区分犯罪主体身份的法条,还有“私入道”“子孙别籍异财”“居父母丧生子”“养子舍去”“相冒合户”“同居卑幼私辄用财”“卖口分田”“占田过限”“盗耕种公私田”“妄认盗卖公私田”“盗耕人墓田”“许嫁女辄毁”“为婚妄冒”“有妻更娶”“以妻为妾”“居父母夫丧嫁娶”“父母被囚禁嫁娶”“居父母丧主婚”“同姓为婚”“尝为袒免妻而嫁娶”“娶逃亡妇女”“和娶人妻”“妻无七出而出之”“义绝离之”“嫁娶违律”等。

② 参见(唐)长孙无忌等:《唐律疏议》,刘俊文点校,中华书局 1983 年版,第 34 页。

成婚的权利却是法律允许的。因此,就贱民阶层内部而言,他们之间所享有的权利亦是平等的。[①]

其次是体现"不等者不等"的法律规定。这亦表现在两个方面:一方面是规定不同的社会阶层享有不同的司法权利。如《唐律疏议》规定,官僚贵族等特权阶层都享有一定的司法特权,最明显的是《名例律》中规定了一定范围内的官僚贵族阶层享有"八议""上请""减免""官当"等司法特权;[②]而部曲、奴婢等贱民阶层的司法权利要受到一定的限制,如《名例律》中规定了官户、部曲、奴婢犯罪不同于良人的处罚方式,即"诸官户、部曲(称部曲者,部曲妻及客女亦同。)官私奴婢有犯……若犯流、徒者,加杖,免居作"。[③] 此外,还有规定不同阶层之间互相侵犯时轻重不一的法律责任,如《斗讼律》通过"殴制使府主刺史县令"[④]等条,明确规定不同阶层之间相互侵犯的处刑原则是:贵犯贱,处刑较常人为轻;贱犯贵,处刑较常人为重。[⑤] 体现"不等者不等"法律规定的另一方面是,依据服制、

---

① 参见(唐)长孙无忌等:《唐律疏议》,刘俊文点校,中华书局1983年版,第269~271页。

② 参见(唐)长孙无忌等:《唐律疏议》,刘俊文点校,中华书局1983年版,第16~38页、第44~45页。

③ 参见(唐)长孙无忌等:《唐律疏议》,刘俊文点校,中华书局1983年版,第131~132页。

④ 参见(唐)长孙无忌等:《唐律疏议》,刘俊文点校,中华书局1983年版,第395~396页。相关条文还有"殴制使府主刺史县令""佐职统属殴官长""殴府主刺史县令祖父母""殴皇家袒免已上亲""流外官以下殴议贵""九品已上殴议贵""监临官司殴统属""拒殴州县已上使""部曲奴婢良人相殴""主杀有罪奴婢""主殴部曲死""部曲奴婢杀伤主""殴缌麻小功部曲奴婢""部曲奴婢詈殴旧主"等。

⑤ 即使部曲、奴婢和与自己没有主仆关系的良人互相侵犯时,亦要贯彻上述原则,即部曲、奴婢科刑较常人相侵为重,良人科刑较常人相犯为轻。如"部曲奴婢良人相殴"条规定:"诸部曲殴伤良人者,(官户与部曲同。)加凡人一等。(加者,加入于死。)奴婢,又加一等。若奴婢殴良人折跌肢体及瞎其一目者,绞;死者,各斩。其良人殴杀他人部曲者,减凡人一等;奴婢,又减一等。若故杀部曲者,绞;奴婢,流三千里。"[参见(唐)长孙无忌等:《唐律疏议》,刘俊文点校,中华书局1983年版,第404~406页。]

尊卑等原则厘定亲属之间的法律责任。依据《唐律疏议》的规定，相对于尊亲属而言，卑亲属承担更多的法律义务。如祖父母父母在，子孙不得别籍异财等。[①]

最后是体现“等与不等辩证变动”的法律规定。这主要有三个方面：一是体现在时间上，如唐律令规定，国家分配土地和征收赋税以丁为准，其余的人依丁递减，成丁的年龄一般是18岁以上60岁以下的男子（有时16岁的中男亦同于丁）。[②] 这表明在土地授受（权利）和赋税负担（义务）上，成丁者相等，未成丁者亦相等，但成丁与未成丁者之间不等。然而，随着未成丁者达到成丁年龄，他们之间原来的不等就变为相等。二是体现在空间上，如《户婚律》规定，男女卑幼自己没有主婚权，主婚权由尊长行使，但这是在正常情况下的一般规定。[③] 如果卑幼在外自娶妻，其尊长后为定婚，以及娶妻已成者，这两类婚姻都合法有效。[④] 这亦表明同一主体，随着空间的变化，其法律地位中的等与不等，或者说他的权利义务，亦不是一成不变，而是辩证变动的。三是体现在主体身份和客体上，如前引《名例律》规定，特权阶层都享有“议”“请”“减”“赎”等司法特权，但不同的特权阶层享有的这个特权是不同的，这是由主体身份变化所导致的特权中等与不等的变化。还有，《名例律》规定，特权阶层

---

① 参见（唐）长孙无忌等：《唐律疏议》，刘俊文点校，中华书局1983年版，第236~237页。相关条文还有“匿不举哀”“府号官称犯父祖名”“同居卑幼私辄用财”“居父母夫丧嫁娶”“父母被囚禁嫁娶”“居父母丧主婚”等。

② 参见［日］仁井田陞：《唐令拾遗》，粟劲等编译，长春出版社1989年版，第542页及以下、第588页及以下；（唐）长孙无忌等：《唐律疏议》，刘俊文点校，中华书局1983年版，第249页、第251~252页。

③ 参见（唐）长孙无忌等：《唐律疏议》，刘俊文点校，中华书局1983年版，第272页。

④ 参见（唐）长孙无忌等：《唐律疏议》，刘俊文点校，中华书局1983年版，第267页。

享有的这些特权，一概不适用于“十恶”犯罪，即“其犯十恶者，不用此律”。[①] 这是由“十恶”犯罪所侵犯的客体的变化所带来的特权和特权中等与不等的彻底变化，表明在最高政治权力和根本利害面前，所有的特权都不存在。

以上所举《唐律疏议》中的诸种情形，其实并不仅限于唐律，而且亦不仅限于单纯的制度规定。因为《唐律疏议》是中国传统法律的代表，而且它与其他历代基本法典一样，都是当朝司法的基本依据，所以，上述《唐律疏议》中的相关规定，还有其他历代基本法典中的相关规定，都不仅仅是单纯的制度上的规定，在正常情况下基本都能落实到司法实践中去。所以，我们可以说，以上所述实则是以《唐律疏议》为代表的中国传统法律正义观的体现。[②]

总结上述，中国传统法律正义观的基本内涵，可以说是适宜、恰当、正当、应当、公平、合理之类，以及与此相通的纲常礼教，亦即道德、仁义、情理、礼法等，归结为合理；合理的原则是等者同等、不等者不等、等与不等辩证变动。对此，我们还可以作进一步的分层理解，以揭示它们之间内在的逻辑关系。就中国传统法律正义观的基本内涵而言，其最直接的层面是体现三纲五常的礼法，亦即当时主

---

① 参见（唐）长孙无忌等：《唐律疏议》，刘俊文点校，中华书局1983年版，第32页。

② 当然，这主要是体现在立法的制度化方面，司法方面因不是本章的重点，在此不多赘述。但我们对此已有初步研究，基本的观点是中国传统法律动态的合理正义观，在司法实践中具体表现为对“平”，亦即对公平的司法理念的落实与追求上。除了“平”以外，还可以说是公，即公正、公允、公道；中，即适中、得中；当，即适当、恰当、得当；和，即中和、中允、和谐，等等。其实，这些称谓所蕴含和表达的司法理念，最后都可以归结为公平。为此，在司法实践中出现了两种倾向和观点：一是主张依法断案，司法审判不应再求曲当尽善，实质是追求蕴含在法中的义的正当性，亦即义之正；二是主张在审理个案时，司法者应注重曲法以伸情，实质是追求蕴含在法中的义的仁爱性，亦即义之仁；但这两种看似对立的倾向和观点，实际上最后都统一在了中国传统法律的正义观上，亦即以仁为本的仁之义上，实质仍是对动态的合理正义观的追求，内中仍然体现着等者同等、不等者不等、等与不等辩证变动的有机统一。（参见张中秋、潘萍：《传统中国司法理念初探》，载《法学》2017年第12期。）

流的伦理规范和居统治地位的法律规范。其第二层面是支撑这些规范或者说礼法的伦理法理，亦即道德、仁义、情理。其第三层面是支持和支配这些伦理法理的道理，亦即这些伦理法理的正当性根据，就是适宜、恰当、正当、应当、公平之类，而适宜、恰当、正当、应当、公平之类的正当性所在，即是理或者说合理。这是它更为深层但还不是最为深层的内涵，因为还有理或者说合理的正当性所在，那就是等者同等、不等者不等、等与不等辩证变动这个自然之理，或者说万物之理。这个自然之理或者说万物之理的正当性，就是万物生生不息与井然有序的有机统一；生生不息是生，井然有序是序，生生不息与井然有序的有机统一就是生而有序；生而有序既是万物的自然状态，又是万物的自然法则，两者结合即是世界存在这个事实本身。这个事实本身就是中国人所说的天理或天道[①]，而天理或天道的正当性，则来自天的至高至大和至广至公，实际就是人心所服的天地的大爱和无私，亦即仁（大爱）义（无私）这个公理，所谓“天者，理也”。[②] 通过以上这种层层递进而相互贯通的内在逻辑，人们可以发现这正是生命体或者说有机世界的内在法则（本章将在下述原理部分做进一步的说明），所以，可以说中国传统法律正义观实际上是一种类于有机生命体的有机正义观。正如研究所示，等级结构

---

① 这里所说的“天理”或“天道”是一个意思，即朱熹所说的“天道者，天理自然之本体，其实一理也”。［（宋）朱熹：《四书章句集注》，中华书局 1983 年版，第 79 页。］所以，本章用“天理/天道”和“天理・天道”这样的表述亦是同一个意思。

② （宋）程颢、程颐：《二程集》，中华书局 1981 年版，第 132 页。此亦即《论语・泰伯》记载孔子所说的“唯天为大”。（《论语译注》，杨伯峻译注，中华书局 1980 年版，第 83 页。）对此，董仲舒在回答汉武帝的对策中说得更明白：“臣闻天者群物之祖也，故遍覆包函而无所殊，建日月风雨以和之，经阴阳寒暑以成之。故圣人法天而立道，亦溥爱而无私，布德施仁以厚之，设谊（按：谊即义）立礼以导之。”（袁长江主编：《董仲舒集》，学苑出版社 2003 年版，第 24 页。）

性和动态平衡性是有机系统的内在机能和固有特征。[①] 如果以此来对照中国传统法律动态的合理正义观,我们会惊讶于两者的等级结构性是相通的,即等与不等的差而有序;而中国传统法律合理正义观的动态性也就是有机体动态平衡性的表现,即等与不等的辩证变动,所以,我们不妨把中国传统法律正义观看作一种类似于有机生命体的有机正义观。实际上,这与中国传统的生命世界观一致,亦是对这个世界观的反映。

二、中国传统法律正义观的理论结构及其原理

如果我们把中国传统法律正义观看作一种有机正义观,那么,这种正义观的理论又是什么呢?我们知道,正义观是法律的价值观,价值观自然有它的理论。这个理论不仅有结构,而且背后还有原理。所以,在这一部分,我们通过对中国传统法律正义观的理论结构及其原理的探讨,以期最终能揭示和阐释它的法理与哲理,亦即这种动态的合理正义观,或者说这种有机正义观的正当性所在,进而把我们对中国传统法律正义观的认识,从内涵和原则推至结构与原理,从而在理论逻辑和文化根源上,获得对它更完整深入的理解与把握。

关于中国传统法律正义观的理论结构,或有不同的认识和分类,我根据自己的整理和研究,初步把它分为三类。这三类是由简到全依次递进地呈现了中国传统法律正义观的理论结构;同时,通过这个结构我们亦可以由简到全依次递进地看到它的法理与哲理,亦即它真正的合理或者说正当性所在。这三类中的第一类是依义

---

① 系统论研究者认为,等级结构性和动态平衡性等,是有机系统的内在机能和特征。参见魏宏森等人的《系统论——系统科学哲学》(世界图书出版公司 2009 年版)和苗连升的《系统科学精要》(中国人民大学出版社 2010 年版)相关部分。

制律,或者说依礼制律或以理制律。如前所述,依义制律是《唐律疏议·名例》“疏议”所确定的立法原则,这个原则内含的理论结构是:义→律。义的内涵和原则即是前面所揭示的适宜、恰当、正当、应当、公平之类,以及与此相通的纲常礼教和等者同等、不等者不等、等与不等辩证变动的有机统一,最后归结为合理。依现代术语,这就是中国传统法律的正义理论。具体来说,律是律条,也就是法律规范和法律制度,在唐代它主要表现为《唐律疏议》,所以,依义制律是《唐律疏议》以及以它为代表的中国传统法律正义观中,最直接地表述从原则到制度的理论结构。除了依义制律这个经典的法定表述外,在中国传统法律文化中,表述这一理论结构的还有依礼制律或以理制律。恰如管子和孔子所说:“礼出乎义,义出乎理。”①“礼也者,理也。”②这说明在中国传统语境中,理、义、礼相通,所以,依义制律向上延伸可以说是以理制律,向下延伸可以说是依礼制律,无论是依礼制律还是依义制律,它们最后都归结到以理制律,亦即本质上都是依合理制律,依此而制成的律自然是合理正义观的表达。

同样,在中国传统语境中,不仅理、义、礼相通,仁、义、礼亦是相通的,而且仁是义、礼的上位概念,涵括并支配着义、礼,即孔子所说的“义以为质,礼以行之”。③ 所以,有学者提出“以仁行义,以义制

---

① 《管子·心术上》。[(清)黎翔凤:《管子校注》,梁运华整理,中华书局2004年版,第770页。]

② 《礼记·仲尼燕居》。(《四书五经》,陈戍国点校,岳麓书社1991年版,第622页。)

③ 众所周知,孔子的思想以仁为核心,《论语·卫灵公》载孔子提出:“君子义以为质,礼以行之,孙以出之,信以成之。君子者!”(《论语译注》,杨伯峻译注,中华书局1980年版,第166页。)其中“义以为质”的便是仁,所以,在孔子那里,仁为义之质,礼为义之行,仁、义、礼是相通的。不仅如此,在中国传统文化中,仁、义、礼、智、信都是相通的。[参见(宋)陈淳:《北溪字义》,熊国祯、高流水点校,中华书局1983年版,第18~26页“仁义礼智信”条。]

礼”是中国正义论的传统与结构。[①] 对此,笔者深为赞同,其间的逻辑即是仁→义/礼。这个逻辑在中国传统法律中同样有体现,如《唐律疏议·名例》在“平其徽纆而存乎博爱”[②]之后才有“依义制律”[③]之说,亦即博爱之仁先于制律之义。如果考虑到上面所指出的理、义、礼相通,那么,这个逻辑自然可以延伸为仁→理/义/礼。这样,我们在上述依义制律的基础上,可以很自然地把中国传统法律正义观的理论结构扩展为:以仁行义(义出乎理)、以义制礼、依礼制律,其内含的理论结构是:依仁→理/义/礼→制律。即如韩非在《解老》中所说:“义者,仁之事也。……礼者,义之文也。”[④]相对于第一类结构,这个结构的不同之处在于,它在义的基点上向前延伸到了理和仁。[⑤] 这意味着依此而制定的法律,不仅是合理正义观的表达,而且是含有仁爱的合理正义观的表达。因为此中的义是仁之义,已蕴含和体现了仁爱的精神。这是中国传统法律正义观理论结构的第二类。

第三类是在这个基础上的再延伸和扩展,即依据《唐律疏议·名例》“夫三才肇位,万象斯分。……《易》曰‘天垂象,圣人则之。’观雷电而制威刑,睹秋霜而有肃杀,惩其未犯而防其未然,平其徽纆而存乎博爱……依义制律……德礼为政教之本,刑罚为政教之用,

---

① 参见黄玉顺:《中国正义论的形成》,东方出版社 2015 年版,“自序”及以下。

② 参见(唐)长孙无忌等:《唐律疏议》,刘俊文点校,中华书局 1983 年版,第 1 页。

③ 参见(唐)长孙无忌等:《唐律疏议》,刘俊文点校,中华书局 1983 年版,第 1 ~ 2 页。

④ 《韩非子》校注组编写:《韩非子校注》,周勋初修订,凤凰出版社 2009 年版,第 152 页。

⑤ 仁有三义,宇宙论上是生意,伦理上是爱人,政治上是德政、爱民。总之,仁爱是根本。(参见韦政通:《中国哲学辞典》,吉林出版集团有限责任公司 2009 年版,第 159 ~ 164 页“仁”字条。)

两者犹昏晓阳秋相须而成者也"[①]所提供的指导,在立法思路上可形成:依天地→阴阳→道德→仁义→德礼→制律/刑罚的理论结构。这个结构的逻辑是,刑罚出自德礼,德礼出自义/理,义/理出于仁义,仁义合于道德,道德出于阴阳,阴阳归于天地。[②] 相对于第二类结构,这个结构的不同之处在于,它在仁的基点又上向前延伸到了道德、阴阳、天地。这意味着依此而制定的法律,不仅是合理正义观的表达,亦不仅是含有仁爱的合理正义观的表达,而且还是这种正义观的动态或者说有机的表达。因为此中的天地、阴阳、道德本身就蕴含和体现了中国人活的、有机的生命世界观,因此这是一个从原理到制度的完整结构。如果我们要完整地来理解这个结构,找到这种动态的合理正义观的法理与哲理,亦即它真正的合理或者说正当性所在,那就有必要从原理入手。

"原理"是来自西方的概念,在中国传统文化中可与之对应的是"道",所以,可以说"道"是中国传统文化的原理。[③] 因此,中国传统法律原理,可以理解为中国传统法律之道。如何认识这个"道",我们先看前引的《唐律疏议·名例》所说的"德礼为政教之本,刑罚

---

① 参见(唐)长孙无忌等:《唐律疏议》,刘俊文点校,中华书局1983年版,第1~3页。

② 如朱元璋在《御制大明律序》中说:"朕仿古为治,明礼以导民,定律以绳顽,刊著为令,行之已久。"(《大明律》,怀效峰点校,辽沈书社1990年版,第1页。)又如朱熹在释《论语》"成于乐"中说:"所以至于义精仁熟,而自和顺于道德者,必于此而得之,是学之成也。"[(宋)朱熹:《四书章句集注》,中华书局1983年版,第105页。]丘浚曰:"臣按:《易》之作以道阴阳,而于天下之事无不备。……是知天下之物,人世之用,无一不出于阴阳之理。"[(明)丘浚:《大学衍义补》,林冠群、周济夫点校,京华出版社1994年版,第889页。]董仲舒说:"是故仁义制度之数,尽取之天。"(袁长江主编:《董仲舒集》,学苑出版社2003年版,第277页。)其实,《周易·说卦》有近乎完整的阐述:"昔者圣人之作《易》也,幽赞于神明而生蓍,参天两地而倚数,观变于阴阳而立卦,发挥于刚柔而生爻,和顺于道德而理于义,穷理尽性以至于命。"(《四书五经》,陈戍国点校,岳麓书社1991年版,第206页。)

③ 参见冯友兰:《中国哲学简史》,北京大学出版社1996年版,第144~149页。

为政教之用，两者犹昏晓阳秋相须而成者也”。[①] 这句话的意思是说，德礼是政教的根本，刑罚是政教的辅从，两者的关系犹如黄昏与早晨（相续为一天）、春天与秋天（相续为一年），只有相互结合才能构成完美的整体。这是对律文的直译，如果仔细分析，就会发现它的内涵远不是这么简单。首先，它融合了儒、法、道三家的思想。从概念的倾向上讲，“德礼”是儒家的，“刑罚”是法家的，“昏晓阳秋”是道家的。儒、法、道三家的思想在国家法典中融为一体，这是西汉以来中国法律发展到唐代臻于完善的表现，唐律由此成为传统中国法律的象征和代表。其次，它贯彻了中国传统文化之道，体现出从阴阳合一、阳主阴从到礼法结合、德主刑辅的道德原理结构。为了更直观地阐明这一点，我们先看图 4-1。

↗ 德礼—本—晓（早晨）—阳（春天）—（主）阳 ↖
政教　　　　　　　　　　　　　　　　　　　　道
↘ 刑罚—用—昏（黄昏）—秋（秋天）—（从）阴 ↙

图 4-1　《唐律疏议·名例》所示道德原理结构

图 4-1 把上述《唐律疏议·名例》的表述结构化了，其中括号和括号内的文字以及“阳秋”之后是笔者加上的，但符合律文和道的构成。通过图 4-1，我们可以看到作为政教两翼的德礼与刑罚与作为道之两仪的阳与阴的对应关系。我们知道，政教是传统中国政治文化的统称，法律亦包含在其中。因此，作为政教两翼的德礼与刑罚，实际上就是中国传统法律的基本内容，亦即儒、法、道三家法思想合流后所形成的礼法结构。正如上述《唐律疏议·名例》所示，在这个结构中，德礼为本、刑罚为用。对此，人们把它概括为礼法结合、德主刑辅。礼法结合、德主刑辅是以唐律为代表的传统中

---

① （唐）长孙无忌等：《唐律疏议》，刘俊文点校，中华书局 1983 年版，第 1 页。

国法律的基本结构。由图 4-1 可见,礼法结合、德主刑辅的哲学基础或者说法理依据是阴阳合一、阳主阴从的中华文化之道。

依据中国经典,道的基本构成是阴与阳,亦即太极的两仪或二元。[①] 阴与阳的关系是对立统一的辩证关系,其中对立中有相涵相摄,相涵相摄中又有支配,阳在其中起主导和支配作用,形成阴阳合一、阳主阴从的结构。[②] 按照中国传统思维,阳代表德性,阳主意味着事物的属性依德。[③] 因此,虽然在通常情况下,人们习惯于用道或理来指称事物的原理,但在这种情况下,道或理实际上已经含有了德。[④] 因为道或理原本所表达的只是事物的秩序结构,而德所表达

---

① 《周易·系辞传上》曰:"是故易有太极,是生两仪。"(《四书五经》,陈戍国点校,岳麓书社 1991 年版,第 199~200 页。)

② 汉代大儒董仲舒在《春秋繁露·基义》中说的一段话可为经典。他说:"凡物必有合。……阴者阳之合,妻者夫之合,子者父之合,臣者君之合。物莫无合,而合各有阴阳。阳兼于阴,阴兼于阳。夫兼于妻,妻兼于夫。父兼于子,子兼于父。君兼于臣,臣兼于君。君臣父子夫妇之义,皆取诸阴阳之道。……是故……德礼之于刑罚,犹此也。故圣人多其爱而少其刑,厚其德而简其刑,此为配天。"(袁长江主编:《董仲舒集》,学苑出版社 2003 年版,第 277~278 页。)

③ 参见(宋)周敦颐:《周子通书》,徐洪兴导读,上海古籍出版社 2000 年版,第 79 页。

④ 如《周易·系辞上》曰:"一阴一阳之谓道,继之者善也,成之者性也。"说的就是这个意思。但要明白这句话的意思,先要明白"一阴一阳之谓道"的"道"是原理之道,而非与德对应以表示事物形式或结构的道。首先,从"一阴一阳之谓道"的"道"来看,此"道"已经包含了阴与阳,而道属阴、德属阳,所以,一阴一阳之道的"道"是已经包含了道与德的"道"。其次,"一阴一阳"是指阴阳变化的规律、法则或者说原理,所以,一阴一阳之道的"道"不止是已经包含了道与德的"道",亦是指阴阳变化的规律、法则或者说原理。因此,所谓"继之者善也",是指顺阴阳变化之原理而生生不息者谓之善,亦即德,因为德曰生曰善。所谓"成之者性也",是指受阴阳变化之原理而成形定型者谓之性,亦即道,因为道曰成为性(型)。所以,一阴一阳就是德生道成,一阴一阳之道异,曰道曰德就是德生道成原理,亦即万物生成的原理。如《周子通书·顺化》曰:"天以阳生万物,以阴成万物。"[(宋)周敦颐:《周子通书》,徐洪兴导读,上海古籍出版社 2000 年版,第 36 页。]又如江袤说:"道、德实同而名异,曰道曰德,亦何所不可也。"[(明)焦竑:《老子翼》,黄署辉点校,华东师范大学出版社 2011 年版,第 229 页。]

的才是事物的内在属性。[1] 这表明在事物构成的原初意义上，德是道的存在依据，道是德的表现形式，德生道成，道与德共同构成了事物的统一性，亦即道德是事物的统一原理。笔者把这种文化构成理论称为道德文化原理，简称为道德原理。[2] 道德原理的内在结构是，德是阳是生是体是内是质是主，道是阴是成是用是外是式是辅，两者对立统一于一体。所以，道的有序之理建立在德的生生之理上，德的生生之理经由道的有序之理来体现，这样，道与德有机结合形成了生生不息与井然有序相统一的世界，亦即万物生而有序的合理世界，或者说德生道成的道德世界。这就是道德的正当性，或者说道德的合理所在。道德的合理有两层含义，即绝对的合理与相对的合理。绝对的合理为万物同理，亦即理一；相对的合理为物各有理，亦即分殊；两者对立统一为理一分殊。理一分殊是万物原理，亦即天理、天道。理一意味着事物本质抽象上的同一，亦即形而上的"齐"。分殊意味着事物本质现象上的不一，亦即形而下的"差"。"齐"要求同等对待，即等者同等；"差"要求区别对待，即不等者不等；但无论是等还是不等，两者都是合理的；同时，由于两者是对立统一的辩证变动体，所以，等与不等的辩证变动亦是合理的。道德所固有的这种合理性结构，表现在自然世界即是万物生而有序，表现在礼法世界即是差序格局。这表明中国传统法律的构成原理，形式上是道，实质上是德。如果对照上述《唐律疏议·名例》的表述

---

① 如《管子·心术上》："德者，道之舍，物得以生……"[(清)黎翔凤：《管子校注》，梁运华整理，中华书局2004年版，第770页。]；《庄子·天地》："通于天地者，德也；行于万物者，道也。"(《庄子今注今译》，陈鼓应注译，中华书局1983年版，第295页。)又如《大戴礼记·主言》引孔子对曾子曰："吾语汝，道者所以明德也，德者所以尊道也，是故非德不尊，非道不明。"(方向东：《大戴礼记汇校集解》，中华书局2008年版，第6页。)

② 有关"道德原理"中的内涵和进一步的讨论，参见本书第六章《传统中国法的道德原理及其价值》。

和图示,我们可以发现,中国传统法律原理不过是中国传统文化原理在法律上的表达,只是这个原理的内涵有了变化,由阴阳合一、阳主阴从的哲学概念转换成了礼法结合、德主刑辅的法律概念。因此,从法律哲学上说,中国传统法律原理可称为道德原理。这意味着道德是传统中国人视法之为法,亦即法律正当性的理据所在,当然也是中国传统法律正义观的正当性所在。那么,这种道德的正当性又是如何从天理、天道转化为动态的合理正义观的呢? 要弄清这个问题,我们先看图 4-2。

↗地/阴→静→井然有序→道→成→成型/得当/宜→义→伦之理→尊尊亲亲→爱有等差→不等者不等↘

天理 · 天道:德生道成→生而有序→中和 · 有机一体 · 和谐←合理有序←等与不等辩证变动:合理正义观

↘天/阳→动→生生不息→德→生→生长/生意/爱→仁→情之理→民胞物与→一体之仁→等者同等↗

图 4-2 从天理 · 天道到动态的合理正义观贯通

从图 4-2 中,我们可以清楚、直观地看到,从天理、天道到动态的合理正义观的贯通。具体来说,天理、天道为一阴一阳。其中,地为阴,阴为静,表示万物的井然有序,有序谓之道;天为阳,阳为动,表示万物的生生不息,生生谓之德。一阴一阳表示世界是井然有序与生生不息的有机统一,亦即万物生而有序,或者说德生道成。这就是万物之理,亦即天理、天道,或者说道德原理。由于中国传统文化把天、地、人共一体的世界看作一个大生命体。① 所以,这万物之理,亦即天理、天道,或者说道德原理,就是天、地、人的共理。这共理在天为阴阳、在地为刚柔、在人为仁义。② 同样,这共理亦适用于

① 如北宋理学家张载在《横渠易说 · 说卦》中说:"一物而两体者,其太极之谓欤!阴阳天道,象之成也;刚柔地道,法之效也;仁义人道,性之立也。三才两之,莫不有乾坤之道也。易一物而合三才,天地人一。"[(宋)张载:《张载集》,中华书局 1978 年版,第 235 页。]

② 如《周易 · 说卦》曰:"是以立天之道曰阴与阳,立地之道曰柔与刚,立人之道曰仁与义。"(《四书五经》,陈戍国点校,岳麓书社 1991 年版,第 206 页。)宋儒周敦颐在《太极图说》中亦如是说,参见(宋)周敦颐:《周子通书》,上海古籍出版社 2000 年版,第 48 页。

法,因为在传统中国人看来,法亦是大化流行的生命世界的一部分,[①]所以,在法上,它表现为前引《唐律疏议·名例》所说的德礼刑罚,亦即礼法。实际上,无论是阴阳、刚柔,还是仁义、礼法,本质上都是植根于天地的道德,所以,在中国人的观念中,“天地间至尊者道,至贵者德而已矣”。[②] 总之,天地万物中道德最高贵。这是因为天地的法则或者说万物之理是德生道成,所以,世界是道德的世界,道德的世界就是理和合理的世界,亦即自然和合自然法则的世界。[③]

---

① 例如,我们所熟悉的《尚书·皋陶谟》“天叙有典”“天秩有礼”“天讨有罪”(《四书五经》,陈戍国点校,岳麓书社 1991 年版,第 221~222 页。),以及《老子》所说的“人法地,地法天,天法道,道法自然”(陈鼓应:《老子注译及评介》,中华书局 1984 年版,第 163 页。)等,都表达了这种天地生法的有机论法思想。天地生法的有机论法思想,在中国古籍中不胜枚举,其中《汉书·刑法志》值得一读。另,参见杨鸿烈:《中国法律思想史》,中国政法大学出版社 2004 年版,第 97~110 页“一般法律原理的泛论(一):阴阳五行等天人交感及诸禁忌说”。实际上,这亦就是李约瑟所说的“中国人把法律和‘自然法则’作类比的态度”。([英]李约瑟:《中国科学技术史·科学思想史》,何兆武等译,科学出版社与上海古籍出版社 1990 年联合出版,“作者的话”以及第 551~620 页“中国和西方的人间法律和自然法则”;结合法律规定和案例的讨论,参见[美]布迪等:《中华帝国的法律》,朱勇译,江苏人民出版社 1993 年版,第 31~35 页及以下。)

② (宋)周敦颐:《周子通书》,上海古籍出版社 2000 年版,第 39 页。

③ 如朱熹说:“宇宙之间,一理而已。天得之而为天,地得之而为地,而凡生于天地之间者,又各得之而为性。其张之为三纲,其纪之为五常,盖皆此理之流行,无所适而不在。”[(宋)朱熹:《晦庵先生朱文公文集》,刘永翔、朱幼文校点,载朱杰人、严佐之、刘永翔主编:《朱子全书》,上海古籍出版社与安徽教育出版社 2002 年联合出版,第 3376 页。]李约瑟先生对朱熹的这个思想给予了高度的评价,他说:“……在朱熹的身上达到登峰造极的那条理学家所走的道路,即通过哲学的洞察和想象的惊人努力,而把人的最高伦理价值放在以非人类的自然界为背景。或者(不如说)放在自然界整体的宏大结构(或像朱熹本人所称的万物之理)之内的恰当位置上。根据这一观点,宇宙的本性从某种意义上说,乃是道德的,并不是因为在空间与时间之外的某处还存在着一个指导一切的道德人格神,而是因为宇宙就具有导致产生道德价值和道德行为的特性,当达到了那种组织层次时,精神价值和精神行为有可能自行显示出来。”([英]李约瑟:《中国科学技术史·科学思想史》,何兆武等译,科学出版社与上海古籍出版社 1990 年联合出版,第 485 页。)对此,或许有人会问:这个作为宇宙本性的道德又是如何从自然或者说宇宙秩序中导出的呢?我以为中国人的生命世界观或者说有机宇宙论是根本,反映在《易传》和《中庸》上是感与应的类与通,其后董仲舒以“类比”导出,朱熹理学以“理一”导出,其内在的理路就是天地人的贯通,亦即人法地、地法天、天法道、道法自然的有机世界观。

因此,如果再对照图 4-2,我们又可以看到,从图左端天理、天道的阴与阳、道与德的展开至图右端的不等者不等、等者同等这两者之间前后的内在逻辑和贯通理路;还有从图左端中间天理·天道的德生道成到中和·有机一体与从图右端中间合理正义观的等与不等辩证变动到和谐·有机一体相向对应的内在逻辑和贯通理路。在上述两个逻辑和贯通的理路中,前者是从天理、天道的阴与阳、道与德到等者同等、不等者不等的合理正义观的体现;后者是从天理、天道的德生道成到等与不等辩证变动的合理正义观的体现。前者是相对确定的,确定的原因在于阴静道成的理与阳动德生的理的各自确定性,即不变之理与变之理,或者说理的不变与变都是分别明确的,所以,不等与等可以确定,如图 4-2 中尊尊亲亲的爱有等差(不等)与民胞物与的一体之仁(等)都是明确的,实例有如前面所讨论的唐律中等者同等、不等者不等的规定,这就是合理正义观的体现。后者是相对变动的,变动的原因在于阴静道成的理与阳动德生的理结合在一起后所引起的不确定性,即不变之理与变之理纠合在一起后,理的不变与变分别都不明确了,所以,等与不等亦不能确定,只能是辩证地对待,如图 4-2 中等与不等辩证变动所引起的合理有序中的合理与有序都是动态的,实例有如前面所讨论的唐律中等与不等辩证变动的规定,这就是动态的合理正义观的体现。笔者认为,理的这种确定性和变动性源于生命体固有的机能,即有机事物存在的固有机理,亦即万物生而有序的自然法则,对此,我们的先贤把它概括为一阴一阳之道,或者说德生道成的道德,或者说天理/天道等,实际上就是世界存在和之所以存在的这个事实本身。这就是我们为什么要把中国传统法律正义观看作一种有机正义观的原因所在。由此,我们从图 4-2 和说明中可以看到,中国传统法律动态的合理正义观的法理与哲理,即其法理是植根于仁、义、礼(伦之理与情之理)之中的合理,合理的基本内涵是正当、恰当、应当、适宜、公平之类;其原则为等者同等、不等者不等、等与不等辩证变动的有机统一;其哲理就是体现在天理、天道中的生而有序这个自然法则,或者说一阴一阳之道,亦即德生道成的道德原理。到此,我们可以说,这即是中国传统法律动态的合理正义观,或者说这种有机正义观的内涵、原则及其理论结构和原理的正当性所在。如此,我们才可以说,我们已在理论逻辑和文化根源上,对中国传统法律动态的合理正义观获得了更完整深入的理解与把握。当然,若要深究下去,那么可以说,虽然这种动态的合理正义观在理论逻辑和文化源头上可以溯源到天理、天道,但实际上它的具体内容、原则和制度都植根于传统中国人的生活本身,也就是说它是传统中国社会内生的一种法律正义观,具体说是从传统中国社会这个特定的时空环境,亦即由特定的自然环境、社会环境和文化环境所构成的历史性场域中生长起来的。所以,它既然植根于传统中国社会特别是民众的日常生活,就必然与这个社会所拥有的主流世界观,即以天理、天道名义出现的道德世界观相一致。①

三、中国传统法律正义观的内在价值及其现代问题

正如大家所知,正义观是法律的价值观,那么,中国传统法律动态的合理正义观的价值又是什么呢?在前面部分,揭示和阐释了这种正义观的内涵、原则及其理论结构和原理;在这一部分,笔者将在

① 中国正义论根源于中国人的生活本身,黄玉顺教授对此已经有了阐释。虽然中国传统法律正义观与中国正义论有所不同,但它们都根源于中国人的生活这个大本大源应是一致的,所以,此处不再展开,读者可以参见黄玉顺:《中国正义论的形成》,东方出版社 2015 年版,第 22~27 页及以下相关论述。

上述基础上,深入探讨它的价值。这里先要说明一下,既然是价值探讨,自然是指积极的方面,否则就不能称为价值,但这不等于说它没有消极的方面,只是说消极的方面不在价值讨论的范围内。但即使如此,本章亦不回避它在现代社会所面临的问题,这种问题已在一定程度上凸显出这种正义价值观的局限。此外,还有要说明的是,本章重在探讨这种正义观所固有的内在价值,即这种正义观的价值蕴含与追求,至于这种正义价值观的实践和结果,即这个内在价值的外在化,其实就在中国传统法律的历史实践中,其利弊得失已是为我们所知的历史事实,而且有关中国传统法律作用/价值之类的研究亦不少见,其中已有可资参阅的方面。[①] 所以,本章所要探讨的价值不是从历史实践上来说明这个问题,而是尽量从学理上来揭示和阐释这个问题。这部分是因为这方面长期为学者所忽视或因无力进入以致目前还处于空白状态;还有部分是因为这对于我们从法哲学的高度来完整深入地理解与把握中国传统法律正义观的价值至关重要。当然,这两者之间是有关联的,这点本章亦会注意到。

从笔者的观察和研究来看,中国传统法律正义观所固有的内在价值,亦即这种动态的合理正义观的价值蕴含与追求,分而言之是求真、求善、求和,总而言之是真、善、美的有机统一。其中,求真意指它是蕴含与追求真实的正义观;求善意指它是蕴含与追求仁爱的正义观;求和意指它是蕴含与追求和谐的正义观。从求真来说,如图 4-2 所示,中国传统法律正义观是立足于真实世界并从真实世界

---

① 参见瞿同祖先生的《法律在中国社会中的作用》(载瞿同祖:《瞿同祖法学论著集》,中国政法大学出版社 1998 年版,第 393~416 页。);另外,笔者对此亦略有探讨,参见拙著《原理及其意义——探索中国法律文化之道》(第 2 版),中国政法大学出版社 2015 年版,第 42~73 页"传统中国法的道德原理及其价值"的第三部分。

的真实出发,这个真实世界的真实就是由天地组成的自然状态,这个真实世界的自然状态是万物生生不息与井然有序的有机统一,亦即生而有序这个自然法则的呈现。对此,先贤们把它上升为一阴一阳之道,表达为德生道成原理,概括为礼法结合、德主刑辅的法理,我把它转化为等者同等、不等者不等、等与不等辩证变动的合理正义观。由此可见,在理论体系上,真实是中国传统法律正义观的逻辑起点和支点;在价值取向上,求真是它内在的含义与追求。与此同时,从图 4-2 上下两行的文字中可以看到,从真实世界的天地阴阳到合理正义观有两方面构成:一是从生生不息到一体之仁、等者同等,这些都是仁或者说仁的体现;二是从井然有序到爱有等差、不等者不等,这些都是义或者说义的体现。依据天理、天道,在这相互对应的结构中,前者是内是质是主,后者是外是式是辅,质言之"仁者,义之本"。[①] 这表明这种合理正义观的正义是以仁为本的正义,而仁原本就是善,所以,以仁为本的义亦是善。[②] 因此,我们可以说,在理论构成上,仁义是中国传统法律正义观的两翼;但在价值取向上,求善则是它内在的含义与追求。同样,图 4-2 的中间一行是对立的上下两行的有机结合,从这一行的文字中可以看到,一边是从天理·天道的德生道成趋向生而有序的中和·有机一体,另一边是从合理正义观的等与不等辩证变动趋向合理有序的和谐·有机一体,这相互对应又相向而行的两端都趋向于有机一体的"和"。所谓有机一体的"和",就是像有机生命体那样浑然一体的中和或和

① 《礼记·礼运》。(《四书五经》,陈戍国点校,岳麓书社 1991 年版,第 518 页。)

② 如宋儒程颐说:"自性而行,皆善也。圣人因其善也,则为仁义礼智信以名之;以其施之不同也,故为五者以别之。"[(宋)程颢、程颐:《二程集》,中华书局 1981 年版,第 318 页。]

谐。在中国文化中,和就是美,中和或和谐是大美。① 这意味着这种根植于德生道成、趋向于和、表现为等与不等辩证变动的合理正义观,其价值取向,亦即它的内在含义与追求是和,或者说是求和之美。现在,我们可以总结起来,在中国传统语境中,真实世界是生而有序的有机一体,有机一体是和、中和、和谐,和、中和、和谐就是美;和、中和、和谐之所以美,是因为它们拥有了真与善,真与善的有机结合就是和,亦即美。所以,我们不仅可以这样说,和、中和、和谐是真、善、美的有机统一;而且还可以这样说,中国传统法律正义观所固有的内在价值,亦即这种动态的合理正义观的价值含义与追求,分而言之是求真、求善、求和,总而言之是真、善、美的有机统一。

把中国传统法律正义观的价值含义与追求,说成是真、善、美的有机统一。读者对此可能会有疑惑,认为这样的说法是不是拔高了?它真的有那么完美吗?对此,笔者想说的是,从上述对它的内在逻辑和学理分析来看,事实就是这样。这是其一。其二,正义是真、善、美的统一,追求正义是人类法律的最高理想。正如吴经熊先生所说:"吾人研习法律,应当知道'正义'是以真为基础,以善为目的,而以美为本质。因此,我们可以说,法律乃是非常高贵的学问。"②所以,不独中国传统法律如此,其他以正义为价值追求的法律亦应是这样。其三,特别需要指出的是,凡是内在价值都是理想类型,表达的只是某种价值含义与追求,并不能与事实等同,这一点

---

① 因为美是一种赏心悦目的匀衡有序感,亦可以说是一种气韵生动的匀衡有序感,这匀衡有序或者说气韵生动的匀衡有序实际就是和的特征。参见宗白华:《中国艺术意境之诞生》,载王元化主编:《释中国》(第4卷),上海文艺出版社1998年版,第2783~2804页;宗白华:《美学散步》,上海人民出版社1981年版,第14~22页"美从何处来"和第231~241页"希腊哲学家的艺术理论"。

② 吴经熊:《法律哲学研究》,清华大学出版社2005年版,第25页。

中国传统法律亦不例外。当然,毫无疑问,从现实往深处观察,尤其是从实践上来说,任何法律正义观都是社会上各种利益诉求和博弈的结果,所以,再理想的法律正义观的背后亦都隐藏和潜伏着各种利益的冲突,冲突的结果往往以妥协的方式表现为不甚理想的现状甚至残酷的现实,而这正是理想与现实之间不可避免的差距与张力,但这并不妨碍人们对法律正义理想的追求,更不妨碍我们对法律正义理想的探讨。只是要清醒地认识到,法律正义价值观的实践和结果,亦即它的内在价值的外在化,虽然与价值含义与追求有关,但那本质上不是同一个问题,自不能相互混淆、替代和否定,可是事实上人们总是习惯于以结果来评定一切,以致学理与理想往往被忽略。所以,从学理上揭示和阐释中国传统法律正义观的内在价值,与从实践上来探讨这种正义观内在价值的实际状况,对于我们来说都是不可缺失的。前者让我们知道它的理想类型和目标原型以及会如何给予实践上的指导与激励,后者让我们获知前人是如何把理想和目标付诸实践并在实践中予以落实与校正的,最终的结果必然是两者共存于理想与实践的对立统一中,所以,它们对于我们完整的理解与把握中国传统法律正义观的价值——内在价值与内在价值的外在化——可谓缺一不可。但诚如前说,本章是尽量从学理上来揭示和阐释它的内在价值,而不是从历史和实践上来研究这个内在价值的外在化问题,所以,本章做了以上的探讨。然而,尽管如此,为了对这两者之间的关联有所提示,本章亦有必要在此稍予点拨。

如果说真、善、美的有机统一是对中国传统法律正义观的价值含义与追求的一种法哲学表达,那么,这种表达在中国传统的法理和立法、司法层面,就是天理、国法、人情或者说情、理、法的统一。

对于这两种表达之间的对应关系,简单来说就是,法和国法通真,情和人情通善,理和天理通和通美。但问题是这种表达不同而实质相通的内在逻辑又是什么呢?如上所说,真、善、美的有机统一为和;但和是事物理想的一种自然状态,事物之所以有这种状态,不是因为和,而是因为和之理;和之理是使事物处于理想的自然状态的法则,即事物之理,所以,合理的事物就处于和的状态。这表明理贯通真、善、美有机统一且为和的真正原因。同样,天理、国法、人情或者说情、理、法相统一的真正原因,亦是贯通在一个“理”字上,即天理对应哲理,国法对应法理,人情对应情理,哲理、法理、情理共为理。按照中国人的理解,理意味着通。[①] 所以,哲理、法理、情理因理而相通,天理、国法、人情或者说情、理、法亦因理而相通。这亦意味着,真、善、美的有机统一,其对应并相通于天理、国法、人情或者说情、理、法的统一,实际上就是理与理的对应与相通的统一,所以,才出现前面提出的真、善、美与天理、国法、人情或者说情、理、法,这些表达不同而实质相通的情况。对于这种表达不同而实质相通的情况,本章之所以要做这样的法哲学解读,主要是因为世人对于中国传统法律的理想早已形成某种固定的印象和认识,即认为中国传统法律的理想就是天理、国法、人情或者说情、理、法的统一。这虽然不能说错,但其实还是很表面化的认识。如上所述,这只是它内在价值外在化的体现而已。具体来说,天理、国法、人情或者说情、理、法的统一之所以理想,是因为它承载和体现了中国传统法律正义观的价值含义与追求,亦即对真、善、美有机统一这个人类普适价值和最高理想的含义与追求。虽然中国传统法律的这个价值含义与追求的

① 理原本指树木的纹路,沿着纹路就通顺,所以,理引申过来意味着通。参见《现代汉语词典》,商务印书馆 2004 年版,第 774 页“理”字条。

具体内涵不同于其他法律文明,其表达更是中国特有的天理、国法、人情或者说情、理、法的统一,但它的最高理想和根本价值指向同样是真、善、美的有机统一。这使中国传统法律正义观的价值既有自己的独特性,又内涵人类法律的共同理想和价值追求,对此我们应该要有坚定的主体自觉和文化自信。还有,在价值蕴含与追求上,天理、国法、人情或者说情、理、法的统一来自真、善、美的有机统一,真、善、美的有机统一来自生而有序的自然现象与自然法则这个天理,进而表达为德生道成原理。这表明遵循生而有序的自然法则,或者说德生道成的道德原理,才是中国传统法律正义价值观真正的思想根源、内涵特质和正当性所在,亦是它区别于任何其他法律正义价值观的地方。所以,我们只有从法哲学的抽象思维这个高度,才能发现和认识中国传统法律正义观同样蕴含并追求着人类的普适价值和最高理想;才能深度理解和恰当评价天理、国法、人情或者说情、理、法相统一的理想性;才能更好地理解和把握中国传统法律动态的合理正义观,亦即等者同等、不等者不等、等与不等辩证变动的哲理意蕴,从而在法的领域能真正确立起主体自觉和文化自信。这就是笔者为什么要尽量从学理上来揭示和阐释这个问题的一个重要原因。因为如果不进入法哲学层面对此做精深通透的学理探讨,而是重复以往那种只是停留在一般的法理和立法、司法层面,那么,对于我们要想完整深入地理解和把握中国传统法律正义观的价值显然是不够的。

在做了上述探讨后,我们还可以在比较文明和现代视野下,对中国传统法律正义观的内在价值再做一些观察。因为上述探讨是纵向性的学理追问,它向我们展现了这种内在价值是什么,但这种内在价值在今天会是怎样,这是上述探讨所无法回答的。我们只有通过横向比较和现代观照,才有可能找到某种答案或答案线索。当然,本章只是发现和提出问题,要真正找到答案或线索还有待继续研究和大家的指点。如果我们把中国传统法律正义价值观与西方和现代法律正义价值观细细比较,可以发现它存在两个问题:一是在理论上如何来理解人的平等与不平等的悖论问题;二是在实践上如何来确认并做出合理与不合理的判断问题。从理论上说,如前所述,中国传统法律正义观是遵循自然、符合实际、实事求是的正义观,这也就是说它承认并规定人之间的等与不等,具体说是等者同等、不等者不等、等与不等辩证变动,这是遵循自然、符合实际、实事求是的,所以,在中国传统文化语境中,这样的规定合理、合情、合法。可是,在近代以来的西方和现代法律正义观中,人是平等的。然而,我们都知道,这样的平等亦只是法律所设定的人格平等、规则平等和机会平等,而且即使有这样的法律设定,亦无法改变社会生活中人在事实上的不平等。不管造成这种不平等的原因是什么,这种不平等的事实却是客观存在。所以,我们只要把这两种法律正义观做一比较,就会发现这样一个问题,即人在法律上的等与不等是遵循自然、符合实际、实事求是的,而在法律上的一律平等却不是实事求是而是人为拟制的。那么,在比较和当下的语境中,我们又如何来理解这种悖论呢?这个问题笔者一时还无法回答,现在所能想到的是,其实这是人类长期以来的悖论,是事实、理性与价值矛盾在法律上的反映。从人类历史来看,当合理的不平等既符合事实,又与人们的理性追求与价值取向一致时,法律承认并规定人之间的等与不等是正当的亦是理想的,中国传统法律正义观就属于这一类型。而当合理的不平等虽符合事实,但与其时人们的理性追求与价值取向不一致时,譬如,人在事实上是不平等的,但人们的理性追求与价值取向是平等,此时人们可以把人在法律上拟制为平等,近代以来的西方和现代法律正义观就属于这一类型。毫无疑问,这个类型体现了人类理性追求和时代进步,这个成果自然要接受。但问题是,一方面我们说理性与价值不能违背事实,坚持法律以事实为根据;另一方面这种与事实相悖的理性追求与价值取向,或者说这种反自然的人为拟制,它们真正的根据和正当性到底又何在呢?如果这个悖论不能得到回答,不仅理论上有矛盾,实践中亦会有困惑。如果这个悖论能得到回答,那么,中国传统法律正义观关于人的等与不等的价值在今天会怎样,就有可能找到某种答案或答案线索。

很显然,上述追问主要是一种理论探讨,但现在我们要面对一个实际问题,即人们又如何在实践上确认并做出合理与不合理的判断问题。这就是说中国传统法律动态的合理正义观在今天是否还有价值?如果有价值,实践中又如何来做出合理与不合理的判断问题?对于第一个问题,实际上通过前面的探讨,我们已经有了答案,即这种动态的合理正义观的哲理意蕴是有助于我们今天真正确立起主体自觉和自信的。这是文化价值上的一个确认,除此之外,这种动态的合理正义观对我们今天的法律特别是司法实践亦是有实际意义的。简单来说,这种动态的合理正义观背靠的是真、善、美的有机统一,对应的是天理、国法、人情或者说情、理、法的统一。天理、国法、人情或者说情、理、法的统一,虽说是中国传统法律特别是传统司法方面的理想与目标,但其实它对我们今天的法律实践特别是司法政策和司法审判仍有意义。首先,在中国语境中,它仍然是我们今天很多人对法律特别是对司法理想的中国式期待与表达;其次,它是我们今天追求和通向真、善、美有机统一这个人类法律理想的中国途径和中文表达;最后,它为我们今天司法中要如何面对和处理社会正义与法律正义、法律正义与个案正义的平衡协调提供了先例和借鉴。囿于古今话语的隔阂，有时我们可能会忽略，人类在不同时空中所面临的同一问题却有不同的表述。譬如，天理、国法、人情或者说情、理、法的统一，其实际面对和所要解决的问题，正是当时的社会正义与法律正义、法律正义与个案正义的平衡协调问题。可以这样说，天理和理通社会正义，国法和法通法律正义，人情和情通个案正义，这三者的有机统一就是最理想的平衡协调。为了使这三者有机统一，亦即努力使动态的合理正义观得以实施和实现，中国传统法律为我们今天解决这个问题，不仅提供有相对成功的先例，而且还提供有可资借鉴的经验。鉴于前者有相当文献和研究成果可资参阅，[①]在此不再赘述；后者因未有明确关注，在此略作说明。根据笔者的初步观察，可资借鉴的至少有这样几个方面：首先是在立法的价值取向上，中国传统法律始终追求天理、国法、人情或者说情、理、法的统一，这在中国传统法典编纂中有明确的要求和记录。[②] 换言之，这使社会正义与法律正义、法律正义与个案正义的平衡协调在法的宗旨和原则上得到了确认和贯彻。其次是在制度

① 可资参阅的文献如《名公书判清明集》和《刑案汇览》等；研究成果如陈锐教授的《宋代的法律方法论——以〈名公书判清明集〉为中心的考察》（载《现代法学》2011年第2期），英国学者马若斐教授的《南宋时期的司法推理》（载张中秋主编：《道与法——中国传统法哲学新探》，中国政法大学出版社2016年版）。此外，还有何勤华教授的《宋代的判例法研究及其法学价值》（载《华东政法大学学报》2000年第1期）；王志强教授的《清代成案的效力和其运用中的论证方法——以〈刑案汇览〉为中心》（载《法学研究》2006年第6期）；陈新宇博士的《比附与类推之辨：从"比引律条"出发》（载《政法论坛》2012年第2期）；胡兴东教授的《中国古代判例法运作机制研究——以元朝和清朝为比较的考察》（北京大学出版社2010年版）。

② 如明臣刘惟谦等人在其所上的《进明律表》中说："陛下圣虑渊深，上稽天理，下揆人情，成此百代之准绳。"（《大明律》，怀效峰点校，辽沈书社1990年版，第228页。）又如乾隆皇帝在为重修后的《大清律例》所作的"序"中说："简命大臣取律文及递年奏定成例，详悉参定，重加编辑。揆诸天理，准诸人情，一本于至公而归于至当。……"（马建石、杨育棠主编：《大清律例通考校注》，中国政法大学出版社1992年版，第5~6页。）

的具体设置上，形成了以援引法条正文为主，由类推、比附和兜底条款为辅，两者结合构成较为完整系统同时又有条件的相对开放的司法依据体系。[①] 这使立法的价值取向，在法律的实施和实践中，既得到了基本的制度保障，又不会为法条所拘束以致失去补救法律漏洞而寻求情、理、法统一的可能。最后是在实际的司法审判中，司法官、当事人和社会民意这三方，对于什么是天理、国法、人情，或者说情、理、法是什么，以及它们最终都统一在理上，存在以社会主流和基本观念为背景的某种共识，即使有分歧亦不会动摇社会主流和基本观念的权威性，所以，唐律的兜底条款是“诸不应得为而为之者，笞四十；(谓律令无条，理不可为者)。事理重者，杖八十”。[②] 这表明立法者已认为，当时人们在何者为不应得为，亦即什么是理或者说理是什么这一点上是有共识的。所以，在司法实践中，若法无正条，则有类推、比附；若不能类推、比附，则有兜底条款；而对于兜底条款，人们则存有主流和基本的共识。这样，立法的价值取向不仅在制度的具体设置上得到了安排，亦在司法实践中能得到相当的落实。[③] 虽然真实的司法情况极为复杂，难保天理、国法、人情或者说情、理、法总能统一，导致个案正义甚至法律正义抑或社会正义不总是能平衡协调，但这个可以肯定的是少数史实不能否定上述价值、制度和实践的基本有效，否则，中国法律就不会有这样悠久的历史

① 参见张中秋：《论唐代司法审判的法律依据》，载《史林》1987 年第 4 期。

② 参见(唐)长孙无忌等：《唐律疏议》，刘俊文点校，中华书局 1983 年版，第 522 页。

③ 笔者曾仔细研读《名公书判清明集》，发现其中绝大部分判决，都是先围绕情、理、法进行辨析和推导，但最后的判决亦都是依法或据律酌情做出的，其判决体现了法、理、情，或者说法意与人情的辩证统一，其中较典型的这类判词，参见《名公书判清明集》，中国社会科学院历史研究所宋辽金元史研究室点校，中华书局 1987 年版，第 100～102 页、第 124～126 页、第 175～176 页、第 215～216 页、第 348～349 页、第 501 页、第 602～603 页。当然，亦有法、理、情不能协调的，如第 164～165 页的判词(对其分析见该书第 664～668 页)，但总体上这种情况较为少见。

和发达的文化。如果以此来对照今天中国的法律实践，可以说中国传统法律动态的合理正义观不乏启发和参考价值，但问题是，在实践中人们又如何来做出合理与不合理的判断呢？坦率地说，这是个难题。首先，笔者不敢说在立法的价值取向上，我们的法律是始终全面追求社会正义与法律正义、法律正义与个案正义的平衡协调的。其次，在制度的具体设置上，我们的民事法有类似兜底条款的规定；[①]但我们的刑事法遵循“罪刑法定”原则，禁止类推，亦无兜底条款。所以，实践中对于法律漏洞的补救只能依赖解释。但这又引起了另一个问题，即这种解释如何能在司法官、当事人和社会民意之间达成共识。要知道只有在他们之间达成共识，社会正义与法律正义、法律正义与个案正义的平衡协调才有可能。但要在他们之间达成共识，相对于传统中国来说，在今天的中国要难得多。因为这种共识在很大程度上是以人们的价值共识为前提的，而这种价值共识又是以思想、制度、社会具有融贯性为前提的，这种融贯性表现到法律上即是意义世界与规范世界和行为世界的内在贯通。传统中国的思想、制度、社会具有融贯性，所以，人们的价值观相对统一而易有共识。但近代以来，由于外力的介入和内生的矛盾，这种融贯性被打破，思想、制度、社会相背离，加之现代社会的复杂和多样，以致在今天的中国，人们价值多元而难以达成共识。具体来说，在当今没有价值共识而又有义利分歧的情况下，人们对于什么是合理与不合理难以做出共同的判断，这就使社会正义与法律正义、法律正义与个案正义平衡协调的难度加大。那么，到底如何来真正面对和有效解决这个问题呢？这已超出了本章的范围，而且亦不是笔者目

---

① 参见 2017 年 3 月 15 日第十二届全国人民代表大会第五次会议通过的《中华人民共和国民法总则》第 10 条规定：“处理民事纠纷，应当依照法律；法律没有规定的，可以适用习惯，但是不得违背公序良俗。”这条规定可以说是处理民事纠纷法律适用的兜底条款了。

前所能回答的,在这里笔者只是提出这个问题,希望大家关注这个问题时,亦能注意到中国传统法律动态的合理正义观有可资借鉴的方面。譬如,除了前面所言,还有对于我们正在进行的司法体制改革和司法文明建设,中国传统法律动态的合理正义观,特别是它在追求真、善、美或者说情、理、法相统一的法律理想与司法理念上;在以仁统义、仁义一体的仁爱正义观,亦即有机正义观的人文精神与司法正义上;以及在立足真实遵循实事求是的整体观与动态均衡的辩证法相结合的司法态度与司法方法上,都蕴含着极大的智慧和经验可供我们来借鉴和创新。①

最后,还有必要指出的是,在中国历史上或者说在中国传统社会的整体场域和具体语境中,本章所说的上述两个问题,即一是在理论上如何来理解人的平等与不平等的悖论问题,二是在实践上如何来确认并做出合理与不合理的判断问题,应当说本质上都是不存在的,即使存在亦不会像今天这么突出。只是因为文明属性和时代的变化,使原有社会氛围和语境消失,导致了与正义观紧密相连的价值观的改变。具体来说,文明属性和时代的变化导致了第一个问题的产生,原有社会氛围和语境的消失导致了第二个问题的产生。虽然这两者之间是互相关联相互影响的,但文明属性和时代的变化显然是导致问题产生的根源。不过,当下虽有这两个问题存在,亦并不意味着中国传统法律动态的合理正义观行将消失,而只是表明它在现代所面临的两个困境,若能克服或摆脱这两个困境,那它就

---

① 显而易见,这几个方面都是从宏观上立说的。从具体方面来说,笔者通过对传统中国司法文明的研究,提出中国传统法律动态的合理正义观,尤其是它追求情、理、法相统一的道德文化原理,有助于今天养成现代型的法精、理通、情达的司法人员,从而使司法裁决既严格依法又合情合理,最终达到"案结事了"的效果。(参见张中秋:《传统中国司法文明及其借鉴》,载《法制与社会发展》2016 年第 4 期。)

有可能融入新的法律正义价值观中，成为有中国特色的社会主义法律正义观的特色所在。[①]

---

① 令人值得高兴和期待的是，这种情况已以个案的形式开始出现。例如，2017 年 4 月 5 日，时任最高人民法院常务副院长的沈德咏在山东省济南市主持召开的刑事审判工作调研座谈会上强调，刑事审判工作贯彻法治原则，是不能动摇的原则，是必须坚守的底线。同时，要高度关注社情民意，将个案的审判置于天理、国法、人情之中综合考量。因为"法律在最大程度上体现了对社会正义的分配，一个案件的审判，首先要最大限度追求法律正义；同时，要兼顾社会普遍正义。这体现了德治的要求，亦体现了对民意的尊重，是讲政治的表现"。他还指出，人情亦是德治应有之义。讲人情，不是要照顾某个人的私人感情，而是要尊重人民群众的朴素情感和基本的道德诉求，司法审判不能违背人之常情。在刑事审判领域，无论是制定司法政策，还是办理司法案件，都要统筹兼顾法律正义和社会正义，坚守法律底线和道德底线，努力探讨和实现法理情的有机结合。（http://www.thepaper.cn/newsDetail_forward_1655704，最后访问日期：2017 年 6 月 6 日）这个指导性意见已在我国的司法实践中得到落实，如山东省高级人民法院对"于欢案"的改判，即是最显著的一例。从该案判决书的论证和最后的判决结果来看，特别是判决书中"关于刑罚裁量"的部分："本院还查明，本案系由吴某等人催逼高息借贷引发，苏某多次报警后，吴某等人的不法逼债行为并未收敛。案发当日被害人杜某 2 曾当着于欢之面公然以裸露下体的方式侮辱其母亲苏某，虽然距于欢实施防卫行为已间隔约二十分钟，但于欢捅刺杜某 2 等人时难免不带有报复杜某 2 辱母的情绪，在刑罚裁量上应当作为对于欢有利的情节重点考虑。杜某 2 的辱母行为严重违法、亵渎人伦，应当受到惩罚和谴责，但于欢在实施防卫行为时致一人死亡、二人重伤、一人轻伤，且其中一重伤者系于欢持刀从背部捅刺，防卫明显过当。于欢及其母亲苏某的人身自由和人格尊严应当受到法律保护，但于欢的防卫行为超出法律所容许的限度，依法也应当承担刑事责任。认定于欢行为属于防卫过当，构成故意伤害罪，既是严格司法的要求，也符合人民群众的公平正义观念。"（参见山东省高级人民法院刑事附带民事判决书，载中国裁判文书：http://wenshu.court.gov.cn/content/content? DocID=604fe188-e24e-4a03-a825-a79b00dc7821&KeyWord=于欢，最后访问日期：2017 年 6 月 26 日。）由此可见，该案的改判在贯彻法治原则的同时，亦高度关注了社情民意和人伦道德，体现了努力探讨和追求实现法、理、情的有机结合。但我们亦应该看到，这还仅仅是开始，而且是以个案形式的开始，它距离达成社会共识，并为现行法律正义观所吸纳，进而上升为法律规范，再落实到普遍的司法实践中去，无疑还有很长的路要走。但笔者依据自己研究所得的认识，对此抱有信心。

第五章　传统中国法的精神及其哲学[*]

一、传统中国法的精神是道德人文

精神反映事物的本质，但人们从不同的角度，对事物的本质和精神却有不同的认识。根据笔者的研究，对于传统中国法的精神，如果是从法的意志属性出发，亦即法所体现的政治意志，在本质上是民主类型还是专制类型，那么，它的精神可归入专制类型。当然，这个专制并不是非理性的专横，而是有理性的人治。[①] 然而，如果是从法的文化属性出发，亦即法所蕴含的文化精神，在本质上是道德类型还是宗教或科学类型，那么，它的精神又可归入道德人文类型。

---

* 原载《中国法学》2014 年第 2 期，有修改。

① 参见张中秋：《中西法律文化比较研究》（第 5 版），法律出版社 2019 年版，第 305～323 页。

道德人文是以道德为核心的一种文化类型。[①] 以传统中国为代表的古代东亚文化都属于这种类型。道德人文在本质上有别于以宗教或以科学为核心的其他文化类型,如古代印度的宗教文化和近代西方的科学文化。[②] 那么,什么是传统中国的道德人文呢?虽然这个问题在文史哲学界早有探讨,[③]但在法学界却未曾得到认真对待,即使有像陈顾远等前辈的相关研究,但在系统性和学理上依然存在不足。[④] 近些年,笔者通过对中国传统法文化理论的探索,认识到传统中国法内含了人文性和道德性,所以,从文化类型学上说,它是一种以道德为核心的文化类型。这意味着在法文化的本质,亦即法的文化属性上,中国传统法的精神是道德人文。

---

① 文化类型是由于自然环境和生存方式差异,以及观念、信仰、兴趣、行为、习惯、智力发展方向和心理性格不同而形成的具有相似文化特征或文化素质的地理单元。文化类型是各种文化形态体系中最有特色、最能体现一种文化本质属性的特征,而不是指它的全部特征的总和。(参见 http://dict.youdao.com/wiki/%E6%96%87%E5%8C%96%E7%B1%BB%E5%9E%8B/# ,最后访问日期:2012 年 2 月 1 日。)

② 参见梁漱溟:《东西文化及其哲学》,商务印书馆 1987 年影印版,第 67~160 页。

③ 参见梁漱溟:《以道德代宗教》,载王元化主编:《释中国》(第 1 卷),上海文艺出版社 1998 年版,第 241~272 页;金岳霖:《中国哲学》,载王元化主编:《释中国》(第 2 卷),上海文艺出版社 1998 年版,第 645~659 页;冯友兰:《儒家哲学之精神》,载王元化主编:《释中国》(第 2 卷),上海文艺出版社 1998 年版,第 668~675 页;张岱年:《天人简论——天人五伦之五》,载王元化主编:《释中国》(第 2 卷),上海文艺出版社 1998 年版,第 1219~1235 页;朱光替:《乐的精神与礼的精神——儒家思想系统的基础》,载王元化主编:《释中国》(第 2 卷),上海文艺出版社 1998 年版,第 1236~1256 页;王国维:《殷周制度论》,载王元化主编:《释中国》(第 3 卷),上海文艺出版社 1998 年版,第 1711~1728 页;宗白华:《中国艺术意境之诞生》,载王元化主编:《释中国》(第 4 卷),上海文艺出版社 1998 年版,第 2783~2804 页。

④ 其实,陈顾远先生对这个问题并没有专门系统的研究,但他无疑是对与此相关问题研究最深、最有贡献的学者。他的这些成果主要收录在他的论文集中,阅者可参见范忠信等编:《中国文化与中国法系——陈顾远法律史论集》(中国政法大学出版社 2006 年版)。但在笔者看来,他的研究依然有意犹未尽、学理未通之处。如陈先生对天理、国法、人情三位一体,以及国法、人情都归于理的解读,可以说是正确的。(参见范忠信等编:《中国文化与中国法系——陈顾远法律史论集》,中国政法大学出版社 2006 年版,第 275~282 页。)但他通篇没有在哲学上说透,天理为何能支配国法、人情,亦没有在逻辑上说清天理、国法、人情是如何贯通的。

传统中国法的道德人文精神，首先表现在它“人为称首”的人文性上。中国文化一向认为，人在天地万物之中，所以与万物共生；[①]但人又是万物之灵，所以“人为贵”。这种“人为贵”的思想，在唐律上被表述为“人为称首”。其实，这个思想在中国不仅由来已久，而且根深蒂固。如早期经典《尚书·泰誓上》曰：“惟天地万物父母，惟人万物之灵。”又如《荀子·王制》曰：“水火有气而无生，草木有生而无知，禽兽有知而无义，人有气有生有知，亦且有义，故最为天下贵。”这个思想不仅是中国文化的精髓，亦是传统中国法的精神特质。所以，《汉书·刑法志》开头说：“夫人宵天地之貌，怀五常之性，聪明精粹，有生之最灵者也。”汉光武帝亦有诏曰：“天地之性人为贵，其杀奴婢，不得减罪。”[②]但最有代表性的莫过于《唐律疏议》，《唐律疏议》在开篇《名例》篇首的“疏议”中说：“夫三才肇位，万象斯分。禀气含灵，人为称首。莫不凭黎元而树司宰，因政教而施刑法。”[③]“人为称首”就是以人为首的意思，相当于我们今天所说的以人为本。以人为本是人文性的根本，由此可见传统中国法的人文性。与此同时，传统中国法的道德人文精神，还表现在它“德礼为本”的道德性上。同样，在《唐律疏议》开篇《名例》的“疏议”中亦说到：“德礼为政教之本。”[④]德礼是传统中国的道德。在传统中国的观念中，德曰生，生为仁，仁即爱，所以，德体现了对生命的重视，可谓之重生。而礼就是讲理，即《礼记·乐记》所说的“礼也者，理之不可易者也”。讲理体现了道，亦即义；因为义为宜，宜为理，理为道。这样，重生就是由德而仁，讲礼就是由道而义，重生与讲礼合为

---

① 如北宋理学家张载在《语录》中明确说：“人但物中之一物耳。”又在《西铭》中说：“天称父，地称母，予兹藐焉，乃混然中处。”

② 《汉书·光武本纪》。

③ 参见(唐)长孙无忌等：《唐律疏议》，刘俊文点校，中华书局1983年版，第1页。

④ (唐)长孙无忌等：《唐律疏议》，刘俊文点校，中华书局1983年版，第3页。

道德仁义。道德仁义是传统中国道德性的根本体现,以人为首是传统中国人文性的根本体现,两者有机一体,形成了在“人为称首”的思想指导下,以道德仁义为内核的重生与讲礼的对立统一。这就是传统中国法的道德人文精神。

二、传统中国法道德人文精神的表征

对于传统中国法道德人文精神的表征,最好还是落实到对三纲五常的贯彻和实施上来理解,因为三纲五常是传统中国法的纲要和精神所系。

三纲,即君为臣纲、父为子纲、夫为妻纲,是传统中国特有的宗法伦理。它强调忠孝(但这不是绝对而是相对的,因为君臣、父子、夫妇一体,所以,它要求君先要像君、父先要像父、夫先要像夫,然后才是君为臣纲、父为子纲、夫为妻纲),表现为上下、贵贱、尊卑、男女之间的等差,整体上是一种主从性的差序结构(但同等级中又有等差,如同贵贱中分尊卑,同尊卑中分长幼,同长幼中分男女)。这种结构在今天看来极不合理,但在传统中国却是合理的,因为它符合天地或者说自然世界的有序性法则。所以,三纲是天经地义之理,当然亦是讲究恰当有序,或者说追求秩序文明的讲礼的重心所在。五常,即仁、义、礼、智、信,同样是传统中国的伦理,但按传统中国人的理解,五常是人之为人的基本德性。所以,它不同于三纲,虽然不免有某些宗法的属性,但更有超越宗法的普适性,主要表现为人之为人的责任与担当。因此,比较三纲而言,五常建构的不是人之间主从性的差序关系结构,而是一种推己及人的对等关系结构。这种人际关系结构同样符合天地的自然法则,因为五常以仁义为首,仁又为五常之首，所以仁代表了五常[①]，而仁者爱人，爱人者重生。这表明以仁为首的五常，符合自然世界的创生性法则。所以，五常亦是天经地义之理，当然亦是重视生命，或者说追求生命价值的重生的重心所在。三纲五常既是天经地义之理，自然亦就拥有无上的正当性和普适性，正如朱熹所说："宇宙之间，一理而已。天得之而为天，地得之而为地，而凡生于天地之间者，又各得之而为性。其张之为三纲，其纪之为五常，盖皆此理之流行，无所适而不在。"[②]既是"无所适而不在"之理，自然亦是人间的情理和法理。这样，天理、国法、人情才可以相通。事实上正是如此，如刘惟谦等人在其所上的《进明律表》中说："陛下圣虑渊深，上稽天理，下揆人情，成此百代之准绳。"[③]作为传统中国的法理，三纲五常不仅是传统中国法的正当性所在，亦早已成为传统中国法的基本原则，指导和渗透法的各个方面，包括法的思想、制度和实践。但对于法律学人而言，这些都已经是熟知的事实。所以，有关三纲五常的贯彻和实施，我将着重从法哲学方面进行解读。

从法哲学上看，三纲五常在传统中国法中的贯彻和实施，主要体现为重生与讲礼的对立统一这样一种辩证关系。这是因为从三纲五常到重生与讲礼，蕴含着传统中国哲学中道与德的辩证关系结

---

① 如北宋理学家程颢说："学者须先识仁，仁者浑然与物同体，礼、义、智、信皆仁也。"[(宋)程颢、程颐：《二程集》，中华书局1981年版，第16页。]又如南宋理学家陈淳说："仁者，心之全德，兼统四者。"[(宋)陈淳：《北溪字义》，熊国祯、高流水点校，中华书局1983年版，第22页。]

② 《朱文公文集》卷七十《读大纪》。此外，现代学者贺麟先生亦对"五伦"特别是对"三纲"，作了与众不同而富有哲理的解读。他认为，在传统中国，三纲之为纲有着自然、政治和道德上的合理性，对于大一统国家的存在和维护作用亦是明显的。参见贺麟：《五伦观念的新检讨》，载王元化主编：《释中国》(第2卷)，上海文艺出版社1998年版，第1204~1218页。

③ 《大明律》，怀效峰点校，辽沈书社1990年版，第228页。

构。依据传统中国哲学，道与德相对而言，道属阴，表示成、静、序、用、外、式、辅等；德属阳，表示生、动、长、体、内、质、主等，道与德犹如阴与阳，两者是对立统一的辩证关系。① 所以，道的有序建立在德的合理上，德的合理借由道的有序来展现。德的合理有两层含义，即绝对的合理与相对的合理。绝对的合理为万物同理，亦即理一；相对的合理为物各有理，亦即分殊；两者对立统一为理一分殊。理一分殊是万物原理。② 理一意味着事物本质抽象上的同一，亦即形而上的“齐”；分殊意味着事物本质现象上的不一，亦即形而下的“差”。“齐”要求同等对待（一体、同一、共生共荣），“差”要求区别对待（不等、有序、不同而和），但这两者都是合理的。③ 德所固有的这种合理性结构，内在地规定了道并通过道向外呈现出来，最后形成了有序与合理，亦即道（有序）与德（合理）的有机统一，实际上是道与德的一体化，结果是合理有序的构成。其结构形式是道，表现为一体（道与德合为一体）两元（道与德各为一元）主从式（德生道成）多样化（德生道成/变化无穷）的构成；其本体性质是德，表现为生生不息的创生、仁爱、诚实、责任、本然等德性。在传统中国法中，三纲五常的道或者说重在秩序的讲礼，主要表现在纵向上的差序（三纲）与横向上的等序（五常）的结合上，形成一体（德礼与刑罚合

---

① 这思想源出《易》，后经诸家百子推衍阐释，到理学始集大成。可资参见的相关资料，笔者在此特别推荐周敦颐所撰的《周子通书》和王柏所撰《研几图》中的《稽类图》。

② 参见蒙培元：《理学范畴系统》，人民出版社 1989 年版，第 77～100 页“理一分殊”。

③ 这有法律上的例证。例如，传统中国法律在理论和原则上都坚持：杀人者死，伤人者刑。这是基于人命同等、身体同样的理一原则；但同时在具体制度的规定上：杀人者有处死亦有不处死的，伤人者有同等刑亦有不同等刑的。这有两种情况：一是基于现实中人的身份有高低（不同德/质），因而身体有贵贱有不同（不同道/式）；二是基于杀和伤有故意与过失等多种情形的区别，所以运用区别对待的分殊原则。但同一等级内（同德/质）的同样行为，则需负同样（同道/式）的责任，这又是贯彻理一原则。以上即是根于道德原理的传统中国法，在对待和处理杀、伤行为时，基于有序与合理有机结合的原则与规则。

为一体)两元(德礼与刑罚各为一元)主从式(德主刑辅)多样化(德主刑辅/多种多样)的法秩序,其中最突出的是一系列差序格局制度的设置与实施。[①] 而三纲五常的德或者说关爱生命的重生,主要表现在贯穿三纲五常中的仁爱忠孝仁义上,亦即君仁臣忠、父慈子孝、夫正妇贤,以及五常中的仁义等,而且在这些人之为人的德性面前,人是平等至少是相对平等的,其中最突出的是一系列慎刑恤刑制度的设置与实施。[②] 所以,贯彻三纲五常、体现重生与讲礼的传统中国法,一方面表明它是传统中国社会合理有序的秩序构成,另一方面表明道德人文是它的精神和文化本质所在。

传统中国法的道德人文精神,还含有现实主义与理想主义的色彩,其文化因子亦是源于道与德的辩证关系结构。如上所述,道归属于阴性,阴性表示稳定、不动、成型、安静等性状,其对应的是井然有序的表象世界,所以,道是现实主义的根源。它表示对现实的认可和接受,而世界最大的现实是有序与稳定,所以,传统中国法中的三纲五常之道,或者说重在秩序的讲礼,就是对传统中国现实的认可和接受,其中最突出的是传统中国法中的差序性与宗法性。其实,这正是道德人文中的道,或者说道的现实主义一面的体现。同

---

① 差序格局是费孝通先生的发明。参见费孝通:《差序格局》,载王元化等主编:《释中国》(第1卷),上海文艺出版社1998年版,第608~616页。差序格局在法律中的表现是,纵向上看是差序的,横向上看是等序的。这里所谓的差序,是指按传统中国法的规定,人的身份是一个上下不等的阶梯结构,从上到下的排序是帝皇、贵族、官僚、平民、贱民、奴婢,除去奴婢在权利主体之外,这些不同等级主体之间的权利和义务是不相等的,形成纵向上的差序。但法律同时又规定,同一等级内主体的权利与义务是相等的,从而形成横向上的等序。有关传统中国法中差序格局制度的设置与实施,主要参见古代法典《名例》中有关身份的规定,以及现代《中国法制史》著作中的身份法部分。

② 有关内容包括死刑复奏、诸司会审、秋审朝审、秋冬行刑等慎刑制度,以及对老、弱、病、残、鳏、寡、孤、独和对妇女、儿童的恤刑制度,这里无法详解,有意者可参见传统中国法典的《名例》和《历代刑法志》中的相关部分,或浏览《中国法制史》著作中司法制度部分。

理，德归属于阳性，阳性表示变化、不息、成长、活动等性状，其对应的是生生不息的内在世界，所以，德是理想主义的根源。它表示对变动且成长世界的期待，意味着对未来可抱有希望，所以，传统中国法中的三纲五常之德，或者说关爱生命的重生，就是对生生不息世界的向往和追求，其中最突出的是传统中国法中具有普适性的仁慈博爱。[①] 其实，这正是道德人文中的德，或者说德的理想主义一面的体现。最后，依据道与德的辩证关系结构，亦即道与德的对立统一，道德人文合现实主义与理想主义为一体，成为有理想的现实主义，其中理想主义具有引导和支配性。

为什么理想主义具有引导和支配性呢？因为道与德的内在结构是德生道成，或者说是德发动道收成。德生道成是万物生成原理。[②]

---

① 仁的含义是仁慈博爱，它要求做人为政不仅要有仁爱之心，而且这仁爱之心还要"博"，亦即要普遍地推广，所以，仁实际上是一项普世伦理。如《论语·颜渊》记录："樊迟问仁，子曰：'爱人。'"又如《孟子·离娄章句下》曰："仁者爱人。"现代研究者认为，孔子提倡的"仁"这种做人的道理，可以说和世界各国的大思想家及大宗教家是相同的，不仅可作中国人的行为标准，亦可以作世界大多数人的行为标准，因为它是近乎绝对的伦理，而不是相对的伦理（标准）。［参见芮逸夫：《中国儒家伦理思想的现代化》（节录），载王元化等主编：《释中国》（第2卷），上海文艺出版社1998年版，第864~865页。］传统中国法中的仁慈博爱，如《唐律疏议·名例》就其立法宗旨说："《易》曰：'天垂象，圣人则之。'观雷电而制威刑，睹秋霜而有肃杀，惩其未犯而防其未然，平其徽纆而存乎博爱，盖圣王不获已而用之。"这既是说明圣人（代表国家）立法效法自然，所谓"'天垂象，圣人则之。'观雷电而制威刑，睹秋霜而有肃杀"；又是表明圣人（代表国家）立法的目的不是刑杀，而是"惩其未犯而防其未然，平其徽纆而存乎博爱"。即如朱熹所言："教之不从，刑以督之，惩一人而天下人知所劝戒。所谓'辟以止辟'。虽曰杀之，而爱之实已行乎其中。"［（宋）黎靖德编：《朱子语类》（第5册第78卷），王星贤点校，中华书局1994年版，第2009页。］元人柳赟在《唐律疏义序》中亦说："盖姬周而下，文物仪章，莫备于唐。始太宗因魏徵一言，遂以宽仁制为出治之本，中书奏谳，常三覆五覆而后报可，其不欲以法禁胜德化之意，皦然与哀矜慎恤者同符。"［（唐）长孙无忌等：《唐律疏议》，刘俊文点校，中华书局1983年版，第663页。］

② 如《周易·系辞上》曰："一阴一阳之谓道，继之者善也，成之者性也。"说的就是这个意思。但要明白这句话的意思，先要明白"一阴一阳之谓道"的"道"是原理之道，而非与德对应以表示事物形式或结构的道。首先，从"一阴一阳之谓道"的"道"来看，此"道"已经包含了阴与阳，而道属阴、德属阳，所以，一阴一阳之道的"道"是已经包含了道

它的核心是万物有道、道中有德、德贵在生。生是万物存在的第一条件,成是万物存在的第二条件,所以,根源于德的理想主义,具有了引导和支配性。当然,这都是相对的。因为没有了道,德将生而不成;而没有德,道亦无可生成。因此,道与德即如阴与阳,始终是对立统一的辩证关系。联系到传统中国法的道德人文精神,可以说重生意味着德,德是生生不息的创生性象征,内含了变以及对变的期待,表现为理想主义,具有超现实的普适性,三纲五常之德即是它的体现。讲礼意味着道,道是井然有致的有序性象征,内含不变以及对不变的信念,表现为现实主义,具有实用的现世性,三纲五常之道即是它的体现。总结起来,从三纲五常到重生与讲礼,它们统一于传统中国法。这意味着道与德、现实主义与理想主义,在传统中国法中达到了辩证的统一。其中,因理想主义具有引导和支配性,从而形成有理想的现实主义。这不仅反映在法律的表达上,亦体现在法律的实践上。[①]这个精神正是传统中国法的道德人文,亦即在

与德的"道"。其次,"一阴一阳"是指阴阳变化的规律、法则或者说原理,所以,一阴一阳之道的"道"不止是已经包含了道与德的"道",亦是指阴阳变化的规律、法则或者说原理。因此,所谓"继之者善也",是指顺阴阳变化之原理而生生不息者谓之善,亦即德,因为德曰生曰善。所谓"成之者性也",是指受阴阳变化之原理而成形定型者谓之性,亦即道,因为道曰成为性(型)。所以,一阴一阳就是德生道成,一阴一阳之道就是德生道成原理,亦即万物生成的原理。如《周子通书·顺化》曰:"天以阳生万物,以阴成万物。"[(宋)周敦颐:《周子通书》,上海古籍出版社2000年版,第36页。]

① 例如,《名公书判清明集》的开卷载有指导意义的《咨目呈两通判及职曹书》,其中申儆并告示官吏说:"……盖闻为政之本,风化是先。……至于听讼之际,尤当以正名分,厚风俗为主。……"这里的正名分就是讲秩序,亦可以说是根源于道的现实主义要求;厚风俗就是弘德性,亦可以说是根源于德的理想实主义追求;而为政之本、风化是先则表明,在司法实践中(听讼之际)要贯彻和追求的正是有理想的现实主义,而不是单一的实用道德主义。而且,在事实上,《名公书判清明集》中的判词,即使不是全部亦是绝大部分,实际所贯彻和体现的正是这个特征,亦即正名分与厚风俗,或者说道与德、情与理的辩证统一,读者不妨试作辨析。(参见《名公书判清明集》,中国社会科学院历史研究所宋辽金元史研究室点校,中华书局1987年版。)

人为称首的思想指导下，以仁义为内核的重生与讲礼对立统一的本质所在。当然，对此我们亦要辩证地来理解。重生并不意味着不杀生，杀生亦不意味着不重生，而是杀生要有礼合理，亦即处罚要有程序和正当性。凡是有程序和正当性的，杀之则不谓之滥杀，处罚亦不谓之施暴，因为该杀而杀、该罚而罚，仁爱已行乎其中，传统中国正式的刑罚制度即是为此设置的；但在程序和正当性不充分，或有疑罪或可同情的情况下，则尽量从轻宽宥，传统中国的慎刑恤刑制度即是为此设置的。虽然在司法实践中，肯定有与设置相背离的现象，以致传统中国法给人留有残酷的印象，但这并不是传统中国法重生与讲礼自身的问题，而是社会中人的问题，甚至是古今中外都无法避免的理想、制度与实践相背离的问题。但我们不能因为有此背离，就否定理想与制度，因为世上没有完全与实践吻合的理想与制度。事实上，理想、制度与实践始终是紧张的对立统一关系，而且这亦恰是它们之间的正常关系。所以，在理想、制度与实践之间，人们所能做的只是缩小而不是消灭背离，因为背离是无法消灭的。这个认识不仅有助于我们从文化上正确理解传统中国法的精神，亦同样适用于我们对传统中国文化精神的理解。

三、传统中国法道德人文精神的哲学

《庄子·知北游》曰："精神生于道。"[①]那么，传统中国法的道德人文精神又生于何道呢？要回答这个问题，首先要了解何为道。道是传统中国文化的最高范畴，相当于我们今天所说的原理。[②] 根据

① 《庄子·知北游》："夫昭昭生于冥冥，有伦生于无形，精神生于道，形本生于精，而万物以形相生。"

② 金岳霖先生说："不道之道，各家所欲言而不能尽的道，国人对之油然而生景仰之心的道，万事万物之所不得不由，不得不依，不得不归的道才是中国思想中最崇高的概念，最基本的原动力。"（参见金岳霖：《论道》，载刘梦溪主编：《中国现代学术经典——金

中国经典,道的基本要素是阴与阳,其结构是阴阳一体、阳主阴从;其机能是阴阳转化、生生不息;其机理是一阴一阳之道,亦即对立统一的辩证法。[①]这个一阴一阳之道就是中国文化的共通原理。如前所述,在传统中国思维中,道归属于阴,德归属于阳;阴阳一体表示道德合一,阳主阴从表示德生道成;生是质,成是式;质是内,式是外。所以,道所表达的是事物的外在结构,德所表达的是事物的内在本质。[②]这表明在事物构成的原初意义上,道是德的表现形式,德是道的存在依据,道与德共同构成了事物的统一性,亦即道德是事物的统一原理。鉴于此,笔者把这种文化构成理论称为"道德原理"。[③]

我们知道,原理是事物存在的根本理由。因此,从根本上说,道德人文精神生于道德原理。道德原理是我们的先贤对天、地、人,亦即自然、社会和人类的观察、思考和提炼的结果。它是贯通天、地、

岳霖卷》,河北教育出版社 1996 年版,第 18~19 页及前后。)此外,原理是来自西方的科学概念,道是传统中国的一个哲学概念,所以,道与原理的对应,只能说是"相当于",而不能说"相等于",借以表示大体对应的意思。

① 如《周易·系辞上传》曰:"一阴一阳谓之道。……生生之谓易。"又曰:"天尊地卑,乾坤定矣。……天下之理得,而成位乎其中矣。"《周易·系辞下传》载:"子曰:乾坤,其《易》之门邪?乾,阳物也;坤,阴物也。阴阳合德,而刚柔合体。以体天地之撰,以通神明之德。……"还有,这里所说的辩证法不同于西方的辩证法。西方的辩证法是肯定→否定→否定之否定,它的运行机制和轨迹呈现出对抗→冲突→征服的特征;而中国的辩证法是对立→统一→发展,它的运行机制和轨迹呈现出融合→吸收→转化的特征;西方的辩证法以否弃对方而实现超越,中国的辩证法以吸纳对方而达到新生。(参见[美]成中英:《论中西哲学精神》,东方出版中心 1991 年版,第 173~188 页。)

② 如《庄子·天地》:"通于天地者,德也;行于万物者,道也。"又如《管子·心术上》:"德者道之舍,物得以生……"又如《大戴礼记·主言》:"道者所以明德也,德者所以耸道也。是故非德不耸,非道不明。"

③ 有关"道德原理"的内涵和进一步的讨论,参见本书第六章《传统中国法的道德原理及其价值》。

人,亦即包括自然、社会和人类在内的统一哲学。[①] 其一贯之道即是周敦颐在其《太极图说》中所说的:“立天之道,曰阴与阳,立地之道,曰柔与刚,立人之道,曰仁与义。”[②]推而言之,依着道的理路和构成,并根据《唐律疏议·名例》中“德礼为政教之本,刑罚为政教之用,两者犹昏晓阳秋相须而成者也”[③]的明示,那么,立法(此“法”为政教大法[④])之道就是礼与法或德与刑,礼与法或德与刑在司法实践中又转化为情与理。但无论是礼与法,还是德与刑,抑或是情与理,对照上述理路可知,归根结底它们都是植根于道德原理的仁与义的贯彻和体现。即如《通书·顺化》所言:“天以阳生万物,以阴成万物。生,仁也;成,义也。”仁是生,体现了对生命的重视;义是宜,体现了对秩序的追求。对生命的重视是道德人文的根本要求,它表示人类对自身存在的向往,亦就是我所说的重生。对秩序的追求是道德人文的另一个重要标志,它表示人类对文明有序的向往,亦就是我所说的讲礼或讲理。这样,从万物共通的道德原理到传统中国社会的道德伦理,从传统中国社会的道德伦理再到传统中国法的原理,其道德人文的精神或者说本质属性,亦即阴阳→刚柔→仁义→生成→礼法→德刑→情理之道,诚可谓一以贯之,其内在逻辑可见图 5-1。

---

① 如《周易·系辞下传》曰:“古者包牺氏之王天大,仰则观象于天,俯则观一法于地,观鸟兽之文与地之宜,近取诸身,远取诸物,于是始作八卦,以通神明之德,以类万物之情。……”

② (宋)周敦颐:《周子通书》,上海古籍出版社 2000 年版,第 48 页。此说原出《周易·说卦》,详解参见杨成寅:《太极哲学》,学林出版社 2003 年版;杜维明:《试淡中国哲学的三个基调》,载王元化主编:《释中国》(第 2 卷),上海文艺出版社 1998 年版,第 877~891 页。

③ 这句话的意思是说,德礼是政教的根本,刑罚是政教的辅从,两者的关系犹如黄昏与早晨(相续为一天)、春天与秋天(相续为一年),只有相互结合才能构成完美的整体。

④ 有如《管子·任法》所说:“法者,天下之至道也。……所谓仁义礼乐者,皆出于法。此先圣之所以一民也。”

↗ 道—阴—柔—义/宜—成/成型/有序—理/礼/刑：讲礼（文明有序）↖

道德（原理）　　　　　　　　　　　　　　　　　　　　　　　（人文）道德

↘ 德—阳—刚—仁/爱—生/生长/变动—情/法/德：重生（生命诚贵）↙

图 5-1　传统中国法从道德原理到道德人文示意

这里要对图 5-1 略作说明。图 5-1 中由德而衍生来的法实为天地大法，并不是刑法之法，它相当于《礼记·乐记》中所载的礼乐刑政中的乐，其所对应的是礼。同样，法后面的德为德政之德，并不是原理之德，它相当于《礼记·乐记》中所载的礼乐刑政中的政，其对应的是刑。显然，图 5-1 只是一种原理性的推导和演示，但它有助于我们直观地把握其内在的逻辑。不过，人们不禁要问：为什么有这样的逻辑关系？这就需要把问题引向深入。

在文化哲学上，传统中国人把世界看作一个大化流行的有机体。[①] 道德原理正是从有机宇宙观出发的。有机宇宙观的核心在于把世界看作有生命的系统，用中国哲学的话来说，就是天、地、人共一体的世界是一个大生命体。[②] 之所以说天、地、人共一体的世界是

---

① 据《现代汉语词典》，有机体是具有生命的个体的统称，包括植物和动物。由此可见，有机体是具有生命的系统。中国经典特别是《周易·系辞上下》和《礼记·月令》，几乎整篇都谈到了这个问题，《礼记·乐记》中亦有此论，所谓"……在天成象，在地成形。如此，则礼者天地之别也。地气上升，天气下降，阴阳相摩，天地相荡，鼓之以雷霆，奋之以风雨，动之以四时，暖之以日月，而百化兴焉。如此，则乐者天地之和也。化不时则不生，男女无辨则乱升，天地之情也。及夫礼乐之极乎天而蟠乎地，行乎阴阳而通乎鬼神，穷高极远而测深厚。乐著大始，而礼居成物。著不息者天也，著不动者地也。一动一静，天地之间也。故圣人曰礼乐云"。除古典记录外，现代研究中特别值的推荐的是，英国学者李约瑟所撰写的《中国科学技术史·科学思想史》（何兆武等译，科学出版社与上海古籍出版社 1990 年联合出版）。他在为该书所写的"作者的话"中写道："中国的自然主义具有根深蒂固的有机的和非机械的性质。……"该书围绕这一问题作了笔者所见到的最为系统、客观和不乏深刻的讨论。此外，还可参见［美］杜维明：《试谈中国哲学中的三个基调》，载王元化主编：《释中国》（第 2 卷），上海文艺出版社 1998 年版，第 878 页及以下；蒙培元：《理学范畴系统》，人民出版社 1989 年版，第 425~451 页"天人合一"。

② 如北宋理学家张载在《横渠易说·说卦》中说："一物而两体者，其太极之谓欤！阴阳天道，象之成也；刚柔地道，法之效也；仁义人道，性之立也。三才两之，莫不有乾坤之道也。易一物而三才，天地人一。"所以，正如程颐所说："天地人只一道也。"（《河南程氏遗书》卷第十八。）

有生命的系统，是因为这个世界的自然状态是明与暗、昼与夜、生与成、井然有序和生生不息的对立统一，前者是它的外在现象，后者是它的内在性状。自然世界的这两个特征给我们的先贤以深刻的印象，他们把这种从自然得来的印象与人生经验和社会实践结合起来，将自然界的井然有序概括为道，借以抽象地表事物的有序性，亦即事物的存在形式；而将自然界的生生不息概括为德，借以抽象地表达事物的创生性，亦即事物的内在属性。如同阴与阳那样，道与德对立统一，共同构成事物的统一性。因此，从原理上说，自然世界本质上是一个道德的世界。这就是从天之像到天之道，亦即从自然现象到自然法则再到道德哲学的过程。这一过程如图 5-2 所示。

↗白天/昼/明/阳→生/动(发动/先施/生发/主)→生生不息→阳→德↘

天之像　　　　天之道

↘黑夜/夜/暗/阴→成/静(回应/后受/收成/从)→井然有序→阴→道↗

图 5-2　从天之像到天之道(道德原理文化哲学的形成及其构成)

由于道原本是一种含有路径、方向、方法的秩序，所以，在哲学上它从井然有序被引申为有序性/成/静→阴/柔/道→义/宜→刑罚/法等，表达统一事物中的形式、外在、功用、辅从；而德原本是一种含有事物的性能和神奇品质的创生，所以，在哲学上它从生生不息被引申为创生性/生/动→阳/刚/德→仁/爱→德礼/礼等，表达统一事物中的性质、内在、本体、主导。因此，这样一来，从原理上说，不仅自然世界是道德世界，人类社会亦是道德世界，亦即道德是万物原理，所以，道德原理贯通天、地、人、法。这种从自然现象到自然法则，从自然法则到哲学原理，从哲学原理到社会原理，从社会原理到政教(政治—法律)原理的过程及其结构，如图 5-3 所示。

↗井然有序(外/用/从)→有序性/成/静→阴/道→柔/义/宜→理/法/刑罚(用/昏/秋)↘

自然　自然性状　　自然法则　　哲学原理　社会原理　政教(政治—法律)　原理

↘生生不息(内/体/主)→创生性/生/动→阳/德→刚/仁/爱→情/礼/德礼(本/晓/阳)↗

图 5-3　从自然现象到自然法则到哲学原理到社会原理到政教原理贯通示意

这是从易经发展而来的中华之道,亦即以道德为原理的中国文化哲学。[1] 据此一贯之道,我们知道天地/自然之道是阴与阳,即阴阳一体、阳主阴从,阴阳变化、生生不息。[2] 人类/社会之道是仁与义,即仁义一体、仁本义辅,仁施义取、万世不穷。政教/法律之道是

① 正如图 5-3 所表明的,这个文化哲学回答和弥合了天、地、人、法,亦即自然、社会与人类(包括法)之间的关系与矛盾,在人生境界上达到了天人合一。天人合一的境界,在理论上表述为天、地、人三才的和谐,亦即天时、地利、人和的协调与统一。这个理论的根据是有机宇宙观,所以,从现象和逻辑上看,图 5-3 是从哲学到法学,但如果要刨根问底的话,它应该是从农学到哲学,再从哲学到包括法学在内的其他学说。作为证明,下面引用一段农史学家的精要看法:“三才理论的通俗表述‘天时、地利、人和(或人力)’,就是地地道道的农业语言、农业思想和农业智慧。甲骨文中的‘時’字从之从日,其中‘之’是简化的足形(‘止’)在‘一’上,象人足在地上有所往之形,义为‘日行’,用现代科学语言讲,就是太阳的视运动。可见,古人已认识到‘日行’导致季节变换,即‘时’。农业生产必须遵从‘时’,即气候季节变换形成的节律,所谓‘食哉唯时’。甲骨文中的‘利’从禾从刀,原意为收割禾谷所获;‘利’作‘锋利’‘利益’解是其引申义。正如清代学者俞樾说:‘盖利之本义谓土地所出者。土地所出莫重于禾;以刀刈禾,利无大于此者。’(《儿笘录》)可见,‘地利’是从农业生产中得出的概念。在古籍中‘人力’出现早于‘人和’。甲骨文的‘力’是原始农具之耒形,盖操耒而耕作要用力,故引申为气力的力。而劳动力自始就是农业生产的要素。农业生产固然离不开人的劳动能力,但它不是由孤立的个人进行的,而是社会群体的行为。要使分散的‘力’变成强大的‘合力’,就必须协调各个单个人的关系,使群体和谐一致。(这里请注意,远古中国的自然环境和地理条件,使得原始农业生产必须通过劳动者之间的协作才能完成,这即是在我国黄河流域早期的耒耜沟洫耕作。——引者注)因此,又有‘人和’概念的产生。可见,三才理论确实是农业实践的升华和结晶。它形成以后,又反过来成为农业生产的指导思想,并作为一种宇宙模式和分析框架应用到其他领域,并渗透到各种学派的学说中。”[李根蟠:《关于中国古代农学思想的几点讨论》(节选),载南京大学中国思想家研究中心办公室编:《中国思想家研究·动态信息》,2012 年 4 月 25 日总第 149 期,第 3 页。]

② 如北宋周敦颐的《太极图说》:“无极而太极,太极动而生阳,动极而静,静而生阴。……分阴分阳,两仪立焉。阳变阴合,而生水火木金土。……二气交感,化生万物,万物生生,而变化无穷焉。”

礼与法/德与刑/情与理，即礼法结合、德主刑辅、情理两协、法随时转。讨论到此，如果我们把这一部分的内容，特别是上述图 5-1、图 5-2、图 5-3 的内在逻辑，简洁而有条理地整合起来，是否可以得出这样一个认识，即传统中国法的道德人文精神生于道德原理，道德原理出自阴阳之道，阴阳之道源于自然法则。所以，遵循自然法则的有序性和创生性，形成了传统中国法中人为称首思想指导下的重生与讲礼的对立统一。这说明传统中国法的道德人文精神是内生和固有的。

四、传统中国法道德人文精神的意义

如上所述，在文化哲学上，传统中国人把世界看作一个大化流行的有机体。同样，他们把广义上的法（大致相当于我们今天所说的法律文化）亦视为一个有机体。例如，我们所熟悉的“天叙有典”、“天秩有礼”、“天讨有罪”[①]以及“道法自然”[②]等，都表达了这种天地生法的有机论法思想。[③] 实际上，这就是李约瑟所说的“中国人把法律和‘自然法则’作类比的态度”。[④] 虽然，传统中国法并不是生物学意义上的有机体，但当人们把它作为有机体来对待和追求时，就等于赋予了它某种生机，使之成为一个有生命感的系统。尽管这个有机性只是类比意义上的（因为它并不是生物体意义上的

---

① 《尚书·皋陶谟》。

② 《老子》第二十五章。

③ 天地生法的有机论法思想，在中国古籍中不胜枚举，其中《汉书·刑法志》、《魏书·刑法志》以及《唐律疏议·名例》的开头部分值得一读。另外，参见杨鸿烈：《中国法律思想史》，中国政法大学出版社 2004 年版，第 97～110 页“一般法律原理的泛论（一）：阴阳五行等天人交感及诸禁忌说”。

④ ［英］李约瑟：《中国科学技术史·科学思想史》，何兆武等译，科学出版社与上海古籍出版社 1990 年联合出版，“作者的话”，详细的讨论参见该书第 551～620 页“中国和西方的人间法律和自然法则”；结合法律规定和案例的讨论，参见［美］布迪等：《中华帝国的法律》，朱勇译，江苏人民出版社 1993 年版，第 31～35 页及以下。

有机体,所以,相对于活体的有机性,社会有机性是譬喻性的),但在传统中国的有机宇宙观,或者说在道德原理的支配下,它确实具有了某种类于有机物的有机性能。有机性能是有机体一切的根源,所以,如果要追问传统中国法的精神,就要从它的有机性能(哪怕是譬喻意义上的)开始。

那么,什么是有机体的有机性能呢?简单来说,有机性能是指使事物构成的各部分互相关联而具有不可分割的统一性的性质和功能。[①] 其实,我们不需要做这样的科学引证,只要稍加观察,就可以发现,作为生命系统的有机体,无论是大到自然界还是小到生命个体,自我生长和自成一体是它最基本的特征。自我生长是一种生命机能,自成一体是一种有序机能,这两者都根源于有机体的有机性能。所以,作为有机体的有机性能,它首先是生,然后是生而有序。这表明生是有机事物存在的根据,序是有机事物存在的形式,生与序的对立统一,或者说有机结合,亦即生而有序,构成了有机事物的存在本身。鉴于此,我们的先贤将其上升为有机事物的存在之理。有机事物的存在之理,就是物之为物、人之为人的理由。对照传统中国法,它的重生是它作为有机体生的表现,它的讲礼是它作为有机体序的表现。由此可知,在人为称首的思想指导下的重生与讲礼的对立统一,亦即生而有序,乃是传统中国法的存在之理。这使我们明白:为什么道德人文是传统中国法的精神和文化本质所在?为什么合理是传统中国法的公平正义?为什么和谐是传统中国法的理想和终极目标?

---

① 参见 http://dict. baidu. com/s? wd = % D3% D0% BB% FA&tn = dict&dt = explain http://baike. baidu. com/view/651600. htm,最后访问日期:2012 年 2 月 1 日。

先就精神和文化本质而言，道德人文的精髓是重生与讲礼，而重生与讲礼是传统中国法的存在之理，法的存在之理即是法的正当性所在，法的正当性所在自然是作为规范的法的精神和文化本质所在。再就合理即公平正义而言，作为有机体的传统中国法，它的正当性源于自然界生与序的有机一体，或者说中国哲学上道与德的辩证统一。在中国哲学上，道曰序为异，德曰生为同，所以，生与序或德与道表现为重生与讲礼的对立统一，亦即重生尚德求同与讲礼重道别异的有机结合。这意味着传统中国法的公平正义不是简单绝对的平等，而是重生与讲礼的有机统一，亦即包含同与不同、等与不等的合理。所谓同/等就是同生同德同理者同等，这谓之等序；所谓不同/不等就是不同生不同德不同理者不同等，而是依据生之先后、德之高低、理之大小排序，生先、德高、理大者居上，生后、德低、理小者居下，这谓之差序。但无论是等序还是差序，都是事物固有的，所谓本来如此，符合事物的存在法则，所以，都是合理的。合理作为传统中国人的正义观，体现在法律上就是平或曰义，亦即公平正义。由此可见，这个公平正义不是简单绝对的平等，而是同与不同、等与不等或者说等者同等、不等者不等的有机结合，其结果即是法律上合理有序结构的形成。由于这个结构是基于理而成的，所以它的有序或者说等差，因获得了理的支撑而拥有了正当性。又因为这个理是源于自然的生与序而成，所以它的正当性就有了扎根于自然的道德性。因此，从自然中的生序到哲学上的道德，从哲学上的道德到法律中的合理，这就是植根于道德原理的传统中国法的公平正义。这种形式上有序、实质上合理而本质上为道德的公平正义观，与西方形式上平等、实质上对抗而本质上为自由的公平正义观恰成对极，但与前人在评价《唐律疏议》时所说的，“论者谓唐律一准乎礼，以为出入得古今之平”,[1]诚可谓若合符节。否则,我们就无法理解:唐律一准乎礼,而礼是有差序的,为何又谓之平?原来传统中国的平是合理,而合理是有差序的,准确说合理是同与不同、等与不等,亦即等序与差序的有机结合。可见,前人的评价是何等的精准!最后就和谐即理想而言,有机体的自然状态是和谐,但这种状态很容易受到破坏,所以,和谐成为有机体存在的理想和终极目标。这就等于说,作为被视为有机体的传统中国法,它的理想和终极目标必然是和谐。毫无疑问,这个和谐是有差别的,因为它原本就是重生与讲礼在传统中国法中对立统一的体现,亦即人们通常所说的和而不同,但在传统中国人看来,这种有差别的和谐就是公平正义,因为它合理,所以亦是理想的。这说明传统中国法的道德人文精神,不仅是内生的和固有的,而且还是特有的。

传统中国法的这种内生、固有和特有的道德人文精神,并不违背人类法律的内在使命和基本价值。人类法律的内在使命和基本价值是秩序与正义。[2] 传统中国法的讲礼→差序→合理有序,即是对秩序追求的表现;传统中国法的重生→等序→共生共荣,即是对正义追求的表现,只不过是这个正义不同于西方而已。西方以平等为原则,中国以合理为原则。[3] 平等是机械宇宙论的正义观,合理是有机宇宙论的正义观。合理的正义观以理为据,亦即以事物固有的存在之理为依据,所以,它不是单一的平等,而是平等与不平等的有

① 语出《四库全书总目唐律疏议提要》,参见(唐)长孙无忌等:《唐律疏议》,刘俊文点校,中华书局1983年版,第677页。

② 参见[美]E.博登海默:《法理学——法哲学及其方法》,邓正来等译,华夏出版社1987年版,第302~339页“法律:秩序与正义的综合体”。

③ 中国的合理正义观本文已有论证,西方的平等正义观此处亦不必展开,这里仅举一例可以为证,即美国联邦最高法院建筑物上所刻的格言:在法律之下实现平等的正义(Equal Justice under Law)。

机结合。这使传统中国法既不完全同于西方,又不违背人类法律的内在使命和基本价值。然而,如果与近代西方法相较,或者就法的近代化而言,传统中国法的这种内生、固有和特有的道德人文精神亦存在缺失,其最显著者莫过于对法律体系开放和转型的羁绊。有机系统具有封闭性,这是有机系统的天然属性之一,传统中国法亦不例外。但问题是传统中国法的封闭性,在获得了道德人文中的宗法血缘的支持后又被大大强化了。因为宗法血缘最根本的特点是,将现世社会的秩序限制在家国一体化了的血缘网络之中;而血缘关系的最大特点是封闭,突出表现为“排异内守”。[①] 这个特点在促进传统中国法自洽的同时,亦使其体系失去应有的开放性,延续到中国传统社会后期,受宗法血缘伦理亦即礼教强化的影响,曾经充满活力以变为核心的辩证思维趋于教条化,以致出现了“天不变,道亦不变”[②]的绝对化。其实,这是反辩证法的,并不符合一阴一阳之道。[③] 但是,这样一来,变法不仅越来越困难,而且似乎亦成了不合理的事。因为,道是经,法是权,权为经所制。所以,天不变,道亦不变;道不变,变法就失去了正当性。最后,其直接的结果是法律体系

① [日]富永健一:《马克斯·韦伯论中国和日本的现代化》,李国庆译,载《社会学研究》1988年第2期。

② 语出董仲舒的“道之大原出于天,天不变,道亦不变”。(《汉书·董仲舒传》)但在宋明理学形成前,天的内涵并不确定,所以“天不变,道亦不变”没有绝对化,等到理学使内涵不定的天变成了不变的天理,从而使“天不变,道亦不变”趋于绝对化。

③ 正如笔者在前文和注释中所指出的,传统中国有机世界观的辩证思维,其要义和精髓都在于世界是变与不变的统一,而变是绝对的,不变是相对的。这个思想的核心意义是,包括天与道在内的一切都是会变的,更不必说人间的法律了,当然亦要随着天与道的变化而变化。这个变法思想在理学形成前,对中国法律的发展起了极大的推动作用。但理学形成和影响扩大以后,思想逐渐趋于保守,加上政治和礼教的桎梏,辩证法的精髓渐渐被遮蔽而遗忘,出现了“天不变,道亦不变”的反辩证法思想,这使变法失去了原本来自天道的合理性支持。所以,我们今天要做的不是放弃辩证法,而是要回到辩证法,恢复辩证法的真精神。

更加趋于封闭;其间接的结果是加重了传统中国法向近代转型的艰难。①

然而,尽管传统中国法的道德人文精神蕴含这样的缺失,但它毕竟是不违背人类法律的内在使命和基本价值,而且是传统中国法内生、固有和特有的精神,所以,人为称首、有理想的现实主义、重生与讲理的对立统一、合理即公平、和谐即理想等,这些最基本的思想观念,早已与我们融为一体,至今仍有坚韧的生命力和重大的实际意义。例如,在人为称首的人文主义恤刑传统对我国刑法和刑罚的改良,有理想的现实主义对当代中国立法的价值导向,重生与讲理的对立统一对追求秩序与正义的平衡,合理的公平正义观对简单西方化所导致的形式上平等实质上不等的正义观的矫正,有机一体、共生共荣的世界观对构建和谐社会、尊重人类文化和价值多元,以及在人与自然和谐相处等这样一些方面,仍然是我们进行相关法制建设的法理依据所在,因为只有这样才是正当的道德的和合乎中国人的世界观的。② 但我们要承认,在当代中国法的整体构造及其实

① 如作为传统中国法主干的律,唐宋以后再没有发生实质性的变化,便与上述思想有直接的联系,以致清末变法修律所受到的指责,不是基于法律而是基于礼教。以张之洞、劳乃宣、刘廷琛为首的"礼教"派,激烈指责以沈家本为首的"法理"派的变法修律是"蔑弃礼教",认为三纲五常"实为数千年相传之国粹,立国之大本",不可改矣！相关争论,参见故宫博物院明清档案部编:《清末筹备立宪档案史料》(下册),中华书局 1979 年版,第 821～915 页。

② 譬如,我们以合理的公平正义观为例。即如文中所论,合理是中国人固有的公平正义观,它内含了中国人对是非善恶的一种判断标准,即通常所说的良知、良心,所以,它本质上是中国人的道德观,实际亦是中国人的价值观,反映了中国人对世界的看法,即世界是道德的。这样,道德—正当—合理—公平—正义构成了中国人以合理为内核的公平正义观念。其实,这亦是中国人看待平等,亦即等者同等、不等者不等的基本观念。而当今中国由于存在巨大的事实不平等,使人们急于追求形式平等,即使后者在法律上早已通过移植域外法特别是西方法而被确立。这使得合理的区分被忽略,这种区分在某种程度上是社会秩序的映照,并与共享的道德观念相联系。立法者放任了这种偏向,

践上,传统中国法的道德人文精神早已面貌全非。这主要是近代以来中国法制现代化的趋势使然,其中最显著的变化是放弃了礼教,转而采用新的法律指导思想和原则(如抛弃宗法血缘性的道德伦理、对法的独立性与权威性的追求,引进并制定新的法律制度等),这无疑是历史性的进步。但笔者认为在这个问题上亦存在失误,其中最大的失误是在接受实证主义法律观的同时,彻底割断了法律与本民族固有道德的联系,特别是在抛弃宗法血缘的伦理道德时,亦抛弃了超宗法血缘的道德原理与道德人文。这使我们的法律失去了万物有序与生生不息的自然之理,而这个自然之理恰是中国人的世界观及其正当性所在,亦是中华文明历五千年风雨而绵延不绝的思想根源,甚至还有可能是我们复兴中华文化,包括创新中国法文化的思想资源和精神动力。因此,如果有一天,建立在有机宇宙论之上的道德人文精神,亦即在人为称首的思想指导下,以道德仁义为内核的重生与讲理的对立统一,在未来中国法中以某种变化而适时的形式再现,对此我们不会感到惊奇。[①]然而,同时我们要认识到,如果与近代西方法相比较,传统中国法的道德人文精神依然存在宗法血缘和专制等级的缺失;如果以现代民主和法治的精神来衡

在合理性方面立场含糊,而这在传统中国法中是旗帜鲜明的,并有效地巩固了当时的社会秩序。从立法原理上来说,这正是法律必须扎根于社会并与社会事实和基本观念相一致的体现。我们今天的立法不亦是要遵循这样的原理吗?

① 如国务院新闻办公室发布的《中国特色社会主义法律体系》(人民出版社 2011 年版)在第 34 页中说道:"中国特色社会主义法律体系的形成,始终立足于中国国情,坚持将传承历史传统、借鉴人类文明成果和进行制度创新有机结合起来。一方面,注重继承中国传统法制文化优秀成分,适应改革开放和社会主义现代化建设需要进行制度创新,实现了传统文化与现代文明的融合;另一方面,注意研究借鉴国外立法有益经验,吸收国外法制文明先进成果,但又不简单照搬照抄,使法律制度既符合中国国情和实际,又顺应当代世界法制文明时代潮流。这个法律体系具有很强的包容性和开放性,充分体现了它的独特文化特征。"

量,它亦存在某些固有的缺陷,如三纲确立的身份性等级特权,对专制王权和官僚权力的制衡机制缺乏必要的强度和力度,以及个人自由和权利的空间较小等,这些都是我们在传统中国法的现代适应性中要进行批判和反思的。

第六章　传统中国法的道德原理及其价值*

在法律与道德的关系上，法理学一般认为，道德是法律的基础。虽然不同的法理学具体说法不一，但原理上都承认这一点。① 除实证主义法学外，法律学人对此亦无异议。不过，这只是在通常情况下单讲法的一般原理而已，一旦涉及传统中国的法律与道德问题，情况马上就会发生变化，好像中国是个例外。② 其实，在人类法律文化之林中，传统中

---

* 原载《南京大学学报》2008年第1期，有修改。

① 有关著述很多，可选中、美、德三国有代表性的大学法科教材为证。请分别参见张文显主编：《法理学》（第3版），高等教育出版社2007年版，第381~387页“法与道德”；[美]E. 博登海默：《法理学——法哲学及其方法》，邓正来等译，华夏出版社1987年版，第1~205页“法哲学的历史沿革”；[德]魏德士：《法理学》，丁晓春等译，法律出版社2005年版，第179~183页“道德、伦理和法”。

② 譬如，讨论像本章主题这样的内容，笔者在以前是不会写的。因为从我1980年开始学习法律起，就领略到了传统中国法因其“礼法结合”所形成的法律道德化和道德法律化而受到的广泛严厉的批评。这些批评已深深地印在我的脑子里，其影响之大对自己任何稍有不同的想法，哪怕是本能的不满都形成某种压制。面对强

为用。对此,人们把它概括为礼法结合、德主刑辅。礼法结合、德主刑辅是以唐律为代表的传统中国法的基本结构。由图 6-1 可知,礼法结合、德主刑辅的哲学基础或者说法理依据是阴阳合一、阳主阴从的中华文化之道。

毋庸赘言,“道”是传统中国文化的最高范畴。依据中国经典表述,道的基本构成是阳与阴,亦即太极的两仪或两元。[①] 阴与阳这两者的关系是对立统一的辩证关系,其中对立中有相涵相摄,相涵相摄中又有支配,阳在其中起主导和支配作用,形成阴阳合一、阳主阴从的结构,产生阳生阴成、相生相成的结果,这即是传统中国的一阴一阳之道。[②] 按照传统中国思维,阳代表德性,阳主意味着事物的属性依德。[③] 因此,虽然在通常情况下,人们习惯于用道或理来指称事物的原理,但在这种情况下,道或理实际上已经含有了德。[④] 因为道或理原本所表达的只是事物的秩序结构,而德所表达的才是事物的内在属性。[⑤] 这表明在事物构成的原初意义上,道是德的表现形式,德是道的存在依据,道与德共同构成了事物的统一性,亦即道德

---

① 《周易·系辞传上》曰:“易有太极,是生两仪。”

② 汉代大儒董仲舒在《春秋繁露·基义》中说的一段话可为经典。他说:“凡物必有合。……阴者阳之合,妻者夫之合,子者父之合,臣者君之合。物莫无合,而合各有阴阳。阳兼于阴,阴兼于阳。夫兼于妻,妻兼于夫。父兼于子,子兼于父。君兼于臣,臣兼于君。君臣父子夫妇之义,皆取诸阴阳之道。君为阳,臣为阴。父为阳,子为阴。夫为阳,妻为阴。……阳之出也,常县于前而任事;阴之出也,常县于后而守空也。此见天之亲阳而疏阴,任德而不任刑也。是故……德礼之于刑罚,犹此也。故圣人多其爱而少其刑,厚其德而简其刑,此为配天。”另见《春秋繁露·阳尊阴卑》等。

③ 参见《易传》及《周子通书》。

④ 如江袤说:“道、德实同而名异,曰道曰德,亦何所不可也。”[(明)焦竑:《老子翼》,黄署辉点校,华东师范大学出版社 2011 年版,第 229 页。]

⑤ 如《庄子·天地》:“通于天地者,德也;行于万物者,道也。”又如《管子·心术上》:“德者道之舍,物得以生……”又如《大戴礼记·主言》:“道者所以明德也,德者所以耸道也。是故非德不耸,非道不明。”

是事物的统一原理。[1] 由此可见,作为秩序结构亦即原初意义上的道,与作为内在属性的德原本是相对应的,两者只有合成才能构成完整的道德原理;而作为原理意义上的道,实际上已经含有了德,所以,这个道亦可以称为道德原理。鉴于此,笔者把这个文化构成理论统称为"道德原理"。[2]

道德原理的内在结构是,德是阳是生是体是内是质是主,道是阴是成是用是外是式是辅,两者是对立统一的辩证关系。所以,道的有序建立在德的合理基础上,德的合理借由道的有序来体现。道德的合理有两层含义,即绝对的合理与相对的合理。绝对的合理为万物同理,亦即理一;相对的合理为物各有理,亦即分殊;两者对立统一为理一分殊。理一分殊是万物原理。理一意味着事物本质抽象上的同一,亦即形而上的"齐"。分殊意味着事物本质现象上的不一,亦即形而下的"差"。"齐"要求同等对待(一体、统一、共生共荣),"差"要求区别对待(不等、有序、和而不同),但两者都是合理

---

① 如《周易·系辞上》曰:"一阴一阳之谓道,继之者善也,成之者性也。"说的就是这个意思。但要明白这句话的意思,先要明白"一阴一阳之谓道"的"道"是原理之道,而非与德对应以表示事物形式或结构的道。首先,从"一阴一阳之谓道"的"道"来看,此"道"已经包含了阴与阳,而道属阴、德属阳,所以,一阴一阳之道的"道"是已经包含了道与德的"道"。其次,"一阴一阳"是指阴阳变化的规律、法则或者说原理,所以,一阴一阳之道的"道"不止是已经包含了道与德的"道",亦是指阴阳变化的规律、法则或者说原理。因此,所谓"继之者善也",是指顺阴阳变化之原理而生生不息者谓之善,亦即德,因为德曰生曰善。所谓"成之者性也",是指受阴阳变化之原理而成形定型者谓之性,亦即道,因为道曰成为性(型)。所以,一阴一阳之道就是事物的统一原理,或者说万物生成的原理。即如《周子通书·顺化》所说:"天以阳生万物,以阴成万物。"[(宋)周敦颐:《周子通书》,上海古籍出版社 2000 年版,第 36 页。]

② 这里"道德原理"中的"道德"一词,其含义与现在我们通常所说的"道德"的含义不同。前者是传统中国哲学中的一个重要范畴,用以表达世界万物的原理,亦即正文中所说的,道是事物的存在形式,德是事物的存在依据,道与德共同构成事物的统一性。这个原理贯通天、地、人,亦即自然、社会与人类,所以它本质上是中国人的世界观。由此可见,它与我们现在通常所说的人的品行好坏的"道德"一词,包括与英文中的 moral 和 morality,在内涵上并不一致。它们之间的联系,只能说后者是从前者引申来的。

的。德所固有的这种合理性结构,内在地规定了道并通过道向外呈现出来,最后形成有序与合理,亦即道(有序)与德(合理)的有机结合,实际是道与德的一体化,结果是合理有序的构成。其结构形式是道,表现为一体二元主从式多样化的构成;其本体性质是德,表现为生生不息的共生共荣,包括创生、仁爱、付出、责任、公明、诚实、本然等德性。这表明传统中国法的构成原理,形式上是道,实质上是德,亦即道德原理。如果对照上述《唐律疏议·名例》的表述和图6-1,我们即可发现,传统中国法的原理不过是中国文化原理在法律上的延伸和表达,只是这个原理的内涵有了变化,由阴阳合一、阳主阴从的哲学概念转换成了礼法结合、德主刑辅的法律概念。因此,从法哲学上说,传统中国法的原理可称为道德原理。换言之,道德是传统中国人视法之为法,亦即法之正当性的理据所在,所以说它是传统中国法的原理。

二、传统中国法的道德原理之表征

道德就像我们生活中的空气,虽必不可少且时时感觉到,但却很难定义。原因是道德是一个广泛的体系,人们可以从不同的角度来认识它。从法和社会学的角度说,道德是社会调控体系中的一种形式,是人们关于善与恶、美与丑、真与假、正义与非正义之类的感觉、观点、规范、原则和信念的总和。由此可见,道德本身是一个系统,它至少包含了价值与理念、原则与规范、感觉与态度这样几个层面。在此,我们不妨借这个结构来解读一下传统中国法的道德原理。

(一)

首先在价值与理念层面上,亦即人们关于道德的信念方面,传统中国法的道德原理集中在一个“善”字上,表现到国家法律上就是追求“善治”，亦即以博爱的胸怀和精神来制定贯彻法律。

《唐律疏议·名例》在谈到立法宗旨时说：“《易》曰：‘天垂象，圣人则之。’观雷电而制威刑，睹秋霜而有肃杀，惩其未犯而防其未然，平其徽纆而存乎博爱，盖圣王不获已而用之。”这是一段含义丰富、意味深长的话。它一是说明圣人（代表国家）立法效法自然，所谓“‘天垂象，圣人则之。’观雷电而制威刑，睹秋霜而有肃杀”；二是表明圣人（代表国家）立法的目的不是刑杀，而是“惩其未犯而防其未然，平其徽纆而存乎博爱”。具体说，圣人（代表国家）立法的直接目的是“防其未然”，其深远意图则是“存乎博爱”。而圣王（国家圣主）为此之所以要动用刑罚，实在是不得已而为之。恰如宋儒朱熹所言：“教之不从，刑以督之，惩一人而天下人知所劝戒。所谓‘辟以止辟’。虽曰杀之，而爱之实已行乎其中。”[①]其实，《唐律疏议》编撰人长孙无忌等在《进律疏表》中对此就有很好的说明，所谓“伏维皇帝陛下，体元纂业，则天临人，覆载并于乾坤，照临运于日月，坐青蒲而化四表，负丹扆而德被九围。日旰忘餐，心存于哀矜；宵分不寐，志在于明威”。[②] 大家知道，《名例》是《唐律疏议》的灵魂，《唐律疏议》是唐律的精髓，唐律又是传统中国法的代表，因此，《唐律疏议·名例》所表述的这个立法宗旨，并不仅限于《唐律疏议》，而是传统中国法的共同特质。《清史稿·刑法志》对此有一个很好的在总结。它说：“中国自书契以来，以礼教治天下。劳之来之而政出焉，匡之直之而刑生焉。政也，刑也，凡皆以维持礼教于勿替。故《尚书》曰：‘明于五刑，以弼五教。’又曰：‘士制百姓于刑之中，以教祗德。’古先哲王，其制刑之精义如此。……至唐《永徽律》

① （宋）黎靖德编：《朱子语类》（第5册第78卷），王星贤点校，中华书局1994年版，第2009页。

② （唐）长孙无忌等：《唐律疏议》，刘俊文点校，中华书局1983年版，第578页。

出，始集其成。虽沿宋迄元、明而面目一变，然科条所布，于扶翼世教之意，未尝不兢兢焉。君子上下数千年之间，观其教化之昏明，与夫刑罚之中不中，而盛衰治乱之故，綦可睹矣。”这个总结阐释了传统中国几千年来的立法精髓是“以教祇德”的善。因此，从价值与理念层面上讲，传统中国法的原理既可谓是道德原理又可谓是善的原理。

其实，“善”不止是传统中国文化的至德[①]，亦是人类的崇高美德，犹如亚里士多德所说：“每种技艺与研究，同样地，人的每种实践与选择，都以某种善为目的。所以有人就说，所有事物都以善为目的。”[②]但在不同的文化中，善的来源有所不同。西方文化中的善，最早来自柏拉图的理念论，后又出自基督教的上帝。[③] 如果要追溯传统中国文化中的善，至少可溯及中华文化的元典《易》。《周易·系辞传上》曰：“一阴一阳谓之道，继之者善也，成之者性也。”其意是说一阴一阳的对立转化称作道，继承它的是善，成就它的是本性。具体说“善”就是化生万物，亦即万物的创生原则，这是宇宙间最大的盛德，所以《周易·系辞传上》曰“日新之谓盛德”，《周易·系辞传下》曰“天地之大德曰生”。[④] 由此可见，传统中国文化中的善源自道寓于德，延伸到传统中国法上，即构成笔者所说的道德原理。这一点与西方显然不同。

---

① 有关传统中国善的价值系统研究，请参见杨国荣：《善的历程——儒家价值体系研究》，上海人民出版社 2006 年版。

② 参见[古希腊]亚里士多德：《尼各马可伦理学》，廖申白译注，商务印书馆 2003 年版，第 3~4 页。

③ 参见[美]梯利、伍德：《西方哲学史》(增补修订版)，葛力译，商务印书馆 2004 年版，第 65~67 页、第 71~73 页、第 166~168 页。

④ 更多的讨论参见周振甫：《周易译注》，中华书局 1991 年版，第 234 页；牟宗三：《周易哲学演讲录》，华东师范大学出版社 2004 年版，第 54~60 页。

（二）

在善的信念指导下，传统中国法的道德原理表现到法律原则与规范上，可以简单地用“三纲五常”来概括。三纲是指君为臣纲、父为子纲和夫为妻纲，五常包括仁、义、礼、智、信。三纲是社会的伦理，五常是个人的德性。传统社会“纲常”二字连用，意指道德或一般道德律。[①] 三纲五常是长期以来受批判的传统中国的法律原则和制度。其实，随着中国封建社会的成长，三纲五常并非没有发挥过积极作用，否则就无法理解传统中国社会的兴盛与作为政纲的传统法的关系。[②] 只是随着中国封建社会的衰落，三纲五常的消极性才凸显出来。但对此亦要作具体分析，作为封建的、专制的和宗法的三纲，由于不适时宜已遭淘汰，所以这里亦不予讨论。但作为具有普遍意义的人的道德原则，五常剔除它某些具体过时的礼教内容，仍有研讨的必要。笔者正是秉着这一认识，来重新检讨五常在传统中国法的原则与规范上的表现。

为什么说五常属于道德原理的范畴，这是我们要讨论的前提。前面已经说明，道德原理的原理是道而属性是德，那么，德的具体内容又是什么呢？按照一般的理解，德的具体内容是仁、义、礼、智、信之五德，即通常所说的德目。[③] 这五德就是人们所说的五常，常有不

---

① 参见冯友兰：《中国哲学简史》，北京大学出版社 1996 年版，第 170 页。

② 朱熹说过：“宇宙之间，一理而已。天得之而为天，地得之而为地，而凡生于天地之间者，又各得之而为性。其张之为三纲，其纪之为五常，盖皆此理之流行，无所适而不在。”（朱杰人、严佐之、刘永翔主编：《朱子全书》，上海古籍出版社与安徽教育出版社 2002 年联合出版，第 3376 页。）这说明在传统中国的思想体系或者说中国人的世界观中，“三纲五常”是天理。还有，贺麟先生对五伦特别是三纲作了与众不同而富有哲理的解读。他认为，在传统中国，三纲之为纲有着自然、政治和道德上的合理性，对于大一统国家的存在和维护作用亦是明显的。参见贺麟：《五伦观念的新检讨》，载王元化主编：《释中国》（第 2 卷），上海文艺出版社 1998 年版，第 1204～1218 页。

③ 参见牟宗三：《周易哲学演讲录》，华东师范大学出版社 2004 年版，第 113 页。

变的意思，表明人有五种不变的德性，与通常说的五伦[①]略有不同。如此，我们明白五常或德目，即仁、义、礼、智、信，是我们要讨论的对象。千百年来，中国人对仁、义、礼、智、信之五常的解释并非一致。[②]这是理所当然的事，因为变本身是符合道的，所以易亦叫移。但变中有不变，这亦是道，所谓易有常经。[③] 笔者认为，普通中国人对五常的一般理解是：仁表示仁慈博爱，义表示适宜恰当，礼表示有序合理，智表示明智通达，信表示诚实信用。借此，我们对它们可以作法律结构上的分析。

大家可以看到，仁的含义是仁慈博爱，在五常的结构中它居于首位，说明它是五常的第一原则，这在传统中国法中亦有同样的体现。正如我们在前面所引的《唐律疏议·名例》所说的"平其徽纆而存乎博爱"，以及长孙无忌等在《进律疏表》中表述的"而体国经野，御辨登枢，莫不崇宽简以弘风，树仁惠以裁化"。[④] 还有朱熹所说的"虽曰杀之，而仁爱之实已行乎其中"，以及《清史稿·刑法志》引《尚书》所说的"明于五刑，以弼五教"和"士制百姓于刑之中，以教祇德"等，都清楚地表明：仁，亦即仁慈博爱，既然已是传统中国立法的宗旨，当然亦是传统中国法的第一原则。这一原则在法律规范上的突出表现就是慎刑和恤刑的宽宥制度，包括死刑复奏、诸司会

---

① 五伦是儒家认为的五种人伦道德，即亲、义、别、序、信，来自孟子的"人之有道也，饱食暖衣，逸居而无教，则近于禽兽。圣人忧之，使契为司徒，教以人伦：父子有亲，君臣有义，夫妇有别，长幼有序，朋友有信"。（《孟子·滕文公上》）

② 在对五常的理解中，孔子和孟子的说明是引用最广的，但实际上后人的理解并不局限他们，只是大意相通而已。孔子说："上好礼，则民莫敢不敬；上好义，则民莫敢不服；上好信，则民莫敢用情。"（《论语·子路》）孟子说："恻隐之心，仁也；羞恶之心，义也；恭敬之心，礼也；是非之心，智也。仁、义、礼、智，非由外铄我也，我固有之也。"（《孟子·告子上》）

③ 《易纬·乾凿度》曰："易一名而含三义，所谓易也，变易也，不易也。"［（唐）孔颖达：《周易正义》，（魏）王弼、（晋）韩康伯注，中国致公出版社 2009 年版，卷首引。］

④ （唐）长孙无忌等：《唐律疏议》，刘俊文点校，中华书局 1983 年版，第 577 页。

审、秋审朝审、秋冬行刑等慎刑制度和对老、弱、病、残、鳏、寡、孤、独，以及妇女、儿童的恤刑制度。[①] 这些体现仁爱精神的法律规定，在传统中国法中可谓不胜枚举，可以说自西周《吕刑》到《大清律例》，历朝正典都有明确规定，而且从《北齐律》以后，一般都作为原则载于法典的首篇《名例》中，就像《唐律疏议》中的《名例》那样起指导规范全律的作用。例如，《唐律疏议》对加役流的疏议曰："加役流者，旧是死刑，武德年中改为断趾。国家惟刑是恤，恩弘博爱，以刑者不可复属，死者务欲生之，情轸向隅，恩覃祝纲，以贞观六年奉制改为加役流。"[②]而且由于在传统中国文化中，仁、善、德相通，所以，当我们讲传统中国法的道德原理时，实际上亦等于在说它的善、它的仁。

在仁之后的五常结构中，分别排列着义、礼、智、信。义、礼、智、信同样是传统中国人的重要德性，是仅次于三纲和仁的法律原则与规范。先从"义"来说，它的基本含意是适宜、恰当，说明义有正当、正义的意思。[③] 这是人类法律的共性之一，自然亦是包括唐律在内的整个传统中国法的立法原则或者说法律根据之一，即如《唐律疏议·名例》"序"所说："律者，训铨，训法也。易曰：'理财正辞，禁人为非曰义。'故铨量轻重，依义制律。"[④]同时，由于传统中国是等级社会，所以义的正当性往往与身份相关，其实这亦正是人类古代法

① 传统中国法中有关慎刑、恤刑的规定，可谓历史悠久、内容繁多，无法一一列举。有意者可参阅诸法典的《名例》篇和《历代刑法志》的相关部分；或参见[美]D. 布迪等：《中华帝国的法律》，朱勇译，江苏人民出版社 1995 年版，第 112～140 页"司法制度"；或浏览《中国法制史》著作中司法制度部分。

② （唐）长孙无忌等：《唐律疏议》，刘俊文点校，中华书局 1983 年版，第 35 页。

③ 孔颖达对《唐律疏议·名例》"序"中所引《周易》的"理财正辞，禁人为非曰义"的"义"的解释是："义，宜也。言以此行之，得其宜也。"[参见（唐）长孙无忌等：《唐律疏议》，刘俊文点校，中华书局 1983 年版，第 24 页。]

④ （唐）长孙无忌等：《唐律疏议》，刘俊文点校，中华书局 1983 年版，第 1～2 页。

的一大特征,中国自不例外。再有,传统中国的义经常与仁联系在一起称作仁义,说明义有强烈的利他道德意味,这是传统中国法的特色。义的这三层含义在唐律和传统中国法中都有体现,譬如,“杀人者死,伤人者刑”;“八议”与“官当”;以及怜老恤幼、抑强助弱,这三项传统中国法的基本原则及其规范,可以分别对应上述义的三层含义。①

现在来讨论礼。礼,虽然在五常中居中,但它与德相连,统称为德礼,一直是传统中国法的核心概念和重要原则。礼原本是一种习惯,后发展为系统的规范,追求的是合理的等级秩序,即费孝通先生在他的《乡土中国》中所说的“差序格局”。② 在传统中国,这种“差序格局”是合理的文明的标志,因为礼所倡导的这种等差据于理、合于德、归于道,是传统中国道德文化原理的体现。所以,“礼法合一”是天理、情理、法理的合一。礼在传统中国法中有广泛的表现,我们几乎可以在各个领域中观察到它的存在,前引《唐律疏议·名例》所揭示的“德礼为政教之本”已经说明了问题,《唐律疏议》五百条中本身就有不少律文和疏议直接是以礼为据的。③ 正如《四库全书总目·唐律疏议提要》的评论:“论者谓《唐律》一准乎礼,以为出入得古今之平,故宋世多采用之。元时断狱,亦每引为据。明洪武初,命儒臣四人同刑官进讲《唐律》,后命刘惟谦等详定《明律》,其篇目一准于唐。”清代学者王友谅在《书唐律后》中亦说:“《唐律》具存,计篇十二,计卷三十,而国朝定制,参稽旧文,损益以归于大中,

① 更详细的讨论,可参见[美]金勇义:《中国与西方的法律观念》,陈国平等译,辽宁人民出版社 1994 年版,第 78~143 页。

② 参见费孝通:《乡土中国》,三联书店 1985 年版,第 21~28 页。

③ 参见(唐)长孙无忌等:《唐律疏议》,刘俊文点校,中华书局 1983 年版,第 4 页、第 80~81 页、第 190 页、第 498 页等。

其所资者,亦以《唐律》为多。”[①]其实,在宋明理学取代汉唐儒学成为正统意识形态后,礼和教合一,礼教的观念由此获得了前所未有的深化和扩散,宋尤其是明、清诸律中的礼教化远胜于《唐律》。正可谓“礼之所去,刑之所禁;失礼则入刑,相为表里者也”。[②]

传统中国崇尚德性,但并不排斥智性,而且把智性亦看作德性的一种,所以五常中有智这一项,排列于礼之后。在传统中国文化中,智是知识又是智慧,但因为不是所有的知识和智慧都有德性,所以只有合乎礼的知识和智慧才是智,这样的智谓之智德,表现为明智通达,因而为法律所尊,否则要受限制以至处罚。[③] 例如,传统中国法长期将人分为士、农、工、商四类,规定士人和农人是良民,官工和以商为业者是贱民,而良民与贱民之间身份悬殊,在权利与义务上有着广泛的等差。[④] 这是传统中国一项重大的身份法原则。此外,即使同样是良民,士人的身份又远在农人之上。[⑤] 根据笔者的理解,传统中国法中的身份制度受多种因素的影响,但毫无疑问,尊智是其中的一项。当然,法律上的这种以智划分身份的规定只适于当时,如今早已过时。除了身份上的尊智外,在传统中国法的实施上,因智的不同而有同罪异罚的现象,如对年幼和愚、残等智力不健全者,一般都减免法律责任。《唐律疏议·名例》“老小及疾有犯”条规定:“诸年七十以上、十五以下及废疾,犯流罪以下,收赎。八十以

---

① 《清·经世文编》卷九。

② 《后汉书·陈宠传》。

③ 在传统中国,凡是触犯礼教的知识和智慧,往往被视为奇技淫巧,受到法律的禁止和制裁。如,对天文星象知识的垄断。《唐律疏议·职制》“私有玄象器物”条规定:“诸玄象器物,天文,图书,谶书,兵书,七曜历,太一,雷公式,私家不得有,违者徒二年。〔私习天文者亦同〕……”

④ 参见瞿同祖:《中国法律与中国社会》,中华书局1981年版,第130~249页。

⑤ 士人享有许多农人所不能享有的法定特权,如明清时期的减免赋税,还有士人犯法在革除学籍后官府才能追究等。

上、十岁以下及笃疾,犯反、逆、杀人应死者,上请;盗及伤人者,亦收赎。余皆勿论。"[①]其实,这正体现了智后面德的仁爱。对于这一点,西方学者亦是给予赞赏的。[②]

最后,我们来讨论一下信。在传统中国,信有信仰、信念、信义、信用、信心等多重含义。但显而易见,五常中的"信",一般是指信义、信用,亦即诚实信用。诚实信用是人类的元伦理,亦是发达的西方民法的一项基本原则。这一点法学家们都清楚。然而,并非大家都清楚的是,尽管传统中国的民事法相对于西方不发达,但诚实信用亦是它的一项重要原则,而且按照西方法的分类,无论是在公法还是私法领域,这一原则都是明确的。在中国早期的典籍《礼记》中就已经有了"物勒工名,以考其诚;功有不当,必行其罪,以穷其情"[③]的制度,这一制度在传统中国法中得到了很好的贯彻。《唐律疏议》共有十二篇,其中第八篇《诈伪》主要是对公法领域中不诚实的欺诈行为的处罚规定。如《唐律疏议·诈伪》"非正嫡诈承袭"条规定:"诸非正嫡,不应袭爵,而诈承袭者,徒二年;非子孙而诈承袭者,从诈假官法。若无官荫,诈承官荫而得官者,徒三年。……"[④]在唐代,按照令的规定,爵位只能由嫡子嫡孙承袭,官荫只能由子孙承荫,凡欺诈冒袭、承荫者,分别处徒刑和流刑。类似的规定在《唐律疏议·职制》等篇中亦有涉及,此不赘述。在私法领域,对不讲诚信而有欺诈行为的处罚规定主要集中在《唐律疏议·杂》和《唐律疏议·擅兴》等篇中。如承袭《礼记》"物勒工名"的精神,《唐律疏议·杂律》"器用绢布行滥短狭而卖"条规定:"诸造器用之物及绢

① (唐)长孙无忌等:《唐律疏议》,刘俊文点校,中华书局1983年版,第81~83页。

② 参见[美]D.布迪等:《中华帝国的法律》,朱勇译,江苏人民出版社1995年版,第28~31页。

③ 《礼记·月令》。

④ (唐)长孙无忌等:《唐律疏议》,刘俊文点校,中华书局1983年版,第463页。

布之属，有行、滥、短狭而卖者，各杖六十。……”[①]意思是说，凡制造并销售有行、滥、短狭之瑕疵的商品者，亦即在商业生产和销售中有隐瞒商品瑕疵而不讲诚信者，分别要处杖六十的处罚。笔者曾对唐代的经济民事法律做过研究，结论是诚实信用是唐代工商法和债权法的共通原则。[②]

（三）

在传统中国法的道德原理结构中，还有一个感觉和态度的层面。这一层面主要是作为主体的人对客体的法，包括对法的规定和施行的认识与评价，通常表现为大众心理感觉和社会舆论情态。笔者认为，通过对传统中国法观念的解剖这条途经，我们可以获得对这个问题的大致认识。因为法观念反映了人们对法的认识和评价，而且亦是大众有关法的心理感觉和社会舆论的依据。因此，通过法观念，我们可以了解到在传统中国法的道德原理结构中感觉与态度这一层面的情状。

传统中国的法观念是一个大法观念，包括天理、国法和人情。[③]

---

① （唐）长孙无忌等：《唐律疏议》，刘俊文点校，中华书局 1983 年版，第 497 页。

② 参见张中秋：《唐代经济民事法律述论》，法律出版社 2002 年版，第 51 ~ 72 页及第 149 ~ 170 页。

③ 从语义上说，汉字中的“法”本身就有法则、法度、法式、法律、法规、合情、合理等含义，涵括了天理、国法和人情的意义。从制度上看，传统中国历代法典的开篇，尤其是唐代以后诸法典的《名例》篇，以及历代正史中的《刑法志》，譬如第一篇《汉书·刑法志》和最后一篇《清史稿·刑法志》，事实上都是在对天理、国法与人情一体化的来历与正当性的论证和重述。如果再从法的实践方面来考察，传统中国留传下来的司法判决和文献亦能印证这一点，至少在判官、当事人和文书/文献制作者的观念上，他们自己是这样认为的。还有更重要的是，生活在传统中国社会中的普通民众的法意识，这虽然难以界定，但把它看作一个天理、国法、人情的混合体，大概离真实不会太远。另，陈顾远先生对天理、国法、人情三位一体，以及国法、人情都归于理的解读，可以说都是正确的认识。（参见陈顾远：《天理·国法·人情》，载范忠信等编：《中国文化与中国法系——陈顾远法律史论集》，中国政法大学出版社 2006 年版，第 275 ~ 282 页。）但他通篇没有在哲学上说透，天理为何能支配国法、人情，亦没有在逻辑上说清天理、国法、人情是如何贯通的。其实，

按照传统中国人的理解，天理、国法和人情是相通的。所以，国法能够而且必须上符天理下合人情，否则，就不能称为国法。那么，是什么让它们相通呢？仔细分辨一下即可发现：天虽然是客观存在但不能言，所谓天理实际是人在代言；国法虽亦是客观实在，但实际上它还是人的产物；最后，只有人情才是人的主动表现。因此，在天理、国法与人情的关系中，人情处于主体/主动的位置，而天理与国法只处于客体/被动的位置。这样，在三间之间能够起贯通作用的，或者说担当贯通这一角色的只能是人情。那么，人情又是通过什么来贯通的呢？笔者认为，只是一个"理"字而已，所谓天理、法理、人理，实则是一理。因这个理出自人情，所以又叫"情理"。

在汉语境中，"情理"是指合乎人情的道理或者说有道理的人情。什么是合乎人情的道理或者说有道理的人情呢？对生活在不同的文化和场景中的人来说，它的含义和范围似乎都难以确定。但笔者相信，在传统中国，情理的核心内容是确定的，就是我们在前面所说的三纲五常，其来源正是传统中国文化的道德原理。《唐律疏议·名例》"大不敬"中有注："指斥乘舆，情理切害。"疏议对"情理切害"的解释说："旧律云'言理切害'，今改为'情理切害'者，盖欲原其本情，广恩慎罚故也。"[①]大家知道，原其本情是考察动机，广恩慎罚是示仁爱，两者都是道德性的表现，所以，"言理"改为"情理"这一字之改，则深刻体现了《唐律疏议》的法理意蕴。作为传统中

在中国哲学中，宇宙是一个有机系统，万物相互感应互为一体，所以自然、社会、人类是相通的，而通就通在理上。这个理就是天理。它首先表现为万物井然有序与生生不息的自然之理，进而被先贤们抽象表达为道与德，所以称为道德律。道德律不仅是中国人观念中的自然律，亦是社会集体、人类生活的支配律，所以，道德乃是中国文化的根本原理，天理、国法、人情正是在此基础上达到三位一体相互贯通的。

① (唐)长孙无忌等：《唐律疏议》，刘俊文点校，中华书局1983年版，第11~12页。

国大众道德表现的情理，由于它是根植于道德原理的，所以在精神和内涵上都与当时社会的主流价值一致。传统中国的主流价值在早期是礼，后来发展为礼教。礼教的核心内容就是三纲五常，亦即通常所说的“纲常名教”。礼教能够成为传统中国社会的“纲常名教”，说明它深入人心已到了何等地步！这同时亦意味着在传统中国，无论是精英阶层还是普通民众，三纲五常实际是人们评价法的准则。正如朱熹所说：“盖三纲五常，天理民彝之大节而治道之本根也，故圣人之治，为之教以明之，为之刑以弼之，虽其所施或先或后，或缓或急，而其丁宁深切之意未尝不在乎此也。”①所以，具体到某部法典、某条律文或某件判决，凡是符合君为臣纲、父为子纲和夫为妻纲之三纲的，或体现仁、义、礼、智、信之五常的，就是合乎情理，反之即不合情理。正是由于这个原因，传统中国法亦被称为“情理法”。② 情理法说出了人们对传统中国法的认识与评价，同时亦恰当地表达了大众对传统中国法的道德原理的感受与态度。

三、传统中国法的道德原理之意义

在前述部分中，我们对传统中国法道德原理的内涵和结构进行了解读与分析，在这一部分中，笔者将以前述为基础，深入探讨它的价值。需要说明的是，既然是价值探讨，自然是指积极的方面，否则就不能称为价值。但这不等于说传统中国法的道德原理没有消极的东西，其实前面已经指出了作为道德原理表现的三纲之弊端，即

---

① 转引自杨鸿烈：《中国法律思想史》，中国政法大学出版社 2004 年版，第 141 页。

② 此类资料繁多，不复列举，经典者可见宋人《名公书判清明集》和明、清官员以及幕吏的判牍文集。现代研究的成果，可参见［日］滋贺秀三等：《清代诉讼制度之民事法源的概括性考察——情、理、法》，载王亚新等编：《明清时期的民事审判与民间契约》，法律出版社 1998 年版；范忠信等：《情理法与中国人——中国传统法律文化探微》，中国人民大学出版社 1992 年版；林端：《儒家伦理与法律文化——社会学观点的探索》，中国政法大学出版社 2002 年版。

封建性、专制性和宗法性。这些大家都已清楚,不再赘述,而且原本亦不宜列入价值讨论的范畴。在此笔者对这一问题所要做的探讨,主要立足于原理本身及其表现,并集中到人、法、社会这三个方面,表述为传统中国法的道德原理对人与法和社会的意义。

从对人的意义来说,传统中国法的道德原理的最大价值在于它的人文性。这个人文性立足于道德之上,体现为对人之为人的德性的确认、保护和促进,因此我们不妨称为道德人文性,这使它不同于立足于理性之上的西方人文主义传统。① 如果要以史为证的话,我们可以说,在中国的夏商时期,法律还受原始性的宗教神权支配,所以"天罚神判"盛行,人的主体性和理性都受到神性的压制。但从西周开始,人的主体性和理性崛起,体现德性的人文法逐渐代替原始性的宗教神权法。西汉以后中国的法律与儒家伦理相结合,到唐朝两者达到了水乳交融的境地,形成了礼法结合、德主刑辅的唐律。这在古代社会是一种高度发达的人文法,其正当性直接来源于它的道德性,而其哲学依据就是我们在前面所说的道德原理。如前所说,道德原理的结构是阴阳合一、阳主阴从,这是传统中国人认识到的万物构成的原理,体现到人就是人的德性对兽性控制的身心合一,体现到法就是德主刑辅的礼法结合。这样的法不只是摆脱了神鬼式的原始宗教的束缚,而且是肯定、高扬了现实中的人和人的德性,所以说它是一种高度发达的人文法。

在传统中国文化中,人心和德归属于阳性,与理性相通,代表人性与文明;与此相对,人身和刑归属于阴性,与非理性相通,代表兽性(本能)与野蛮。因此,德主刑辅的法就是符合心主身从的人法,

---

① 参见[英]阿伦·布洛克:《中国与西方的法律观念》,董乐山译,三联书店1997年版。

亦即人的德性对兽性、理性对非理性控制的法。[①] 从传统中国人的立场来看，这样的法是合乎道德的，可谓是合情合理的良善之法。从今天的立场来看，剔除它过时的道德内容，传统中国法的道德原理亦仍有其不变的价值，即它对人之为人的德性的确认、保护和促进。那么，为什么一定要确认、保护和促进人的德性呢？如果要深究下去，其背后实际是对“人”是什么的回答。孟子说：“人之所以异于禽兽者几希，庶民去之，君子存之。”[②]所以，“无恻隐之心非人也，无羞恶之心非人也，无辞让之心非人也，无是非之心非人也”。[③]荀子则对比说：“水火有气而无生，草木有生而无知，禽兽有知而无义，人有气有生有知，亦且有义，故最为天下贵。”[④]按照荀子的理解，人区别于水火的是有生，区别于草木的是有知，区别于禽兽的是有义；水火是无生物，草木是植物，禽兽和人都是动物，所以动物贵于植物，植物贵于无生物；但人这个动物与禽兽不同，不同的是人有义而禽兽没有，所以人贵于禽兽在于义。后人在此基础上进一步发展，如宋儒程颐明确提出：“君子所以异于禽兽者，以有仁义之性也。”[⑤]我们知道，义与仁是德的核心，所以人贵于禽兽，贵的实质在于德。这样的逻辑是中国人的一般思维，因此国人普遍认为，人虽是万物之一，但万物以人为贵，贵就贵在有德，且德性的大小决定了

---

① 心主身从的含义是心灵支配身体，它标志着人类进入了文明时代，因此，笔者将它称为人的文化原理。依据这一原理，可归入心的范畴的神、人、灵魂、意志、精神、道德、文明，等与理性相关的概念，与可归入身的范畴的人、动物、躯体、本能、物质、邪恶、野蛮等与非理性相关的概念就有了对应关系。心主身从要求后者服从前者，准确说是理性控制非理性，精神支配物质，神灵指导人类。笔者认为，包括法律文化在内的人类文明，共同遵循着这一人的文化原理。

② 《孟子·离娄下》。

③ 《孟子·公孙丑上》。

④ 《荀子·王制》。

⑤ （宋）程颢、程颐：《二程集》，中华书局1981年版，第323页。

人从圣贤到小人的品格区别,无德或缺德就坠入了禽兽的行列,民间谓之畜牲。由此我们明白,为了使人成为人而不是畜牲,法必然要以道德为原理,这样的法亦必然要对人的德性加以确认、保护和促进。这就是传统中国法道德原理的人文性由来和它的价值所在。

从对法的意义来说,传统中国法的道德原理的最大价值在于它的向善性,或者说它对善的追求。我们知道,在传统中国,善的核心是仁义,因此,仁义是传统中国文化中善的特定内涵。仁义的力量至强至大,最终发展成了中国文化的基本精神。作为中国文化基本精神的仁义或者说善,表现在立法原则上就是《唐律疏议·名例》所说的"防其未然"和"存乎博爱",具体到法律规定上则是一系列相应制度的确立。对此我们不必繁复引证,即从后人的评价中亦可见一斑。元人柳赟在《唐律疏义序》中说:"盖姬周而下,文物仪章,莫备于唐。始太宗因魏徵一言,遂以宽仁制为出治之本,中书奏谳,常三覆五覆而后报可,其不欲以法禁胜德化之意,皦然与哀矜慎恤者同符。"[①]清人孙星衍更是在《重刻故唐律疏议序》中提出:"夫不读唐律,不能知先秦历代律令因革之宜,不足彰圣朝立法之仁、折衷之当。"[②]正如前面已经指出在此还要强调的,《唐律疏议》所体现的传统中国法的这种精神,亦即它的仁义性或者说对善的追求,是基于道德原理而形成的一种内在的、固有的、天然的品质,而并非是由其他外在因素加诸的。因此,可以这样说,只要坚持道德原理,向善就是它的本能,趋恶就是对它的反动,这是道德原理的本性使然。在这方面,虽然理论与实践有差异甚至脱节,但作为原理的意义并不因此减少,因为原理的价值原本就在于有理,而说理和服理亦是人类的天性,更何况道德原理是符合人的身心结构(心主身从)和

① (唐)长孙无忌等:《唐律疏议》,刘俊文点校,中华书局1983年版,第663页。
② (唐)长孙无忌等:《唐律疏议》,刘俊文点校,中华书局1983年版,第668页。

主体追求(人心向上)的。基于这几点认识,笔者认为向善性是道德原理对《唐律疏议》的最大贡献和意义所在,同时亦是传统中国法的伟大之处。

这里用"伟大"这个词并非感情用事,亦非昧于西方而不了解现代法学,实是事出有因。前面曾提到,传统中国的善源自道而寓于德,这是与万物相通同时又是万物生育的原理。它的核心点是万物有道、道中有德、德贵在生。生就是生育,引申为利他和奉献。所以,万物因为有了德(的利他和奉献),才得以产生;如果没有了德(的利他和奉献),万物将归于寂灭。这即是说万物的存在及其意义都在于德的利他和奉献,而不是利己或索取这种无德的行为,所以有"上善若水,水善利万物而不争"之说。① 这是从《易经》发展来的中国哲学,并长期指导着中国人的生活,使他们从中获得生存的意义。②《大学》所说的"大学之道在明明德,在新民,在止于至善",就是对这种哲学指导下的人生观的最好阐释和最高期待。这个观念反映到法就是道德原理,亦可以说是道德法哲学。道德原理使向善成为传统中国法的本质属性,反映在制度上即道德成为法律上的责任;在权利与责任③关系上,使责任优先成为法的基本特征,成为

① 《老子·八章》。

② 参见《周易》以及牟宗三的《周易哲学演讲录》(华东师范大学出版社 2004 年版)和[韩]李顺连的《道论》(华东师范大学出版社 2003 年版)相关部分。

③ 在这里笔者使用"责任"而不是"义务"一词,是因为考虑到在英语中,"义务:duty/obligation"与"责任:liability/responsibility"虽略有区别(此点感谢张骐教授的提示),但可以通用,然而在汉语里,义务与责任却有不同。一般认为,义务是受动的,是主体对外部要求的一种回应,含有应要求和被迫使的意思;而责任具有主动性,是发自主体内部的一种积极行为。因此,相对于西方或者说现代的法律关系中的义务,"责任"一词更符合传统中国法的精神和实状。基于这方面的考虑,对传统中国法的结构模式,笔者倾向于用"责任—权利"来加以表述。

一种责任—权利结构型的法。[①] 现在来看，这样的法既不同于西方又似乎与时代脱节，但我们不要忘了道德原理是创生和无私的原理，道德即使不是万物亦应是人类的第一原则。[②] 因此，传统中国法的向善性不仅有着坚实的法理依据和深厚的哲学基础，亦体现出它不同于西方的道德理性之光，对协调现代的人际、族际、区际和国际关系仍有指导意义。[③] 尽管坚持这一点需要我们对传统中国法中的道德必须做哲学上的理解，而且必然要遗弃一些旧时是精华而今却是糟粕的东西。

从对社会的意义来说，传统中国法道德原理的最大价值在于它的和谐性，亦即它对和谐社会的追求。经验还有理论都告诉我们，社会和谐来自人际关系的协调，人际关系的协调来自社会关系的合理性，社会关系的合理性决定于社会结构。[④] 毫无疑问，从社会结构到社会关系再到人际关系，我们的认识可经由不同的途径，但法显

---

① 毫无疑问，这种结构型的法通过对个人私心的压制和对人类责任的张扬，以求达到一种"重义轻利"的和谐，但这不等于说传统中国法中没有权利的存在。因为传统中国社会中的人是处在由各种关系所构成的整体中的，所以，传统中国人的权利是存在于群体关系中，且任何权利的有无大小都要以责任为前提并与责任成比例。大家知道，家长在传统中国法中享有特权，但很多特权都是以家长先尽和能尽一家之责为前提的，甚至家人的违法行为亦由家长来担责。如《唐律疏议·卫禁》"不应度关而给过所"疏议曰："家人不限良贱，但一家之人，相冒而度者，杖八十。既无'各'字，被冒名者无罪。若冒度、私度、越度，事由家长处分，家长虽不行，亦独坐家长，此是'家人共犯，止坐尊长'之例。"[（唐）长孙无忌等：《唐律疏议》，刘俊文点校，中华书局 1983 年版，第 174 页。] 这是因为人（尤其是家长）是道德的主体，法是主体价值的载体，所以传统中国法的责任—权利结构，实际上是道德原理在人与法上的贯通和展开。

② 万物是否以道德为据，这在哲学和科学上有不同的回答。但对人类来说，道德是绝对命令，是人类作为人类存在的第一原则。如果没有道德，人类将不是人类而为他类。对于此，中西方都有共同的认识，如中国的孟子和西方的康德，尽管他们的措词和含义或有不同。

③ 参见张翰书：《比较中西政治思想》，张玉生等校订，台北，五南图书出版股份有限公司 2005 年版，第 1~26 页。

④ 参见［日］富永健一：《社会学原理》，严立贤等译，社会科学文献出版社 1992 年版。

然是制度性认识的最好途径。以此来观察传统中国社会与法,可以发现,无论是社会结构还是社会关系以及人际关系,从纵向上看都是等差的,从横向上看又是对等的。这里所谓的等差,是指按传统中国法的规定,人的身份是一个上下不等的阶梯结构。①这个结构在《唐律疏议》中被表述为"贵贱、尊卑、长幼、亲属等"。②在传统中国,这个等级结构是构成费孝通先生所说的差序格局的主要部分。差序格局是传统中国社会相对合理的人际关系的反映,符合传统中国社会结构,被视为和谐社会的象征,通常谓之礼治秩序。③然而,尽管传统中国法的这类规定,亦是道德原理的体现,有着与"善"同样坚实的法理依据和深厚的哲学基础,但如同"三纲"一样,它在追求平等的现代社会中被整体抛弃了。其实,它某些合乎人性的部分,如长幼有序、亲疏有别,即使在今天亦是有现实基础和实际意义的。

在传统中国法对和谐社会的追求方面,不需要甚至不应该完全放弃的部分,是它基于道德原理对群体与个体这一类关系的设定。按其设定,在群体与个体的关系中,前者为主,后者为从,构成上面所说的横向上的主从结构。这个结构的法理依据和哲学基础亦是道德原理,所以《唐律疏议·杂》"见火起不救告"疏议曰:"见火起,烧公私廨宇、舍宅、财物者,并须告见在及邻近之人共救。若不告不救,'减失火罪二等',谓若于官府廨宇内及仓库,从徒二年上减二

---

① 从上到下的排序是帝皇、贵族、官僚、平民、贱民、奴婢。除去奴婢在权利主体之外,不同等级之间主体的权利和义务是不相等的,整个结构从下往上权利可扩大至不限,而义务可缩小至无。但法律又同时规定,同一等级内主体的权利和义务是相等的,亦即横向上看是对等的。

② 《唐律疏议·厩库》"畜产觗蹋齧人"疏议,(唐)长孙无忌等:《唐律疏议》,刘俊文点校,中华书局1983年版,第286页。

③ 参见费孝通:《乡土中国》,三联书店1985年版,第21~28页、第48~53页。

等,合徒一年;若于宫及庙、社内,从徒三年上减二等,徒二年;若于私家,从笞五十上减二等,笞三十。……”[①]在今天看来,非在岗值班人员,见火起不救告乃是道德问题,并不在违法犯罪之属,这是因为现在的法理依据是个人(自由/权利)本位。但《唐律疏议》的法理依据是道德原理,依据这一原理,在群体与个体以及官方与民间的关系中,前者代表公,表示有德性或德性大,属于阳的范畴;后者代表私,表示缺德性或德性小,属于阴的范畴。虽然阴阳不能分离,但阳主阴从是万物构成的秩序原理,顺之者为有道,逆之者为无道,有道则和,无道则乱。所以,《唐律疏议》规定“见火起不救告”有罪,乃是因为它的法理依据是众人(道德/责任)本位。因此,传统中国法对群体与个体这一类关系主从式结构的设定,在原理上是立基于道德之上追求整体利益与社会和谐的设定。

从以上讨论中,我们不难发现传统中国法的道德原理对于人与法和社会的意义最后都集中到了道德上,表现为基于道德所拥有的共通原理和内在价值。具体说在对人的方面,道德使传统中国法不仅确认、保护和促进了人文,而且赋予它“德”这样一个特别的人文内涵。鉴于德是道的固有属性,是人之为人、物之为物的根据所在,因此笔者说传统中国法的人文观实质是一种道德人文观。此是其一。其二,在对法的方面,道德使传统中国法自生向善性,内含仁义的精神,所以称它为道德法哲学。其三,在对社会方面,道德使传统中国法追求整体利益与社会和谐,并使之成为它的终极目标。因此,概括来看,传统中国法在对人与法和社会的意义上,其原理和价

---

① (唐)长孙无忌等:《唐律疏议》,刘俊文点校,中华书局 1983 年版,第 511 页。类似的规定还有《唐律疏议·捕亡》:“诸邻里被强盗及杀人,告而不救助者,杖一百;闻而不救助者,减一等;力势不能赴救者,速告随近官司,若不告者,亦以不救助论。其官司不即救助者,徒一年。窃盗者,各减二等。”[(唐)长孙无忌等:《唐律疏议》,刘俊文点校,中华书局 1983 年版,第 530~531 页。]

值都植根于德而统归于道。当然，事物都有它的两面性，就像传统中国哲学中的道分阴阳一样，传统中国法在对人与法和社会的缺失上，其原理和弊病亦都是植根于德而统归于道。[①] 其实，这种情形并不限于传统中国法，包括法在内的传统中国文化整体都是如此。因为传统中国文化是一个同根共生的大系统，所以它是一体相互贯通的，如图 6-2 所示。

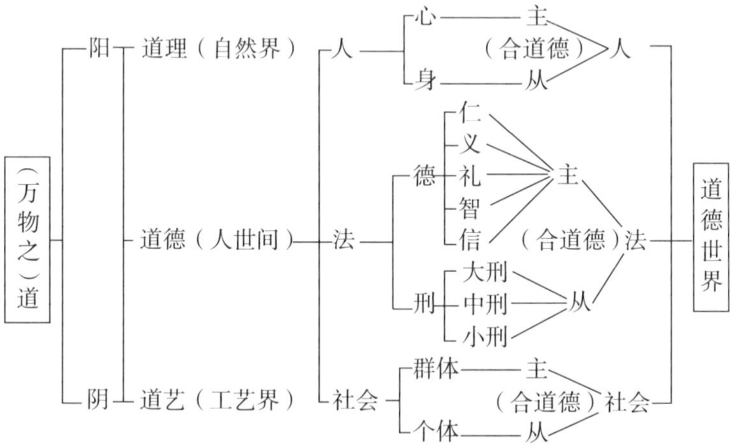

图 6-2　传统中国文化系统整体贯通意义示意

通过图 6-2，我们可以进一步把传统中国法的道德原理及其对人与法和社会的意义贯通示意，如图 6-3 所示。

↗阳(主)↗心(主)↗德(主)↗群体(主)↘

道德原理　　人　　法　　社会　　道德世界

↘阴(从)↘身(从)↘刑(从)↘个体(从)↗

图 6-3　道德原理及其对人与法和社会的意义贯通示意

通过图 6-2 和图 6-3，我们看到传统中国文化是贯通自然、社

① 对于这一点，笔者是很清楚的，但这不属于本章讨论的范围，笔者拟另写一篇《传统中国道德法哲学之理解与批判》来阐述这一问题。

会与人类的文化。在这个文化大系统中,传统中国的法立足于道德原理,对人与法和社会都发挥着支配性的贯通作用,其用意是肯定、保护和追求有德的人、向善的法与和谐的社会。按照传统中国人的理解,由这样的人与法和社会构成的世界就是理想的道德世界,亦即大道在人世间的实现,《礼记·礼运》中关于大同世界的描述表达了此意。显而易见,对生活在传统社会里的中国人来说,其意义是重大而又积极的。对于这些意义,本章已有论述,但笔者在这里还要指出的是,由于与"真"和"美"一样,"善"亦是人类最基本的价值追求。即如人们所说,人类在科学中求真、艺术中求美、道德上求善。由此可知,"善"不仅是人类最高的道德原则,而且亦不在科学求真的范围内。"善就是善"这是人类的价值共识。因此,即使传统中国的道德自身存在某些方面的缺陷,而且道德原理或许在实证主义者看来亦缺乏所谓的科学性,但这些都不足以否定它所拥的某些普适的和持久的价值,原因在于这些价值原本植根于善的道德,而善是不能从根本上否定的。

如果我们把它与西方做一个简单的比较,这个道理就更加明显了。传统中国法的道德原理首先确认,人是有而且是必须有道德,如果没有道德,则人人自私自利无异于禽兽,因此,道德是人作为顶天立地的主体存在的正当性所在,亦即人之为人的理据。同理可推,人类群体在没有道德,或缺乏道德的人之间根本无法建立起正常的社会,即使通过某种途径一时建立,亦将时时面临着解体直至覆亡的危险。所以,传统中国法的道德原理是从人际关系的健康确立,亦即人类社会的自身存续出发的。[①] 相对于传统中国法的道德

---

① 传统中国法从整体出发,除了它是道德原理的内在要求外,亦是先贤对现实经验的总结,《荀子·王制》中说的很清楚:人"力不若牛,走不若马,而牛马为用,何也?曰:人能群,彼不能群也"。

原理,笔者认为自由是西方文化的核心理念,西方法贯彻的是自由原理,表现为以自由为归依的人文主义传统、权利法哲学和契约社会论。[①] 这一原理立足于人首先是独立的个体,其次才是人类群体中的一员,因此个人的自由和权利优先,以确保人作为人类群体一分子存在的意义。反之,人就不是理性的动物和思想的主体,而建立在这种个体之上的群体关系,亦即人类社会,便不是人类所应有的关系,因为它对个体人来说是无意义的。所以,西方法的自由原理是从作为人类群体中的个体存在的意义出发的。

中西虽然是如此的不同,但依然各有其价值。如寺田浩明教授所说:"西欧似乎是选择以个人作为秩序形成出发点的发展道路。把秩序理解为就是保护每个个体所拥有的正当利益而得到的总和。个体所拥有的正当利益被称为'权利',而权利完全实现的状态则被称为'法'。权力就是实现这个法的机关。其观念形态的发展最终归结为社会契约论。与其相对,中国则是以全部个体的共存为基础。无论其基本的经济单位如何趋向于个体化或分散,但要求所有个体都顾全大局并作为一个和谐的集体中的一员来生活却一直被视为不证自明的道理。首先有全体的生存,才会有个体的生存。代表全体的利益要求每个个体互助互让,同时对于每个个体有时会出现的私欲膨胀予以抑制和处罚,这些都被看作公共权力应该履行的职责。"[②]我们知道,法是公共权力的核心,传统中国法基于群体对个体的权利优先而发挥抑制和处罚作用,这虽然可能不完全符合但亦没有完全违背现代社会的法制原则。因为法必然是权利和义务

---

① 参见张中秋:《中华法系与罗马法的原理及其哲学比较——以〈唐律疏议〉与〈法学阶梯〉为对象的比较》,载《政法论坛》2010 年第 3 期。

② 参见[日]寺田浩明:《清代民事审判与西欧近代型的法秩序》,载《中外法学》1999 年第 2 期。

的结合，法治的框架亦是由权利和义务双柱支撑的，现代社会是权利优先，但不同时代的法有着不同的任务，依博登海默的意见，前资本主义社会法的主要任务是为社会提供安全和秩序，义务优先具有普遍性。[①] 考虑到传统中国的幅员广大、人口规模、文化价值和政治体制，基于群体和谐的道德原理法本身就是一种解决现实问题的智慧。即使在全球化的今天，笔者亦相信，无论是道德原理还是自由原理，任何一项都不足以解决人类所面临的在自律与他律、权利与义务、群体与个体之间的永久冲突，而且任何一项走向极端都会带来灾难。因此，笔者认为，道德原理与自由原理是各有其价值的，就像西方法的自由原理有其永久价值那样，传统中国法的道德原理亦拥有其价值，因为两者都是人类必需的。不过，令笔者担忧的是，在崇尚自由主义、追求权利、放纵个性的今天，人们的选择往往都是功利的。对此，孔子所说的"人无远虑，必有近忧"[②]和让·保罗·萨特所说的人要对自己的选择负责[③]，中西这两位贤哲的箴言或可供世人参考。

---

① 参见[美]E. 博登海默：《法理学——法哲学及其方法》，邓正来等译，华夏出版社1987年版，第244~245页。

② 《论语·卫灵公》。

③ 让·保罗·萨特(Jean Paul Sartre，1905—1980)认为，人的选择是绝对自由，所以，人应对自己的选择负责。这即是他所说："如果存在真的先于本质的话，人就要对自己是怎样的人负责。所以存在主义的第一个后果是使人人明白自己的本来面目，并且把自己存在的责任完全由自己担负起来。还有，当我们说人对自己负责时，我们并不是指他仅仅对自己的个性负责，而是对所有的人负责。"([法]让·保罗·萨特：《存在主义是一种人道主义》，周煦良译，上海译文出版社2005年版，第57页。)

第七章　中国社会转型与法的统一性*

——中国道德原理法思想的形成与完善及其命运

一、社会转型与法的统一性的含义

社会转型是一个社会学概念，法的统一性是一个法学用语，将两者结合起来观察并分析中国社会转型与法的统一性问题，为我们认识这个问题提供了一个新的视角。但在借助这个视角考察问题之前，我们有必要对这两个关键词的含义有所界定。

在社会学中，社会转型是对社会变迁的一种事实描述，一般可以理解为，社会系统因发生结构性变动而引起社会模式的转换。① 社会转型包括社会

---

* 原载《法制与社会发展》2010 年第 4 期，有修改。

① 这个概念是笔者在查阅了相关的社会学著作后所拟的。所查阅的著作有[日]富永健一：《社会学原理》，严立贤等译，社会科学文献出版社 1992 年版，第三编“社会的宏观理论”和第四编“社会变动理论”；[日]富永健一：《社会结构与社会变迁》，董兴华译，

理论、社会制度和社会结构的系统性转换，并在此基础上引起社会性质，以及人们的观念和行为方式的变化。社会转型是一个动态的过程，它表现出系统性、非重复性和长时段的特征。①社会转型完成的标志是社会新模式，或者说新的社会形态的形成。伴随着社会转型，法自身的一个最大变化就是它体系的瓦解与重建。这个体系包括法的理论体系和制度体系。为从学理上把握这一现象，笔者把这概括为法的统一性。因此，在这里，法的统一性是指法的统一理论和统一的制度模式。如同社会转型一样，法的统一性亦有它的特征，其中系统性、权威性和稳定性最显著，其次是体系的协调性和早期的理想性与晚期的保守性等。②法的统一性是随着社会转型而展开的，而且它本身就是社会转型的一部分，因此，法的统一性的完成亦是社会转型成功的标志之一，尽管两者在进程上有时并非同步。

云南人民出版社 1988 年版；[美]杰弗里·亚历山大：《社会学二十讲》，贾春增等译，华夏出版社 2000 年版，第 1~6 讲；[美]史蒂文·瓦格：《社会变迁》（第 5 版），王晓黎等译，北京大学出版社 2007 年版，第一章“绪论：变迁的维度和来源”和第二章“变迁理论”。此外，关于“社会转型”的含义，在我国社会学学者的论述中，主要有三方面的理解：一是指体制转型，即从计划经济体制向市场经济体制的转变。二是指社会结构变动，持这一观点的学者认为，社会转型的主体是社会结构，它是指一种整体的和全面的结构状态过渡，而不仅仅是某些单项发展指标的实现。社会转型的具体内容是结构转换、机制转轨、利益调整和观念转变。在社会转型时期，人们的行为方式、生活方式、价值体系都会发生明显的变化。三是指社会形态变迁，即指中国社会从传统社会向现代社会、从农业社会向工业社会、从封闭性社会向开放性社会的社会变迁和发展。（参见 http://zhidao.baidu.com/question/6222611.html，最后访问日期：2008 年 5 月 6 日。）

① 所谓系统性是指社会的整体，包括由社会的理论系统、制度系统和结构系统所构成的社会大系统。所谓非重复性是指社会中已建立起来的行为模式不再重复出现。所谓长时段是指社会模式从旧到新的长时间转变形成过程。进一步的说明，可参见上注中所列诸书的相关章节。

② 有关法的统一性的含义和特征，是笔者在参阅了法理学和法律社会学相关著作的基础上，根据自己的理解拟出的。虽不敢说精确完全，但基本可取。参阅过的著作有[英]罗杰·科特威尔：《社会学原理》，潘大松等译，华夏出版社 1989 年版，第二章“作为社会变迁工具的法律”；[美]弗里德曼：《法律制度》，李琼英等译，中国政法大学出版社 1994 年版，第十章“社会变化与法律变化”；[美]诺内特、塞尔兹尼克：《转变中的法律与社会》，张志铭译，中国政法大学出版社 1994 年版。

二、中国社会转型与法的统一性

众所周知,概念是分析问题的工具。因此,如果依上述我们对社会转型与法的统一性的界定,那么,在文明史的范畴内,迄今为止,中国社会已经历和正在经历的社会转型与法的统一性有三次。它们分别发生在殷周之际、春秋战国和晚清以来,其中在唐宋之间还经历了一次准转型的社会变动与学理统一过程。由于中国社会转型在历史学中早有讨论,而且至今还有不同的争论,因此,本章对作为背景的中国社会转型的一般问题采用目前的通说,而将重心放在对法的统一性的讨论上。

(一)殷周之际的社会转型与法的统一性

王国维先生在他的《殷周制度论》中开篇揭示道:“中国政治与文化之变革,莫剧于殷、周之际。”①毫无疑问,在近代中国以前,这是符合历史实际的。从殷周之际的政治与文化变革中,我们可以深入地观察到当时中国社会转型与法的统一运动。从社会形态来说,殷周之际是部族社会向宗法社会的转变。② 这是一次巨大的社会转型,它的核心和意义,正如王国维先生所说:“殷、周间之大变革,自其表言之,不过一姓一家之兴亡与都邑之转移;自其里言之,则旧制度废而新制度兴,旧文化废而新文化兴。”③这种社会整体性的制度

① 王国维:《殷周制度论》,载王元化主编:《释中国》(第3卷),上海文艺出版社1998年版,第1711页。

② 关于西周社会的形态和性质,学界有不同的认识,其中以奴隶制说和封建制说为代表。笔者认为,从社会结构形态来看,西周是宗法制封建社会,但因为西周的封建是建立在宗法之上的,所以称为宗法社会未尝不可。实际上,不论西周是那一种形态和性质的社会,都不影响发生在殷周之际的社会转型和法的统一性运动这一历史事实。

③ 王国维:《殷周制度论》,载王元化主编:《释中国》(第3卷),上海文艺出版社1998年版,第1712页。

和文化的新旧更替,是当时社会中法的统一性运动的内容和趋势。

从理论上讲,殷商时期的主导思想是重鬼神轻人事,所以表现出严重的信鬼神轻民命的失德行为,以致它终于失去天下。[①] 鉴于此,周从文王开始,就转变到了重人事尊德性的方面,把天命(帝位)与民命(用刑)通过道德联系起来,认识到"皇天无亲,惟德是辅",提出"以德配天"和"敬天保民",最后落实到"明德慎罚"的德政思想上。[②] 这个重大的思想转变和完成,在理论上的统一性表现就是文王所演的《易》,亦即通常所说的易之"道"的出现。[③] 对此,《汉书·艺文志》记载说:"至于殷、周之际,纣在上位,逆天暴物,文王以诸侯顺命而行道,天人之占可得而效,于是重《易》六爻,作上下篇。"此外,我们还可以从源于夏商、盛于西周的六艺的关系中清

---

① 《易》之《系辞上》《系辞下》,《尚书》之《牧誓》《多士》《康诰》《酒诰》《梓材》《召诰》《洛诰》《君奭》,《诗·大雅·文王》《诗·大明》,以及《左传》"定公四年"、《荀子·儒效》、《史记·殷本纪》、《史记·周本纪》、《礼记》等对此多有记载。例如,《礼记·表记》载:"殷人尊神,率民以事神,先鬼而后礼,先罚而后赏,尊而不亲,其民之敝,荡而不静,胜而无耻。"又如后来朱熹集注的《大学》先引《诗》云:"殷之未丧师,克配上帝。仪监于殷,峻命不易。"然后接着说:"道得众,则得国;失众,则失国。是故君子先慎乎德。有德此有人,有人此有土,有土此有财,有财此有用。德者,本也;财者,末也。"所以,史家说:"夫商道尚鬼,乃至窃神祇之牺牲,卿士浊乱于上,而法令隳废于下,举国上下,惟奸宄敌仇之是务;固不待孟津之会、牧野之誓,而其亡已决矣。而周自大王以后,世载其德……故克殷之后,尤兢兢以德治为务。"[王国维:《殷周制度论》,载王元化主编:《释中国》(第3卷),上海文艺出版社1998年版,第1728页。]

② 分别见《尚书·蔡仲之命》、《尚书·召诰》和《尚书·康诰》。其中,《尚书·召诰》中有一段召公托周公转告周成王的辞,很可以说明问题,其曰:"王敬作,所不可不敬德。我不可不监于有夏,亦不可不监于有殷。我不敢知曰:不其延。惟不敬厥德,乃早坠厥命。我不敢知曰:有殷受天命,惟有历年。我不敢知曰:不其延。惟不敬厥德,乃早坠厥命。今王嗣受厥命,我亦惟兹二国命,嗣若功,王乃初服。"老子《道德经·七十九》中亦有:"天道无亲,常与善人。"

③ 表面上周文王被拘羑里时,对《易》重加演绎,作上、下篇,成六十四卦和卦爻辞,实则是文王处于危难而出于忧患,为谋划周之大业而对先民生存智慧与历史经验及教训的总结。所以,《易·系辞下》说:"《易》之兴也,其当殷之末世,周之盛德邪?当文王与纣之事邪?是故其辞危。危者使平,易者使倾。其道甚大,百物不废。惧以终始,其要无咎,此之谓《易》之道也。"

楚地看到这一点，所谓“六艺之文：《乐》以和神，仁之表也；《诗》以正言，义之用也；《礼》以明体，明者著见，故无训也；《书》以广听，知之术也；《春秋》以断事，信之符也。五者，盖五常之道，相须而备，而《易》为之原”。[①] 我们知道，六艺即是后人所说的六经，这六经是先秦尤其是西周礼乐文明的思想基础和理论指导，在这六经中《易》是其他五经之原，可见《易》或者说易之“道”，已是那个时代的哲学或者说统一理论了。[②] 因此，立基于《易》道之上的西周新制度和新文化，新就新在“道德”二字。对此，王国维先生有很精辟的论述。他说：“欲观周之所以定天下，必自其制度始矣。周人制度之大异于商者，一曰‘立子立嫡’之制，由是而生宗法及丧服之制，并由是而有封建子弟之制，君天子臣诸侯之制；二曰庙数之制；三曰同姓不婚之制。此数者，皆周之所以纲纪天下。其旨则在纳上下于道德，而合天子、诸侯、卿、大夫、士、庶民以成一道德之团体。”[③]把这段话概括一下，我们可以把它归纳为宗法分封和道德文化这样两点。前者是西周社会的制度模式，后者是贯注于制度和思想文化中的统一理论，正是借由这两者构成了西周社会的新制度和新文化，而道德则是它的核心。因此，史上所谓的周革殷命，其要害之处即在于此，诚如王国维先生所说：“是殷、周之兴亡，乃有德与无德之兴亡；故克殷之后，尤兢兢以德治为务。”[④]

---

① 《汉书·艺文志》。

② 可以说，根于《易经》的哲学贯穿传统中国思想的始终，正如成中英教授所说：“中国哲学的原始出发点是《易经》哲学。儒家、道家、法家、兵家及大乘佛学等，无一不是直接地或间接地受其影响。”（[美]成中英：《中西哲学精神》，东方出版中心1991年版，“引子”第2页。）

③ 王国维：《殷周制度论》，载王元化主编：《释中国》（第3卷），上海文艺出版社1998年版，第1712～1713页。

④ 王国维：《殷周制度论》，载王元化主编：《释中国》（第3卷），上海文艺出版社1998年版，第1728页。

足主体的需求，而且还能引导社会向前发展。但随着社会变迁，文武周公之道已不能适应时代发展的需要，于是从春秋开始到战国出现了“礼崩乐坏”的道为天下裂的景象。[①] 对此，刘向在《战国策序》中这样写道：“仲尼既没之后，田氏取齐，六卿分晋。道德大废，上下失序。至秦孝公捐礼让而贵战争，弃仁义而用诈谲，苟以取强而已矣。夫篡盗之人列为王侯，诈谲之国兴立为强，是以转相仿效，后生师之，遂相吞灭，并大兼小，暴师经岁，流血满野，父子不相亲，兄弟不相安，夫妇离散，莫保其命。缗然道德绝矣。”

其实，道为天下裂的深层原因是社会结构的变动。这个变动表现在人们的思想观念和学说理论上，就是春秋战国时期的百家争鸣。其中，以孔子和孟子为代表的儒家直接继承了文武周公之道，并在西周道德文化的基础上发展出了道→德→仁→义→礼的儒家思想，荀子在这个基础上，即在“礼”之后又加上了“法”的思想，使儒家思想成为诸子百家中文武周公之道的正传。[②] 但这段时期作为道的统一理论已经分裂为诸子百家，各家的思想往往既自成体系又互相责难。[③] 在法的方面情况亦是如此，这使西周时期以道德为精髓、以礼乐刑政为形式的道德人文法（礼治）思想被割裂，法在理论

① 对于“礼崩乐坏”在春秋战国之间的变化，顾炎武在《日知录》卷十三“周末风俗”条中说：“春秋时犹尊礼重信，而七国则绝不言礼与信矣。春秋时犹宗周王，而七国则绝不言王矣。春秋时犹严祭祀、重聘享，而七国则绝无其事矣。春秋时犹论宗姓氏族，而七国则绝无一言及之矣。春秋时犹宴会赋诗，而七国则不闻矣。春秋时犹有赴告策书，而七国则无有矣。邦无定交，土无定主。此皆变于一百三十三年之间，史之阙文而后人可以意推者也。”

② 《礼记·中庸》记曰：“仲尼祖述尧、舜，宪章文、武；上律天时，下袭水土。辟如天地之无不持载，无不覆帱；辟如四时之错行，如日月之代明。万物并育而不相害，道并行而不相悖。小德川流，大德敦化。此天地之所以为大也。”《史记·孟子荀卿列传》曰：“……天下方务于合纵连衡，以攻伐为贤。而孟轲乃述唐、虞、三代之德，是以所如者不合。”《汉书·艺文志》云：“儒家者流，盖出于司徒之官。……游文于六经之中，留意于仁义之际，祖述尧、舜，宪章文、武，宗师仲尼，于道最为高。……”

③ 参见《庄子·天下》《荀子·非十二子》《韩非子·显学》等。

上的统一性由此丧失,取而代之的是儒、墨、道、法诸家之说。[1] 这个思想理论上的分裂一直到董仲舒在"天人感应"[2]的天道哲学基础上提出"春秋大一统",并进而提出"独尊儒术、罢黜百家"而被汉武帝采纳后才告结束。[3]

董仲舒的"天人感应"说和"春秋大一统"综合杂糅了儒、道、法、阴阳诸家的思想,构成了连接自然、社会和人类的庞大的思想体系。[4] 董仲舒在阐发他的"《春秋》大一统"时说:"《春秋》大一统者,天地之常经,古今之通谊也。今师异道,人异论,百家殊方,指意不同,是以上亡以持一统;法制数变,下不知所守。臣愚以为,诸不在六艺之科、孔子之术者,皆绝其道,勿使并进。邪辟之说息,然后统纪可一而法度可明,民知所从也。"[5]从董仲舒的这段论证可知,作为王朝国家的统一理论,"春秋大一统"必然追求思想理论和国家制度上的统一性,即所谓"邪辟之说息,然后统纪可一而法度可明"。这亦表明董仲舒的"春秋大一统"中包含了法的统一理论,实

---

① 参见杨鸿烈:《中国法律思想史》,中国政法大学出版社 2004 年版,第 31~92 页"儒墨道法诸家对立的时代"。

② 董仲舒在回答武帝的贤良对策中所说的一段话可引为证。他说:"臣闻天者群物之祖也,故遍覆包函而无所殊,建日月风雨以和之,经阴阳寒暑以成之。故圣人法天而立道,亦溥爱而亡私,布德施仁以厚之,设谊立礼以导之。春者天之所以生也,仁者君之所以爱也;夏者天之所以长也,德者君之所以养也;霜者天之所以杀也,刑者君之所以罚也。繇此言之,天人之徵,古今之道也。"(袁长江主编:《董仲舒集》,学苑出版社 2003 年版,第 6~24 页"天人三策"。)

③ 参见《汉书·董仲舒传》;袁长江主编:《董仲舒集》,学苑出版社 2003 年版;杨向奎:《汉武帝与董仲舒》,载王元化主编:《释中国》(第 3 卷),上海文艺出版社 1998 年版,第 1950~1969 页。

④ 参见《汉书·董仲舒传》;《春秋繁露》之《深察名号》《王道通三》《阳尊阴卑》《天道无二》《基义》《人副天数》《如天之为》诸篇;袁长江主编:《董仲舒集》,学苑出版社 2003 年版,第 6~33 页"天人三策";冯友兰:《中国哲学简史》,北京大学出版社 1996 年版,第 165~174 页。

⑤ 《汉书·董仲舒传》;袁长江主编:《董仲舒集》,学苑出版社 2003 年版,第 23 页"天人三策"。

际上这个理论亦是在综合杂糅了儒、道、法、阴阳诸家思想的基础上建构起来的。[①] 简单地说,董仲舒顺应春秋战国以来的时代和学术趋势,立足于儒家特别是孔子和荀子的礼法思想,着眼于天下一统的王道政治和社会经济发展要求,摄取儒家的德礼、法家的刑名、道家的道和阴阳家的阴阳核心概念,通过以道家之道为形式、阴阳家之阴阳为方法、儒法两家为内容的方式,把它们综合杂糅起来,形成天(万物)有道→道分阴阳→阳主阴从→大德小刑的法的理论体系。用董仲舒的话说:"天道之常,一阴一阳。阳者,天之德也;阴者,天之刑也。"[②]"天道之大者在阴阳,阳为德,阴为刑;刑主杀而德主生。……天使阳出布施于上而主岁功,使阴入伏于下而时出佐阳;阳不得阴之助,亦不能独成岁。终阳以成岁为名,此天意也。王者承天意以从事,故任德不任刑也。"[③]按照当时人们所信奉的"人法地,地法天,天法道,道法自然"[④]的观念,董仲舒的这个理论已连接了自然、社会和人类,弥合了春秋战国以来儒、道、法、阴阳诸家法思想的分歧,在形式上重建,在实质上继承并部分否弃和发展了西

---

① 参见杨鸿烈:《中国法律思想史》,中国政法大学出版社 2004 年版,第 97 页及以下。

② 《春秋繁露·阴阳义》。

③ 袁长江主编:《董仲舒集》,学苑出版社 2003 年版,第 8 页"天人三策"。另外,董仲舒在《春秋繁露·基义》中说的一段话亦可为经典。他说:"凡物必有合。……阴者阳之合,妻者夫之合,子者父之合,臣者君之合。物莫无合,而合各有阴阳。阳兼于阴,阴兼于阳。夫兼于妻,妻兼于夫。父兼于子,子兼于父。君兼于臣,臣兼于君。君臣父子夫妇家义,皆取诸阴阳之道。君为阳,臣为阴。父为阳,子为阴。夫为阳,妻为阴。……阳之出也,常县于前而任事;阴之出也,常县于后而守空也。此见天之亲阳而疏阴,任德而不任刑也。是故……德礼之于刑罚,犹此也。故圣人多其爱而少其刑,厚其德而简其刑,此为配天。"我们可以把董仲舒理论体系的结构如下图所示:

↗ 阳—阳主—大德—德礼↘
天道 法理
↘ 阴—阴从—小刑—刑罚↗

④ 《老子·二十五章》。

周的道德人文法思想。因此，如果说传统中国法的统一理论在西周还是雏形的话，那么，经过春秋战国到汉初五百多年理论与实践的分化竞合，以董仲舒为代表的汉儒们已将它综合改造成为较完备的形态。这样，在法的统一理论方面，道为天下裂的状况重新为道为天下合所取代，法的价值系统，即法律以礼为出入、礼为道德之工具，这种西周时期的道德人文法思想得以重新确立。[①]

作为汉代儒学之一的今文经学的董仲舒的理论，虽然从一开始就受到了来自古文经学的批评和改造，魏晋时期又受到了玄学的冲击和来自道、佛两面的夹击，甚至到中唐时在社会上已形成儒、释、道三教并存而释、道兴盛的局面，但"春秋大一统"的理论在宋代理学成为官学之前，几乎一直是中国官方的正统思想和制度依据。因此，从王朝国家的意识形态来说，董仲舒的"春秋大一统"可谓是这一时期中国的统一理论。[②] 如果从中国文化的整体性和连续性来看，它又可以说是继承和发展了的文武周公之道，是新时期的中国文化之道。但由于汉承秦制的现实和社会历史的惯性，董仲舒的这套理论在当时只是在思想上为官方所认可，并没有立即成为国家立法和司法的指导思想，因此，与此相应的制度模式，即统一的法律制度并未形成，只是随着儒家化的深入而逐步实现，到隋唐特别是唐律出现时，董仲舒以及其他为官方所吸收的儒家理论，尤其是经学的成果，才彻底完成从思想方案到制度模式的定型。这一点我们通过对《唐律疏议》的分析可以得到印证。

《唐律疏议》首篇《名例》开宗明义道："德礼为政教之本，刑罚为政教之用，两者犹昏晓阳秋相须而成者也。"这句话的意思是说，

---

① 参见《后汉书·陈宠传》。

② 参见冯友兰：《中国哲学简史》，北京大学出版社 1996 年版，第 175~185 页。

德礼是政教的根本，刑罚是政教的辅从，两者的关系犹如黄昏与早晨（相续为一天）、春天与秋天（相续为一年），因此，两者只有相互结合而又本末有序，才能构成完美的事物。这只是对上述文字的直译，如果仔细分析，就会发现它的内涵远不是这么简单。首先，它融合了儒、法、道、阴阳诸家的思想。从概念的倾向上讲，"德礼"是儒家的，"刑罚"是法家的，"昏晓阳秋"是道家和阴阳家的。儒、法、道、阴阳诸家的思想在国家法典中融为一体，这是自董仲舒提出"春秋大一统"的法理论以来，中国法律制度发展到唐代"臻于完善"的表现，体现了从万物之道的阴阴合一、阳主阴从到国家政教的礼法结合、德主刑辅的道德人文法思想。为了更直观地阐明这一点，我们以图 7-1 来说明。

↗ 德礼（大）—本—晓—阳（春天—主：阳）↖

政教（之道）　　　　　　　　　　　　（万物之道）

↘ 刑罚（小）—用—昏—秋（秋天—从：阴）↙

图 7-1　《唐律疏议 · 名例》所示道德原理结构

很明显，图 7-1 把上面《唐律疏议 · 名例》的表述结构化了，其中"括号"内的字是笔者加上的，但符合图中的结构逻辑。通过图 7-1，我们可以看到作为政教（之道）两翼的德礼与刑罚与作为万物之道两仪的阳与阴的对应关系。我们知道，政教是传统中国政治文化的统称，法律亦包含在其中。因此，作为政教两翼的德礼与刑罚，实际上就是传统中国法内容的基本构成，亦即儒、法、道、阴阳诸家思想经董仲舒综合后所形成的大德小刑的结构。在这个结构中，德礼为本、刑罚为用。因此，人们习惯上把它概括为礼法结合、德主刑辅。礼法结合、德主刑辅是传统中国法的统一制度模式在西周礼乐刑政瓦解后，经千年发展而定型的新模式。这个模式与西周的礼乐刑政之间在精神上依然相连，前者以德礼为根本，后者以道德为精髓，表明两者同是以道德为原理的制度模式。这个模式行用至晚清变法修律，成为传统中国法的基本模式。[①]

（三）唐宋社会变动与法的统一性

中唐以后中国社会发生变动，均田制的瓦解是引起这场变动最根本的经济原因，因此随着租佃制对均田制的替代和确立，变动中的社会到北宋开始稳定下来。由于这个过程并没有引起社会系统发生结构性变化，所以宋代社会形态与唐代一样依然是封建性的。鉴于此，笔者把发生在唐宋之间的这个过程称为社会变动。[②] 与社会转型相比，社会变动是既有社会模式内的变化，而社会转型是一种社会模式的转换。因此，社会变动会引起法的变化，但这种变化不是对法的统一性的变化，而是在统一性范围内的变化。唐宋社会变动与法的统一性的关系亦是如此。

唐宋之间的这场社会变动，虽然没有造成新的法的统一性，即法的理论和制度模式没有发生根本性变化，但它使中国文化在思想理论上迎接了挑战，克服了危机，实现了儒、释、道的融合，诞生了新的儒学即理学。[③] 在理学之下，传统中国真正完成了哲理、法理与情

---

① 参见张中秋：《中西法律文化比较研究》（第5版），法律出版社2019年版，第363～370页及其前后。

② 关于唐宋社会变动的性质，在学界很早就有不同的认识，近来又成为讨论的热点之一。参见［日］内藤湖南：《概括的唐宋时代观》，载刘俊文主编：《日本学者研究中国史论著选译：第一卷·通论》，黄约瑟译，中华书局1992年版；［日］宫崎市定：《东洋的近世》，载刘俊文主编：《日本学者研究中国史论著选译：第一卷·通论》，黄约瑟译，中华书局1992年版；［日］谷川道雄：《中国的中世》，载刘俊文主编：《日本学者研究中国史论著选译：第二卷·专论》，高明士等译，中华书局1993年版；胡如雷：《唐宋之际中国封建社会的巨大变革》，载胡如雷：《隋唐五代社会经济史论稿》，中国社会科学出版社1996年版；［美］包弼德：《斯文：唐宋思想的转型》，刘宁译，江苏人民出版社2001年版；卢向前主编：《唐宋变革论》，黄山书社2006年版。

③ 参见冯友兰：《中国哲学简史》，北京大学出版社1996年版，第227～272页。

理，天理、国法与人情的贯通与融合。所以，唐宋社会变动与法的统一性的关系虽不是转型性的，但依然有讨论的价值，而且鉴于这个问题向来为法学界所不深识，因此更有探讨的必要。

中国自东汉魏晋开始，社会上就并存着儒、释、道三种思想和信仰。① 释、道亦称佛、老，虽然二者对政治时有干预，但总体来说，在国家政治思想和制度层面，被董仲舒等汉儒们改造过的儒家思想，或者说由今文经学和古文经学构成的经学，始终占据着主导地位，这种格局到唐初依然没有变化，在法律方面尤其如此。② 但到中唐时，制度松弛，均田制瓦解，社会动荡加剧，儒、释、道三家的关系因此发生变化。其中被正统儒家斥为异端的释、道二教在社会上的影响急剧扩大，以至到了甚嚣尘上的程度，同时对政治的干扰亦增加了，而“儒”则相对处于一种被动的守势状态。③ 对儒家来说，出现这种危机，有内外两方面的原因。就外部言，唐初以来胡化和佛化

---

① 参见汤用彤：《汉魏两晋南北朝佛教史》，北京大学出版社 1997 年版。

② 张广达先生对此有很好的解说，他说：“研究唐代历史的一些学者早就注意到，唐代之所以朝气蓬勃、富有生机，一是唐代的社会和文化能条贯、折衷前此数百年的遗产，二是能兼容并包地摄取外来的各种文化营养。……然而，如果对唐代的这个特征稍加分析，就会发觉，唐代中原地区的典章制度既是前此数百年的建置的条贯和折衷（如中央设置的三省六部机构），亦是东晋南北朝以来多种民族相互冲突、互相融合而留下的某些制度的延续和发展（如均田制、府兵制）；但是人们唯独从中探索不到外来的礼仪、政刑和典章制度的移植，而且唐代的官制、兵制、刑制、田制、赋役制等都渊源于先前王朝，并没有因为唐代受到外来文化的影响而相应发生任何重大改变。至于在宗教、艺术（如音乐、舞蹈、杂技、绘画、雕塑）、实用器物（如金银器、服饰）等方面，人们可以看到，通过西域传来的印度、中亚、西亚文明和通过南海传来的南亚文明，对唐代的影响是既深且远的。唐代是中国封建社会生产力高度发展的盛世，一切典章制度已然自成体系，在自身高度发展的基础上，所有文化方面的引进都起着锦上添花的作用。”［张广达：《唐代的中外文化汇聚和晚清的中西文化冲突》，载王元化主编：《释中国》（第 1 卷），上海文艺出版社 1998 年版，第 77～78 页。］

③ 有很多史料和研究可引证，但以韩愈的《原道》和陈寅恪先生的《论韩愈》为精辟。参见《韩愈集》卷十一，岳麓书社 2000 年版，第 145～147 页；陈寅恪：《论韩愈》，载王元化主编：《释中国》（第 2 卷），上海文艺出版社 1998 年版，第 925～939 页。

的趋势,以及道教借助李唐王朝的政治优待,使得释、道二教势力大增,而儒、释、道三家原本就是此消彼涨的关系,结果势力大增的释、道二教,不谋而合地形成了对儒的挤压。就内部言,儒、释、道三家的思想在学理上互不贯通而又各据一域,造成社会上人们思想多元而行为混乱。① 简单来说,儒家重现世,所以它提出的社会之道是德与礼(或曰礼与法);释家重来生,所以它提出的人生之道是心与性(或曰心与身);道家重自然,所以它提出的自然之道是道与器(或曰理与物)。虽然各家的思想不免有交叉牵涉,但重心所在,互不相让,形成儒家管社会、释家讲心性,而道家法自然的状态。②

上述这样的状态,再加上东汉魏晋以来,儒学为古文经学所把持,训诂考据把儒学弄成了支离琐碎的章句之学而缺乏义理。尤其是相对于学理深奥的释、道二教,儒家思想显得贫乏,结果是它既不能包含又不能回答道家的道器义理和释家的心性修养问题。用朱熹的话说:"则吾道之所寄不越乎言语文字之间,而异端之说日新月盛,以至于老、佛之徒出,则弥近理而大乱真矣。"③思想的贫乏对已成型的制度伤害有限,但却无法满足变动社会中人的思考和追求,结果导致社会上大量人心向释、道的转移。朱熹晚年的高足陈淳在解释"佛老"时说:"佛老之学,后世为盛,在今世尤为盛。二氏之说大略相似,佛氏说得又较玄妙。……老氏之说犹未惑人,佛氏之说,虽深山穷谷之中,妇人女子皆为之惑,有沦肌洽髓牢不可解者。"④

---

① 参见陈寅恪:《论韩愈》,载王元化主编:《释中国》(第 2 卷),上海文艺出版社 1998 年版,第 925~939 页;傅乐成:《汉唐史论集》,台北,联经出版事业公司 1977 年版,第 339~382 页。

② 参见汤一介:《中国文化中儒释道》,中国和平出版社 1986 年版。

③ (宋)朱熹:《四书章句集注》,中华书局 1983 年版,第 15 页。另参见邓广铭:《略谈宋学》,载王元化主编:《释中国》(第 2 卷),上海文艺出版社 1998 年版,第 1013 页及以下。

④ (宋)陈淳:《北溪字义》,熊国祯、高流水点校,中华书局 1983 年版,第 41~42 页。

这样的状态造成了自然世界与社会制度和人的思想行为的分离与矛盾，宇宙[①]的统一性因此受到威胁，人的身心和言行亦极易陷入分裂，从而导致社会趋于不稳定。面对这种状况，释、道二教并无救治之心力，因为这种状况一定程度上正是它们推展的结果。但以救世为天职的儒家，既无法面对亦不能容忍这种状况继续下去，于是他们行动起来，努力复兴处于危机中的儒家正统地位和系统学说，这项工作就是从中唐开始到南宋完成的重建道统的过程。[②]

重建道统的思想成果是理学的出现，所谓程朱理学，其中朱熹的朱子理学是集大成者。[③] 理学在理论上重建了宇宙的统一性，并

---

① 宇宙是古代中国人有关时间和空间的整体观，包括自然界、社会和人类的统一体。进一步的讨论，参见刘文英：《中国古代的时空观念》（修订本），南开大学出版社2005年版。

② 《宋史·道学传》有述："'道学'之名，古无是也。三代盛时，天子以是道为政教，大臣百官有司以是道为职业，党、庠、术、序师弟子以是道为讲习，四方百姓日用是道而不知。是故盈覆载之间，无一民一物不被是道之泽，以遂其性。于斯时也，道学之名，何自而立哉。文王、周公既没，孔子有德无位，既不能使是道之用渐被斯世，退而与其徒定礼乐，明宪章，删《诗》，修《春秋》，赞《易象》，讨论《坟》《典》，期使五三圣人之道昭明于无穷。故曰：'夫子贤于尧、舜远矣。'孔子没，曾子独得其传，传之子思，以及孟子，孟子没而无传。两汉而下，儒者之论大道，察焉而弗精，语焉而不详，异端邪说（笔者按：指佛、道之说）起而乘之，几至大坏。千有余载，至宋中叶，周敦颐出于舂陵，乃得圣贤不传之学，作《太极图说》《通书》，推明阴阳五行之理，命于天而性于人者，了若指掌。张载作《西铭》，又极言理一分殊之旨，然后道之大原出于天者，灼然而无疑焉。仁宗明道初年，程颢及弟颐生，及长，受业周氏，已乃扩大其所闻，表章《大学》《中庸》二篇，与《语》《孟》并行，于是上自帝王傅心之奥，下至初学入德之门，融合贯通，无复余蕴。迄宋南渡，新安朱熹得程氏正传，其学加亲切焉。大抵以格物致知为先，明善诚身为要，凡《诗》《书》，六艺之文，与夫孔、孟之遗言，颠错于秦火，支离于汉儒，幽沉于魏晋六朝者，至是皆焕然而大明，秩然而各得其所。此宋儒之学所以度越诸子，而上接孟氏者欤。其于世代之污隆，气化之荣悴，有所关系亦甚大。道学盛于宋，宋弗究于用，甚至有厉禁焉。后之时君世主，欲复天德王道之治，必来取此法矣。"有关从道学到道统的情形，可参见刘子健：《宋末所谓道统的成立》，载王元化主编：《释中国》（第2卷），上海文艺出版社1998年版，第1029～1064页。

③ 由前注《宋史·道学传》可知，在重建道统理论的过程中，有几个关键环节和人物。首先是唐代的韩愈（这是《宋史·道学传》的遗漏），他首次提出了作为华夏精髓的儒家"道统"问题，开启道统重建的先河。随之是北宋的张载、周敦熙和程颢、程颐二兄

借此复兴了儒家思想使之重获正统和系统的地位，所以，理学又被称为新儒学。理学之所以有如此功效，是因为朱熹在继承、吸收前人的基础上，立足儒学，吸收佛理和道学，融合儒、释、道三家，建立起了贯通自然、社会和人的思想体系，这个思想体系就是朱子理学。[①]在笔者看来，朱子理学之所以能够融合分立的三家，弥合自然、社会和人的分离，最根本的原因是朱熹继承了包容天、地、人的中国哲学原点《易经》的精神，并遵循在《易经》基础上发展起来的儒家形而上学传统（如《易传》等）[②]，同时吸收北宋理学的成果，通过摄取儒、释、道三家的核心概念，最终把它们融合成有机的系统。

朱熹摄取了儒家的德与礼（或曰礼与法）、释家的心与性（或曰心与身）、道家的道与器（或曰理与物）这几对核心概念。这些概念原本是儒、释、道三家分别对社会、人生和自然（万物）这三个不同世界的内与外、体与用，或者说本质与形式的哲学把握，但由于这三家的概念之间没有逻辑联系，所以它们所表述的社会、人（生）和自然这三个世界在理论上无法沟通，造成人们观念上宇宙的不统一性，而宇宙的统一性正是人类生存和人生意义之所系。[③]针对这个

弟，他们在韩愈的启发下，力求融合儒、释、道三家的思想。最后到南宋时，朱熹集大成，朱子思想标志着新儒学的形成。新儒学开始时称为道学，但因政治原因，加之道学以说理为主，所以改称为理学。朱熹去世后，理学平反被追认为官学，但理学之名已名闻天下，故以后相沿不改。

① 参见冯友兰：《中国哲学简史》，北京大学出版社1996年版，第251~262页。

② 成中英教授指出："事实上，我们可以看到，《易经》的悠久哲学传统，乃是一个朝向充分理解实在的锲而不舍的努力。这个努力充实了《易经》丰富和深奥的内涵。正是在此种精神之下，《易经》乃成为以朱熹和为巅峰的宋代儒学运动的灵感泉源，成为发展宋代儒哲学中的理、气、心、性等范畴的支柱，成为酝酿这些概念的园地。另一方面，有趣的是，朱熹和其他宋代儒家，又反过来以理、气和其他概念，来重新解释《易经》。"（[美]成中英：《中西哲学精神》，东方出版中心1991年版，第202~203页。）

③ 知识追求对宇宙世界的系统性解释，没有这种系统性的解释，整个宇宙将在零乱中失去意义，人生价值亦将因宇宙缺乏意义而无所附丽。许倬云先生曾以《秦汉知识分子》为题做了探讨[参见王元化主编：《释中国》（第3卷），上海文艺出版社1998年版，第

问题,朱熹在摄取了三家核心概念后,首先将这些互不关联的概念通分为内与外(或曰体与用)两类,继之将内与外两类概念纳入阴与阳的二元范畴,再通过阳主阴从之易理,合内外二元为内主外从之一元化格局,最后统为一体而合于道。①其逻辑结构如图 7-2 所示。

↗ 阳—主—内(体):德/礼;心/心;道/理 ↖

道　　　　　　　　　　　　　　(儒)(释)(道)理学

↘ 阴—从—外(用):礼/法;性/身;器/物 ↙

图 7-2　朱子理学中儒、释、道贯通逻辑结构

在这个结构中要注意的是,统摄阴阳、主从、内外(体用)的"道",已不全是道家的一家之道,而是借道家之名融合了各家之道的道,表示事物固有的共通原理,所以朱熹等理学家又常将它称为"理"。②在理学中,与这个"道"相通的概念除了"理"以外,还有无极、太极、太初、命、性、心、易、一等。③这样,朱熹在儒、释、道三家的

1888 页及以下。],其实包括理学家在内的中外知识分子概莫能外。宋大琦博士通过对程朱礼法学的研究亦认识到了这一点,他说:"程朱理学就是将在经验层次上分裂的道术在形上层次上统一,将往圣的种种主张在一套话语框架内整合,以函括一切矛盾性的天理为出发点,通过理气并建而将现象世界一一展开,在天理循环中找到人的定位和存在的意义,给社会人生的困惑予以解释并指引出路,按张载的话来说,这就是'为往圣继绝学,为万世开太平',礼法学正是其中付诸社会实践的环节。"(宋大琦:《程朱礼法学研究》,山东人民出版社 2009 年版,第 61 页。)顺带说一句,《程朱礼法学研究》是这一领域中多年未见的好作品,识者不妨参阅。

① 朱熹说:"理不可见,因阴阳而后知。"[《朱子语类》卷九十四。(宋)黎靖德编:《朱子语类》,王星贤点校,中华书局 1986 年版。]而所谓"理也者,形而上之道也"。[《朱文公文集》卷五十八,载(宋)朱熹:《朱文公文集》,四部丛刊本。]所以,"天地中间,上是天,下是地,中间有许多日月星辰,山川草木,人物禽兽,此皆形而下之器也。然这形之器中,便各自有个道理,此便是形而上之道"。(《朱子语类》卷一。)

② 陈淳对理学的范畴有非常精到的解释,他在解释"理"字时说:"道与理大概只是一件物,然析为二字,亦须有分别。道是就人们所通行上立字。与理对说,则道字较宽,理字较实,理有确然不易底意。故万古通行者,道也;万古不易者,理也。"[(宋)陈淳:《北溪字义》,熊国祯、高流水点校,中华书局 1983 年版,第 41~42 页。]

③ 如吴草庐曰:"太极者,何也?曰:道也。道而称之曰太极,何也?曰:假借之辞

核心概念之间建立起了逻辑联系。借着这种逻辑联系,天地人或者说自然、社会和人生相互关联而成整体,宇宙世界的统一性因此再次得以体现和证明。

但到此为止,宇宙世界的这种统一性还只是形式上的。因为按照上述的分类合成,儒、释、道三家核心概念之间的联系仅仅只是形式逻辑上的,其实它们相互之间还缺乏内在的或者说精神上的联系。然而,朱子理学之所以被尊为新儒学的集大成,不仅仅是因为而且主要不是因为它在形式上恢复了宇宙的统一性,而是在实质上恢复了"德"在宇宙统一性中的主体地位。因为"德"是儒家的精髓,理学的核心,所以确立"德"在宇宙中的主体地位,实际上就是确立了儒家在儒、释、道三家中的主导性。这是从韩愈开始所有新儒家的追求,朱子理学实现了这个目标,所以,朱子理学被清代大儒全祖望誉为"致广大,尽精微,综罗百代"①之学。②

也。道不可名也,故假借可名之器以名之也。以其天地万物之所共由也,则名之曰道;道者,大路也。以其条派缕脉之微密也,则名之曰理;理者,玉肤也。皆假借而为称者也。真实无妄曰诚,全体自然曰天,主宰造化曰帝,妙用不测曰神,付于万物曰命,物受以生曰性,得此性曰德,具于心曰仁,天地万物之统会曰太极。道也,理也,诚也,天也,帝也,神也,命也,性也,德也,仁也,太极也,名虽不同,其实一也。"[(宋)周敦颐:《周子通书》,上海古籍出版社2000年版,第116页。]又,参见(宋)朱熹、吕祖谦:《朱子近思录》卷一《道体》,上海古籍出版社2000年版,第28页;严灵峰:《原道》,载王元化主编:《释中国》(第2卷),上海文艺出版社1998年版,第899~906页。

① 《宋元学案·晦翁学案》,载(清)黄宗羲、全祖望:《宋元学案》,陈金生、梁运华点校,中华书局1986年版。

② 从笔者的体会来看,以朱子为代表的理学,在中国思想理论史上至少有这样几层意义:第一,结束了东汉代以来长达千年的儒、释、道三家的对立,即结束了道统的分裂状态;第二,重建了中国统一的思想理论体系,即新道统的确立;第三,回应了释、道二教的挑战,使儒学从章句之学转变成义理之学,即新儒学的形成;第四,确立了儒家思想,实即中国道德原理的正统和主导地位;第五,以新儒学形式表现出来的道德论哲学即理学,是对西周以来中国社会结构的理论表达;第六,支配了中国宋以后包括法律在内的思想理论体系,并影响到同时代的日、韩和当代中国。

长期以来,儒、释、道三家之所以分而不合,理论上的最大难题是,如何在三家的核心概念之间建立起实质性的联系,朱子理学给出了令时人信服的答案。如前所述,朱熹在形式上将儒、释、道三家的核心概念,通过分为内外(体用)两类,再通过内主外从的一元化阴阳之理,最后归结为道;同时,他将释、道两家核心概念的内项,即释家的"心"和道家的"道",都归结到儒家核心概念的内项"德"上,亦即释家的"心"和道家的"道"都是事物的同一本质属性"德"的不同表现,用朱熹的话说:"天地之间,人物之众,其理本一,而分未尝不殊也。……"[①]这样,释家的"心"和道家的"道"都被包融到了儒家的"德"中,儒家的"德"不仅是儒家同时亦成了释、道两家核心概念中共同的内项。这样一来,内主外从的一元化阴阳之理,使统一世界的统一性,在形式上归于"道",而实质归于"德",道与德共同构成世界的统一性,道德成为世界万物的统一原理,亦即万物之理,这就是我们所说的朱子理学的包融和超越之处。[②] 李约瑟先生对朱熹的这个伟大综合给予了高度的评价,他说:"……在朱熹的身上达到登峰造极的那条理学家所走的道路,即通过哲学的洞察和想象的惊人努力,而把人的最高伦理价值放在以非人类的自然界为背景。或者(不如说)放在自然界整体的宏大结构(或像朱熹本人所称的万物之理)之内的恰当位置上。根据这一观点,宇宙的本性从某种意义上说,乃是道德的,并不是因为在空间与时间之外的某处还存

---

① (宋)朱熹:《四书或问》,黄坤点校,上海古籍出版社与安徽教育出版社 2001 年联合出版,第 421 页"《孟子或问》卷一"。

② 朱熹在儒、释、道三家的核心概念之间,建立起如上所说的那种形式和实质上的逻辑联系,这是笔者根据自己对相关资料的阅读理解所得的认识,包括本文中对董仲舒统一理论的建构亦是如此。这建构在解释上是合逻辑的,亦符合传统中国法文化发展的内在理路,但是否符合事实,还要接受检验。笔者所阅读和受启发的相关资料较多,无法在此一一列出,但在其他相关的注释中已有部分涉及,阅者可以参考。

在一个指导一切的道德人格神，而是因为宇宙就具有导致产生道德价值和道德行为的特性，当达到了那种组织层次时，精神价值和精神行为有可能自行显示出来。”[①]这意味着在朱熹这样的理学家们看来，宇宙世界的本质或者说万物的原理是道德，人类既为宇宙世界的一部分，它的本质自然亦是道德的，所以，仁、义、礼、智、信，以及附着于它们的法，不过是万物的原理“道德”在人类的显现而已，亦即理学视野中道德原理支配下一本万殊的表现。[②] 这个说理之所以令时人信服，完全是因为国人深信“德”是宇宙的本质属性，是物之为物、人之为人的根据所在。而国人之所以有这样的思想观念，乃是因为这是自远古以来中华民族认识和把握这个世界的经验总结与智慧结晶，亦即朱熹所说的“盖自上古圣神继天立极，而道统之传久也。……”[③]像《易经》、《尚书》、文武周公之道、周孔之教、孔孟之道、天人合一的春秋大一统，以及韩愈提出的道统和以朱子为代表的理学等，都是这个思想在中国文化框架内不同历史时期的实践与表达。显而易见，以朱子为代表的理学已是这个思想最完备的理论形态。[④]

在传统中国文化框架内，相对于董仲舒的理论，以朱子为代表的理学并没有发生结构性的系统变化。在理论构成上，朱熹和董仲舒走的是同一路径，他们都以道家之道为母体（形式），以儒家之德为主体（实质），以阴阳家之阴阳辩证为方法，综合成新的理论系

---

① ［英］李约瑟：《中国科学技术史 · 科学思想史》，何兆武等译，科学出版社与上海古籍出版社 1990 年联合出版，第 485 页。

② 有关道德原理与法的关系及其表现，参见本书第六章《传统中国法的道德原理及其价值》。

③ （宋）朱熹：《四书章句集注》，中华书局 1983 年版，第 15 页。

④ 所以，冯友兰说：“到了朱熹，程朱学派或理学的哲学系统才达到顶峰。”（冯友兰：《中国哲学简史》，北京大学出版社 1996 年版，第 251 页。）

统,所以,他们的理论结构大体相同。不同的是董仲舒在内容要素上加入了法家的刑名,并用举例类比的方式来论证"天人感应"说,以强化其"春秋大一统"。[①] 而朱熹所不同的是纳入了佛家的心性说和因明学,但事实上朱子理学中儒家的德礼不仅已包含了佛家的心性,而且亦已经涵摄了法家的刑名;至于因明学,在朱子理学中,通过"气"的中介已成为阴阳转化的逻辑补充,用朱熹的话说即是:"阴阳只是一气","阳往交易阴,阴来交易阳,两边各各相对"。[②] 这样一来,就使理学在方法论上由董仲舒神秘的"尊天"和简单的"类比"变为符合常人理性的"说理"。[③] 由此可见,朱子理学相对于董仲舒理论的进步在于合理化。但朱子理学并没有在结构上改变它的统一性,所以与唐宋社会变动相适应,以朱子为代表的理学的形成,是汉代中国社会统一理论在新时期的发展和完善,而不是转型。

虽然不是转型,但比较董仲舒的理论,朱子理学在体系上更宏大、学理上更深厚、方法上更辩证,在推理上亦更合乎逻辑,所以,在中国思想史上,它以"致广大,尽精微,综罗百代"而著称。就朱子理学对中国法的统一性来说,在思想理论方面,它使法的学理比以前更统一更深刻,达致广大和精微;在制度方面,它虽然没有引起结构性的模式转换,但仍有重大的改进和强化之效。以下我们分而论之。

---

① 参见《汉书·董仲舒传》;《春秋繁露》之《王道通三》《阳尊阴卑》《天道无二》《基义》《如天之为》诸篇;袁长江主编:《董仲舒集》,学苑出版社 2003 年版,第 6~33 页"天人三策"。

② 《朱子语类》卷六十五。另,佛教有关逻辑和认识论的因明学对中国本土辩证思想的加强,参见[英]李约瑟:《中国科学技术史·科学思想史》,何兆武等译,科学出版社与上海古籍出版社 1990 年联合出版,第 450 页及以下。

③ 参见[日]小野泽精等编:《气的思想——中国人自然观与人的观念的发展》,李庆译,上海人民出版社 2007 年版,第 150~167 页"董仲舒的气的思想",第 408~419 页"朱熹思想中的气"。

朱子理学是一个庞大的思想体系，其中并没有独立完整的法理学，但与董仲舒理论一样，在他们的思想体系中又逻辑地构成了相对统一的法律思想。比起董仲舒的理论及其后的汉唐儒学，朱子理学中的法律思想在理论的广度，或者说在原理形式上要更广博宏大。如前所述，董仲舒的"春秋大一统"已包含了法的统一理论，这个理论形式上亦沟通了自然、社会与人，但仔细分辨即可发现，董仲舒理论中的人，主要是性别、身份、年纪，以及表现出来的德能区别上的人。这些基于自然和社会等外在（形式上）差异的人，在"天人感应"下，按阳主阴从的原则被分别对应为尊卑、贵贱、亲疏两类，从而与自然和社会建立起联系，实现天、地、人三才的沟通。[①] 很显然，董仲舒对人的这个理解和分类并没有接受孟子的心性说，所以他的理论体现不出孔孟人性论中"仁义道德"的思想，这亦是后来韩愈和宋儒们将他排除在道统之外的重要原因。[②] 董仲舒以后的汉唐儒学吸收老、庄思想有了很大的发展，玄学的哲理达到了很高的境界，但在天、地、人三才的沟通上并没有大的变化。这反映到统一的制度模式，如臻于定型的唐律中，我们看到有天、地、人三才，有阴阳、德礼、刑罚，涵盖自然、社会与人，但这个人依然是基于自然和社会等外在（形式上）差异的人。[③] 由于人的这种身份差异主要是由自

---

① 参见《春秋繁露》之《基义》《人副天数》。

② 韩愈在《原道》中说："凡吾所谓道德云者，合仁与义言之也，天下之公言也。"又说："斯吾所谓道也，非向所谓老与佛之道也。尧以是传之舜，舜以是传之禹，禹以是传之汤，汤以是传之文武周公，文武周公传之孔子，孔子传之孟轲；轲之死，不得其传焉。荀与扬也，择焉而不精，语焉而不详。由周公而上，上而为君，故其事行；由周公而下，下而为臣，故其说长。"

③ 《唐律疏议·名例》"疏议"曰："夫三才肇位，万象斯分。禀气含灵，人为称首。莫不凭黎元而树司宰，因政教而施刑法。……《易》曰：'天垂象，圣人则之。'观雷电而制威刑，睹秋霜而有肃杀，惩其未犯而防其未然，平其徽纆而存乎博爱，盖圣王不获已而用之。……德礼为政教之本，刑罚为政教之用，两者犹昏晓阳秋相须而成者也。"

然和社会等外在因素造成的,脱离了人之为人的内在要素及其关系,即人的本质属性,所以,天、地、人三才在逻辑上还缺乏内在的紧密联系,法在法理上还缺乏广博宏大的正当性论说。朱子理学克服了这两个缺陷,实现了自然、社会与人的内在贯通,使法的正当性达致广博宏大。这个问题的解决,关键在于朱子理学对人的理解和分类不再是外在的,而是立足于人之为人的内在要素及其关系。

朱子认为人是心与身或心与性情的统一体,两者的关系是:"夫心者,人之所以主乎身者也,一而不二者也,为主而不为客也,命物而不命于物者也。"①"性者,心之理也。情者心之用也。心者,性情之主也。"②这表明在朱子看来,人是心主身从或心统性情的统一体。③ 这是宇宙万物的统一原理在人类身上的体现,此理在宇宙万物表现为阳主阴从之自然法则,在人类表现为心主身从或心统性情之道德法则。所以,人之所以与天、地相通,不是因为人的外在因素,而是人同此心、心同此理的内在要素及其同构关系。④ 用宋儒谢良左的话说,就是"天,理也。人,亦理也。循理则与天为一,与天为一,我非我也,理也;理非理也,天也"。⑤ 这样,从万物有理、理一分殊出发,自然界有天理、社会上有国法、人类中有情理,天理、国法、

---

① 《朱文公文集·观心说》。

② 《朱子语类》卷九十八《元亨利贞说》。

③ 参见(宋)朱熹、吕祖谦:《朱子近思录》卷一《道体》,上海古籍出版社 2000 年版,第 35 页。由《道体》可见,朱熹上继孔孟的心性思想,下接北宋儒学的心性观,结合释家的心性说,建立起独立系统的心性论。参见冯友兰:《中国哲学简史》,北京大学出版社 1996 年版,第 256~258 页;[美]成中英:《论中西哲学精神》,东方出版中心 1991 年版,第 162~170 页。

④ 这在后世法律学中有反映,如清代律学家王明德在讨论历律、音律、法律时写道:"历以象天,征乎地;地者,气之钟也。乐以导和,征乎言;言者,心之声也。刑以平情,征乎心;心者,人之主,世之极,天之道也。……心者,天之命,世之统也,故明刑必本乎律天。"[(清)王明德:《读律佩觿》,何勤华等点校,法律出版社 2001 年版,第 4~5 页"本序"。]

⑤ 《宋元学案·上蔡学案》,载(清)黄宗羲、全祖望:《宋元学案》,陈金生、梁运华点校,中华书局 1986 年版。

人情虽分三层，但一以贯之的却是一个统一的原理。这个原理就是道德，它遍于宇宙万物，包括人所感受到的自然、社会与人类自身，用朱熹的话说，即是“道之流行，发见于天地之间，无所不在。……”[①]因此，朱子理学中法律思想的学理广度，或者说建构在这个思想之上的统一理论的形式统一性，不仅超越了前代，事实上亦已达到了传统中国思想范围内的广大，因为宋元以后近代以前再无超越它的。[②]

朱子理学不止使法的统一理论致广大，同时亦使之尽精微。这当然亦是在传统中国思想范围内，同时亦是通过比较而得出的结论。“精微”不仅相对于朱子理学以前，亦同样适用于以后，但主要相对于以前，因为以后再没有实质性的发展。如同“广大”一样，在法的统一理论上，“精微”首先是相对董仲舒的理论而言的。如前所说，董仲舒的理论，包括法的统一理论，是建立在“天人感应”之上，用类比[③]的方式，追求“春秋大一统”的实现。这理论表面上看似有逻辑，实际上逻辑性不强，因为不同事物之间缺乏内在联系。譬如，天、人不同物却为何能够感应？阴、阳二元为何阳主阴从并且能够相互转化？“春秋大一统”为什么必要？董仲舒给出的解释是天意如此的神学目的论。[④] 这个解释没有揭示出事物的内在联系，

---

① （宋）朱熹：《四书或问》，黄坤点校，上海古籍出版社与安徽教育出版社 2001 年联合出版，第 67 页“中庸或问（上）”。

② 李约瑟说：“朱熹死后，理学很少有什么发展。……整个说来，14 ~ 16 世纪思想家们的主要努力似乎是集中于追求某种一元论，换句话说，就是主张理和气的最后合一，以达到更大程度的统一性，在某些情况下几乎是泛神论的。”参见［英］李约瑟：《中国科学技术史 · 科学思想史》，何兆武等译，科学出版社与上海古籍出版社 1990 年联合出版，第 539 页。

③ 即如董仲舒所说：“以类合之，天人一也。”（《春秋繁露 · 阴阳义》）

④ 董仲舒把天视为至高无上具有人格的神，认为天是有意志的，天的意志即天道就是大一统，而天生万物亦是有目的的，所以，作为与天感应相通的人，就要按天的意志去办，努力实现大一统。很显然，董仲舒的这套“天人感应”说贯彻了神学目的论，在哲学上为的是把一切都神圣化、秩序化和合理化，在政治上则是为汉皇朝的中央专制集权提供正当性。

只是根据事物的现象，进行有目的的分类、归纳和比附，因此逻辑上无法为人的理性所接受，相反给人以粗疏和牵强的印象。与董仲舒的理论不同，首先，朱子理学建立在万物有理、理一分殊的“理”之上，这使得天人相通有了内在的根据；其次，它借用“气”这一表示物质性的抽象概念作为中介沟通阴阳，并依据气的秉赋和消涨，使阴阳二元呈现出阳主阴从及其相互转化的辩证逻辑关系，这个阴阳之理或者说万物之理的内在联系，符合在经验基础上试图对世界进行哲学把握的人类理性；最后，由于万物通理同构，所以统一性是事物内在的固有属性。这个属性表现为万物是有机联系的统一体，整体存在、连续存有、相互依存、辩证发展是万物的基本规律和特征，[①]其根据即是从有机宇宙观到万物生命论发展而来的道德原理。由此可知，无论是宇宙的统一性，还是法的统一性，都是它们内部的自然本性和趋势，并非由任何外在因素所为。因此，基于统一性深深植根于事物的内部，所以，在这个意义上说，朱子理学使法的统一理论达致精微。

体系的“广大”和内涵的“精微”，使以朱子为代表的理学成为继孔子之后主导中国思想达七八百年之久的正统哲学，其影响和意义都十分巨大。[②] 同样如此，理学使传统中国法的统一理论，在形式和实体的统一性上都达到了顶峰。这个成就既是对西周以来国人法律实践和思考的理论总结，又是对南宋以后特别是明清五百年法律实践和思考的理论指导，因此可以说它是传统中国法的统一理论。换言之，这个统一理论就是传统中国的法律文化之道，或者说

① 参见杜维明：《试谈中国哲学中的三个基调》，载王元化主编：《释中国》（第2卷），上海文艺出版社1998年版，第877~891页。

② 参见刘子健：《宋末所谓道统的成立》，载王元化主编：《释中国》（第2卷），上海文艺出版社1998年版，第1063页；冯友兰：《中国哲学简史》，北京大学出版社1996年版，第251~252页。

中国传统法律文化的理论范式。这个理论范式从西汉以来一直处于改进中,唐宋社会的变动和理学思想的出现,使它最终被改进成为广大精微的理论。但即便如此,与唐宋社会是变动而非转型相一致,法的统一性在理论上达到了广大精微,但统一性本身或者说它的理论范式,是被改进而不是被改变了,所以,它的影响虽然是巨大的,但不是革命性的。与此同时,法的制度模式从西汉开始到唐代臻于定型,此后社会的变化因不是转型性的,所以,这些变化已不能改变法的制度模式,这即是宋元明清承袭唐律的社会原因。这亦说明,即使朱子理学使法的统一理论达到了顶峰,亦无法像董仲舒的理论那样,在模式上重塑国家法的制度,而只能是对法的制度的改进和强化。

从大的方面来观察,理学影响下的法的统一理论对法的制度的改进和强化,主要表现在法的统一性、礼教性和一体化下的多样性上。在法的统一性上,最突出的莫过于法权的集中和统一,其中法律赋予君主、父亲、丈夫和族长的四种权力,在宋以后的法律中一直呈增强趋势,而其中最显著的又莫过于君主在立法和司法上的权力,从北宋开始到明清愈益强化,且这一强化的时序和强度大体与理学权威的上升成正比,这种长时段的历史现象在中唐以前是没有的。[1] 显然,这是受到了理学的影响,至少在正当性上得到了理学的支持。如前所述,从理学的观点来看法律,统一性是法的思想和制度的内在要求与倾向,因为宇宙世界是统一的,这是包括人类和法在内的世界万物的存在之理。因此,法权的集中和统一是法权顺应法理要求的结果,是法作为法的存在之理的表现形式。

---

① 参见张晋藩主编:《中国法制通史》(10 卷本),法律出版社 1999 年版,第五卷《宋》、第六卷《元》、第七卷《明》、第八卷《清》的相关内容。

如果说统一性是法的存在之理在形式上的要求，那么，礼教性就是法的存在之理在实体上的要求。正如我们在前面所说，理或道的形式是一，而内涵是德，形式与实体两相结合构成道德原理。同样，依据理学的观点，在德、礼、刑之间，前者相对于后者是内、属阳、为主、为体，后者相对于前者是外、属阴、为从、为用，所以，遵循阳主阴从的道德原理，必然是德化为礼、礼化为刑，或礼要德化、刑要礼化，其结果必然是刑的德礼化。① 刑是传统中国的法律，德礼是传统中国的礼教，刑的德礼化就是传统中国法律的礼教化。这一特点虽然在理学出现的宋代之前就有了，但只有理学将它的正当性系统化并上升到道的本原，即天地宇宙、人类万物的原理高度。正因如此，或者至少因为这个原因，从宋代开始，传统中国的法律，无论是国法还是准国法的乡规民约，都一致表现出强烈的礼教性，其中最为人们所熟悉的是礼教的核心"三纲五常"在法律上地位的上升。② 我们可以从朱熹那儿得到说明，朱熹说："宇宙之间，一理而已。天得之而为天，地得之而为地，而凡生于天地之间者，又各得之而为性。

---

① 朱熹在为《论语·为政》子曰："道之以政，齐之以刑，民免而无耻；道之以德，齐之以礼，有耻且格"作注中说道："……愚谓政者，为治之具。刑者，辅治之法。德礼则所以出治之本，而德又礼之本也。此其相为终始，虽不可以偏废，然政刑能使民远罪而已，德礼之效，则有以使民日迁善而不自知。故治民者不可徒恃其末，又当深探其本也。"[（宋）朱熹：《四书章句集注》，中华书局1983年版，第54页。]此可以为证。

② 杨鸿烈先生在他的著作中选录了理学大家，如周廉溪、程颢、程颐、朱熹，以及元代的孛术鲁翀，明代的苏伯衡、叶良佩，清代的顾炎武、蒋彤等人，有关这一方面的奏章、说帖和议论等。阅者可以参见杨鸿烈：《中国法律思想史》，中国政法大学出版社2004年版，第140~146页。宋大琦博士的见解亦可作为一个补证在此提出，他说："《大明会典》中几篇皇帝序言都是以理学语言写成的，《读律存疑》的论说中亦贯穿着程朱理学的礼法观，今人颇为看重的明代法学著作《大学衍义补》，同时又是一部理学著作。"（宋大琦：《程朱礼法学研究》，山东人民出版社2009年版，第61页。）其实，清代的律学亦是如此，律学之作同样渗透了理学的思维，如王明德在他的《读律佩觿·本序》中提出，律乃"法天乘气所必由"，而律学乃"法天之学"。按照理学的观点，理学就是天学，亦即天理之学，所以，作为"法天之学"的律学，亦可以说是理学指导下的法律实用之学了。

其张之为三纲,其纪之为五常,盖皆此理之流行,无所适而不在。"[①]这道理说的很清楚,既然"三纲五常"是天理,自然亦是通行天下的法理和情理,人间诸法当然要以此为据。这样一来,天理、国法、人情不是相通了吗?所以,乾隆皇帝在为重修后的《大清律例》所作的"序"中说:"简命大臣取律文及递年奏定成例,详悉参定,重加编辑。揆诸天理,准诸人情,一本于至公而归于至当。……"[②]

差序性是指它主从有序的差序结构,亦即一体二元主从式多样化的构成,同样亦是理的表现。按照理学的观点,法的统一性并不排斥多样性,相反,统一性的广大正是建立在多样性的多样上的;然而,由于万物有理相通,所以,多样性再多,最终还是要在"理"上归于一,亦即理学家所说的"理一分殊"。借此,我们不妨把这种情况在法律秩序上的表现称为一体化下的多样性,意思是说中国社会出现了国法控制下的法律秩序多样化的情形,如乡规民约、宗法族规、家礼家法,以及各种各样的帮规、行规、社约等民间秩序规范。尽管这些秩序规范大多数在宋以前就有但并不突出,只是在进入宋以后才有大的发展,延续到明清时形成由国法和民间秩序规范组成的多种秩序结构。[③] 这个秩序结构从家法到国法形成一条秩序链,家法是这条秩序链中最下端的血缘法,国法是从家法演变而来又居于这条秩序链顶端的地域法。同时,由于从家法到国法意味着法律效力、秩序位阶的上升和国家色彩的增强,因此,各种民间秩序规范在传统中国社会秩序构成中所扮演的角色既有民间的自治性,同时亦

---

① 朱杰人、严佐之、刘永翔主编:《朱子全书》,上海古籍出版社与安徽教育出版社2002年联合出版,第3376页。

② 马建石、杨育棠主编:《大清律例通考校注》,中国政法大学出版社1992年版,第5~6页。

③ 参见梁治平:《中国历史上的民间法——兼论中国古代法律的多元格局》,载http://www.tecn.cn/data/detail.php? id=11305,最后访问日期:2008年6月15日。

逃脱不了为官方和准官方所关注以至被操控的命运,结果形成以国法为主、民间秩序规范为从,亦即官主民从的一元化差序结构。这种结构与理学的观点吻合,所以亦可以称为合理有序的等差结构。因为在理学的观念中,官民关系实质上是一种阴阳关系,其中官为阳民为阴,从阳主阴从到官主民从而归于一,乃是万物同理、理一分殊的体现。然而,如果我们从这个秩序结构的整体和主体上来观察,就会发现它呈现出一体化下多样性的形态;如果我们把国法与各种民间秩序规范视为二元主从的关系,那么它就是二元主从的差序结构;合起来就是笔者所说的一极两元主从式多样化的构成。①

总之,理学使传统中国法的统一理论达致广大和精微,同时又通过这个理论改进和强化了法的制度模式,落实到现实中即是规范并影响着人们的行为,造成中国人在哲学理论和一般观念上都认为天人(应该)合一,天理、国法、人情(应该)相通。这种为中华民族所固有,而与其他民族相比为特有的法观念,正是从西周一路发展而来的中国法律文化之道。这个"道"用理学的话说就是"理",用今天的话说就是"道德原理"。原理有形式、实体和结构三要素,因此,我们亦不妨说统一性是传统中国法道德原理的形式特征,礼教性是它的实体特征,差序性则是它的结构特征。这三个特征与中国人固有的有机宇宙观的整体性、道德生命性以及阴阳合一、阳主阴从的辩证性相联系。这是以后要思考的问题,这里只能点到为止。有关唐宋社会变动与法的统一性问题的讨论,我们亦可以就此打住了。

① 笔者通过对家礼和乡约的研究,较具体实证地获有这样的认识。参见张中秋:《家礼与国法的关系与原理及其意义》,载《法学》2005 年第 3 期;张中秋:《乡约的诸属性及其文化原理认识》,载《南京大学学报》2004 年第 5 期。

（四）晚清以来社会转型与法的统一性

唐宋社会变动后稳定下来的中国社会形态，历宋元明清诸朝一直维持到晚清。晚清中国社会内部的矛盾和危机虽早已存在，但引发中国社会发生结构性变动的直接动力无疑是西方的冲击。[①] 在内外两种力量以及人的主体作用下，中国社会形态发生变化，从君主专制封建社会先后向半封建半殖民地社会、资本主义社会和社会主义社会转换。这些快速但不彻底的社会转换，构成了中国历史上最具革命性的社会转型。如果说殷周之际和春秋战国的社会转型，还有后来的唐宋社会变动，是中国历史范畴内的社会结构变化（动），那么，这一次则是超越了中国历史范畴，被纳入世界历史范畴内的全球现代化进程之中。我们知道，现代化是人类迄今最为深刻的一次社会转型，贯穿其中的是人类社会全面地从传统向现代的转变，现代化还是一个长期复杂的社会系统转换过程，这些对中国来说都不例外。晚清以来的中国虽经历了多次变化，但以全面现代化的目标来衡量，中国社会仍处在这个过程中，社会转型依然没有完成。[②]

晚清开始的社会转型，特别是清末变法修律，使传统中国法的统一性解体。这是中国法的统一性，包括法的统一理论和统一的制度模式，从汉代出现到隋唐臻于定型至宋而完善后的历史性变化。如前所述，在传统中国的框架内，理学影响下的法的统一性已至完善，这使明清几百年承而不改，只是到晚清中国遭遇前所未有之变局时，法的统一理论和统一的制度模式因不能应对挑战而归于解

---

① 较详细的讨论，参见［美］费正清编：《剑桥中国晚清史》（上卷），课题组译，中国社会科学出版社1985年版，第3～5章。

② 有关中国现代化较全面的阐述和分析，参见［美］吉尔伯特·罗兹曼等：《中国的现代化》，课题组译，江苏人民出版社1988年版；许纪霖、陈达凯主编：《中国现代化史》（第1卷），上海三联书店1995年版。

体。一百年来,在法的思想理论方面,一边是传统法理论的消解和被抛弃,另一边是域外(主要是西方)法学理论的轮番登场和被追捧。同样,在法的制度方面,一边是传统的制度模式彻底瓦解,另一边是不同的制度(模式)被引入和实践。这两个过程至今还没有结束,或许法的统一理论和统一制度模式正在形成中,但与社会转型相呼应,这必然是一个长期、艰难、复杂的过程。因为,在学理上,传统中国法的理论建立在天人合一的有机宇宙观上,它以道德为原理,以责任为基点,形成责任→权利型[①]的法结构,可谓是道德(责任)法理学。西方法的理论传统上建立在天人分离的原子(机械)宇宙观上,它以自由为原理,以权利为基点,形成权利→义务型的法结构,可谓是自由(权利)法理学。在制度上,传统中国是道德控制法律下的礼法结合、德主刑辅模式,西方在近代以来主流上是道德与法律分离的法律至上统治模式。显然,这是两种不同类型的法律文化,交流起来必有困难。但笔者相信,基于人的文化原理的同一

---

① 在这里笔者使用“责任”而不是“义务”一词,是因为考虑到在英语中,“义务:duty/obligation”与“责任:liability/responsibility”虽略有区别(此点感谢张骐教授的提示),但可以通用,然而在汉语里,义务与责任却有不同。一般认为,义务是受动的,是主体对外部要求的一种回应,含有应要求和被迫使的意思;而责任具有主动性,是发自主体内部的一种积极行为。因此,相对于西方或者说现代的法律关系中的义务,“责任”一词(英语中最接近的对应词可能是 duty)更符合中华法系的精神和实状。基于这方面的考虑,对传统中国法的结构模式,笔者倾向于用“责任—权利”来加以表述。毫无疑问,这种结构模式的法通过对个人私心的压制和对人类责任的张扬,以求达到一种“重义轻利”的和谐。但这不等于说它不承认“私”,亦不等于说传统中国法中没有权利的存在。因为有机的世界是整体的、联系的和辩证发展的世界,所以,传统中国社会中的人是处在由各种关系所构成的整体中的。在整体性的关系中,人的意义和权利就能体现出来。比如在夫妻关系中,妻子相对于丈夫,责任重于权利;但在母子关系中,她又拥有和她的丈夫很接近的对子女的教育权、惩诫权、主婚权和其他权利。因为依据道德,主体的权利越大,其责任亦就越大;反之,权利越小,则责任亦越小。所以,传统中国人不是没有权利,而是他或她的权利存在于群体的关系中,且任何权利的有无大小都要以责任为前提并与责任成比例。这是因为人是道德的主体,法是主体价值的载体,所以传统中国法的责任—权利结构,实际是道德原理在人与法上的贯通和展开。

性及其作用,即“心主身从”下人类对文明的向往和理性对非理性的控制能力,不是只有同一类型的法律文化可以交流,不同类型的法律文化亦是可以交流的。这一点已为人类法律文化交流史,至少已为中日和中西法律文化交流的历史实践所证实。[①] 那么,未来中国法的统一性会怎样呢？现在当然还不是下结论的时候,但如果说历史可以启发未来的话,我们不妨从历史中找点启发。

首先,几千年来,中国法的统一性虽几经变化,但变化的方向和结果始终是新的统一性的形成,这表明统一性是中国法的历史的趋势,所以,如果这个趋势不改变的话,未来中国法的统一性完全是可以期待的。然后,接下来的问题是,未来中国法的统一性是什么样的？对此,已有不同的说法,其中中华法系或中国法系的复兴是较有影响的一种。[②] 这里的关键是对“法系”和“复兴”的理解。笔者认为,历史上的中华法系是以中国法为母法的东亚法律体系,从这个意义上说,未来不可能再有这样的法系出现。[③] 实际上,在晚清以来以至于今的百年实践中,中国法所表现出来的特征和趋势,已预

---

① 笔者在对中日法律文化交流和中西法律文化比较的基础上认识到,人类法律文化发展的不平衡必然引起它们之间的交流,无论是同一类型还是不同类型的法律文化,交流中起支配作用的是基于人类生活的共性和个性所形成的法律文化同一性与差异互补性原理。在这个原理的作用下,通过“人”这个历史主体的参与和推动,即人在心主身从的文化原理支配下,发挥理性控制非理性的主体性,从而使的人类法律文化的交流成为现实。参见张中秋:《中日法律文化交流比较研究——以唐与清末中日文化的输出与输入为视点》,法律出版社 2009 年版,第 185~202 页及其前后;张中秋:《人与文化和法——从人的文化原理看中西法律文化交流的可行与难题及其克服》,载《中国法学》2004 年第 4 期。

② 张晋藩先生多年研究并提倡发扬中华法系的优良传统,曾明确提出重塑中华法系的重要观点。参见张晋藩:《重塑中华法系的几点思考》,载《南京大学法律评论》1999 年春季号;张晋藩:《中华法系研究新论》,载《南京大学学报》2007 年第 1 期;张晋藩主编:《中华法系研究的回顾与前瞻》,中国政法大学出版社 2007 年版。

③ 参见张中秋:《从中华法系到东亚法——东亚的法律传统与变革及其走向》,载《南京大学学报》2007 年第 1 期。

示至少是部分预示了未来中国法的统一性。依笔者所见,在今天的中国,法的最大特征和趋势集中体现在有中国特色的、社会主义的、法治的这三个限制性的修辞上。这三个修辞内涵丰富,因此,我们只有从文化上才能把握它们的精髓。质言之,文化上“有中国特色的”精髓是道德,“社会主义的”精髓是平等,“法治的”的精髓是自由①。说“法治的”的精髓是自由,这是依据法治的发源地西方文化而言的,事实上随着非西方地区法治社会的建立,情况就复杂多了,但我们这在这里最好还是从文化原型出发,否则就无法从根本上把握问题。这样,依据韦伯所说的理想类型,未来中国法的统一性,在学理上或者说文化的精髓上,将有可能是道德、平等与自由的结合体,表现到法律或者说制度模式上,将有可能是责任、公有与权利的平衡结构。

三、对若干问题的思考

中国社会转型与法的统一性是一场宏大的历史和思想进程,期间有许多重大的理论和实践问题值得我们来思考。在此,笔者撷取其中的若干问题,主要是针对法的统一性的,借机将自己的管见陈述如下,希望与识者交流。

当我们面对中国历史上一次又一次的法的统一性时,首先会想到的一个问题是:这是必然的吗?笔者认为,从中国的自然、社会和文化来看,这确有其必然性。从自然地理方面来说,空间广大而又相对独立完整的东亚大陆加上地势平坦而视域宽阔的华北大平原,

① 一般认为,正义是西方法治的精髓。的确,正义是西方衡量法律正当性的一个标准,但自由又是衡量正义正当性的更高标准。所以,美国法理学家 E. 博登海默(Edgar Bodenheimer)在谈到正义与自由的关系时说:“整个法律正义哲学都是以自由观念为核心而建立起来的。”([美]E. 博登海默:《法理学——法哲学及其方法》,邓正来等译,华夏出版社 1987 年版,第 272 页。)

这两项重要的自然要素构成了中国独特的地理景观，同时在长期的潜移默化中亦形塑了早期中国人天、地一体的自然观。因得此天、地自然之利，中华民族较早地跨入了文明的门槛，并在跨入了文明的门槛时就形成了较大规模的社会。随着社会的发展，社会内部的组织结构和经济文化联系趋于紧密和一体化，到殷周之际社会开始转型，最后依据宗法制原则封邦建国，西周因此成为一个从天子到庶民以至奴隶层次分明、结构严密、庞大稳定的系统社会。[①] 这个社会的形象和它的成功，不仅印证了人们天、地一体的自然观，而且孕育了天、地、人三位一体的观念，文王所演的《易》就是对先民这一观念的哲学提炼。[②] 根据这个观念，"人法地，地法天，天法道，道法自然"。[③] 这样，以天道和自然法则等形式表现出来的宇宙统一论，成为中华民族在历史发展中（譬如社会转型）追求法的统一性的精神动力。[④]

---

① 进一步的讨论，参见冯天瑜等：《中华文化史》，上海人民出版社 1990 年版，第 2~3 章；许倬云：《西周史》（增订本），生活·读者·新知三联书店 1994 年版，第 5~6 章。

② 按照文化地理学的观点，自然的结构影响人们的精神结构。日本学者和辻哲郎在他的《风土》一书中，对东西方和中日的文化地理都有很好的比较。（参见[日]和辻哲郎：《风土》，陈力卫译，商务印书馆 2006 年版）例如，我们知道，《易》是中国哲学的原型，蕴含中华民族早期的精神结构，原因就在于它是先民对天、地、人三位一体整体宇宙观的表述。正如《易·系辞上》所记："《易》与天地准，故能弥纶天地之道。仰以观于天文，俯以察于地理，是故知幽明之故。原始反终，故知死生之说。精气为游，游魂为变，是故知鬼神之状。与天地相似，故不违。知周乎万物，而道济天下，故不过。旁行而不流，乐天知命，故不忧。安土敦乎仁，故能爱。范围天地之化而不过，曲成万物而不遗，通乎昼夜之道而知，故神无方而易无体。"

③ 《老子·二十五章》。

④ 梁启超先生对此有精到的解说和对古籍记载的汇集，参见梁启超：《先秦政治思想史》，天津人民出版社 2003 年版，第 26~36 页。陈顾远先生从法的方面亦发表过专论，参见陈顾远：《天道观念与中国固有法系之关系》，载范忠信等编：《中国文化与中国法系——陈顾远法律史论集》，中国政法大学出版社 2006 年版；这一点国外学者同样有提及，参见[美]威格摩尔：《世界法系概览》，何勤华等译，上海人民出版社 2004 年版，第 114~115 页。

从社会方面来看，中国社会虽历经变化，但整体社会庞大和统一，社会内部结构有序和严整，始终是它的主流和常态，这要求与之相应的思想和制度必然是统一而不是分裂的。在文化方面，无论传统中国文化多么千姿百态，理念上"道"或"理"是一以贯之的东西，所谓"道生一，一生二，二生三，三生万物"[①]以及"理一万殊"是也。这些理念使中国文化对统一性的追求成为内在而自觉的行为，而且在实践上亦表现出连续和统一的特征，其特征久而久之就成了传统。[②] 因此，在传统中国这个独立的系统中，当原发于天道的精神动力一旦与社会结构变动相一致时，它就转变成为一种社会自身的需求和目标，并在此过程中与历史文化传统相激荡，形成全民族的共识以至理想。在这些因素和力量的交互作用下，法的统一性不仅成了中国社会转型的一部分，而且它本身亦已成为中国历史的趋势之一。从这个意义上说，统一性是当代中国法的必然趋势。所以，我们有理由对未来中国法的统一性保持信心。

那么，法的统一性的意义如何呢？这是我们接着要回答的问题。从历史实践来看，在传统中国，法的统一性首先带来的是进步，然后到晚期则趋于保守。在进步方面，统一性使法的主导理论与制度模式之间形成同构互动的良好关系，进而消除两者可能有的对抗和因对抗而导致的混乱隐患。与此同时，统一性还使法的规范和各部门及其相互之间，形成合逻辑的结构，最后能使现行法律在整体

① 《老子·四十二章》。

② 钱穆先生说："若用西方眼光来看中国，不仅中国没有科学，即哲学、宗教等，亦都像没有完全长成。中国思想好像一片模糊，尚未走上条理分明的境界。但我们若从中国方面回看西欧，则此等壁垒森严，彼此分别隔绝的情形，亦不过是一种不近情理的冷硬而无生趣的强为分割而已。双方的学术思想，正如双方的自然环境般，一边只见破碎分离，一边只见完整凝一，这是中西大分别所在。"[钱穆：《中国文化史导论》（修订本），商务印书馆1994年版，第218~219页。]

上成为一个自洽的系统。例如,唐代的法典《唐律疏议》结构之严谨,唐代的法律体系律、令、格、式之完备,这些大家所公认的优特点,实际上都是从汉代开始到唐代定型的法的统一性的表现。[①] 当法的统一性达到这个程度时,它就在现实中拥有了权威性和稳定性。

权威性和稳定性是法的基本属性和内在追求,拥有权威性和稳定性的法,既是社会对法的渴求,亦是法对社会调整有效的保障。这样,在法的理论、制度与社会之间形成贯通的关系,人在其中不仅能获得安全、权益、预期和相应的自由,社会自身亦获得了发展所必需的制度保障和稳定环境。而且,由于法的统一性的哲学理据是统一宇宙论,这使法的制度在获得正当性的同时,亦使人们在观念上形成了人与自然、社会和法相通的认识,从而获得天理、国法与人情相通后"天人合一"的人生意义。[②] 因为人与自然、社会和法相通,实际就是人借助法的统一性所达到的"天人合一",而"天人合一"正是传统中国人的人生理想。毫无疑问,这里所说的是法的统一性的理想状况,实际情形必定是有而且是允许有差异的。但即便如此,法的统一性所带来的进步已很显著。不过,当法的统一性达到

---

① 可引证的资料很多。例如,《唐律疏议》在《名例》篇的"序"中自云:《唐律疏议》"远则皇王妙旨,近则萧、贾遗文,沿波讨源,自枝穷叶,甄表宽大,裁成简久。譬权衡之知轻重,若规圆之得方圆。迈彼三章,同符画一者矣。"又《新唐书·刑法志》略云:"唐之刑书有四,曰:律、令、格、式。令者,尊卑贵贱之等数,国家之制度也;格者,百官有司之所常行之事也;式者,其所常守之法也。凡邦国之政,必从事于此三者。其有所违及人之为恶而入于罪戾者,一断以律。"所以,元代的柳贇在《唐律疏议序》中说:"盖姬周以下,文物仪章,莫备于唐。"笔者还曾从法典结构、民事法源和司法依据等方面,专门分析过《唐律疏议》结构上的严谨及其源流和唐代法律体系的完备。[参见张中秋:《中西法律文化比较研究》(第5版),法律出版社2019年版,第200~219页;张中秋:《唐代民事主客体与民事法源的构造》,载《法制与社会发展》2005年第4期。]

② 卡尔·曼海姆(K. Mannheim)说过,意义附着于系统。笔者相信,中国人正是通过法与社会和自然的相通,来达到"天人合一"的法意至境的。

较为理想的状况时,它的正当性和进步性,尤其是它的理论在早期因符合转型社会的趋势而拥有的批判与改造的功能开始下降。与此同时,已定型的法律制度模式总是压制新情况下对系统的修改,对非正统的法律思想亦总要限制和排斥,必要时则斥之为“异端”而予以惩罚。这种情况如不加改变而任其发展下去,曾经进步的法的统一性就必然趋于保守。其结果首先是引发社会围绕变法与守法的争论,严重者还会引发社会的动荡和冲突,其次才是社会转型中法的统一性的新陈代谢。中国的历次社会转型与法的统一性运动莫不如此。这是我们在谈论法的统一性带来的进步时,特别要注意到的它的保守性的一面。

在传统中国法的统一性运动中,还有一个现象特别引人注目,即它的形成和行用的长期性,或者说长时段。乏于史料,我们还估算不出殷周之际社会转型中法的统一性所经历的时间,但我们知道这套系统从西周初年一直行用到春秋战国。如果考虑到春秋战国是转型时期不计入的话,那么,这套系统前后完整的行用时间亦有三百年左右。从春秋战国开始的社会转型与法的统一性运动一直到汉初才趋于稳定,其中制度模式要到隋唐才臻于定型。如此,法的统一理论从旧的解体到新的形成历时有五百余年,而从西汉形成到理学完善又历时九百余年。同样,法的制度模式从旧的解体到新的初步形成历时六百余年,行用至隋唐臻于定型又历时五六百余年;经过理学的改进和强化后,这套理论和制度又行用了近千年。如果从大的框架上说,西汉以来的这套理论和制度模式在形成和行用上都达到了千年以上。当然,这些都是粗略的估算,但已经说明了问题。它告诉我们,像中国这样的大国,法的统一性的形成和行用必将是一个长期的过程。对此,我们要有足够的认识和耐心,即使晚清以来社会转型与法的统一性加快,但亦不会快到置历史规律于不顾的程度。[1] 总体来说,未来中国法的统一性,将有赖于中国社会转型的完成和新的哲学体系的形成。这样说,是因为我们已经看到,历史上中国法的统一性的形成,除了社会转型这个整体性的条件外,还必须有新的系统性的哲学为依托。事实上,这亦是所有伟大的法律体系的共同之处。所以,作为正在追求法的统一性的中国,它的哲学将是什么?这是值得我们深思的重大问题之一。

在法的统一性从旧的解体到新的成型的过程中,笔者还注意到一个带有规律性的现象,即在社会转型与法的统一性之间存在一定的序列以及理论上的分化竞合关系。一般是社会危机导致争论,法的统一性受到挑战,随着危机加深和社会转型(或变动)的开始,法在理论上的统一性被打破或受到冲击,出现思想上的混乱和多元,如春秋战国时期的百家争鸣,魏晋隋唐时期儒、释、道三家的争雄,以及近代以来络绎不绝的各种思潮。与此同时,统一的法律制度模式或分而解体或被放弃,如战国异制和清末变法修律,然后是一个较长时期的竞争与实验的过程。在此之后,社会转型完成,法的统一理论形成,最后是统一的法律制度模式的确立。前后如此,法的统一性才实现从旧到新的转换。这意味着法的统一性从旧到新的过程,实际是一个有序列的危机、解体、实验、竞合与成型的过程,而理论上的争鸣、多元和合流亦是正常

---

① 唐德刚先生发表过著名的"历史三峡"说,他认为对中华民族来说,晚清以来的转型是一次惊涛骇浪的大转型,我们要通过这个可怕的三峡,大致亦要历时两百年。从 1840 年开始,我们能在 2040 年通过三峡,享受点风平浪静的清福,就算是很幸运的了。如果历史出了偏差,政治军事走火入魔,则这条"历史三峡"还会无限期地延长下去。那我民族的苦日子就过不尽了。——不过无论时间长短,"历史三峡"终必有通过之一日。这个是历史的必然。(参见唐德刚:《晚清七十年》,岳麓书社 1999 年版,第 7 页及以下。)此说可资参考。不过,笔者的观点或许保守一些。笔者认为从法的角度来说,成熟的理论和成型的制度在中国还需要更长的时间。

和必要的思想条件。

最后，在法的统一性上，统一于什么？这是法的统一性中最关键的问题。如前所述，道德是传统中国法的共通原理，传统中国法的统一性，包括理论和制度，实际上都是建立在道德原理之上的，这是西周以来传统中国法历变不易的统一性之所在。然而，现在的问题是，未来中国法的统一性又将统一于什么？还会是道德原理吗？如果不是道德原理，又会是什么？对此，笔者在前面曾提到，未来中国法的统一性，在学理上将有可能是道德、平等与自由的结合体；在制度上将有可能是责任、公有与权利的平衡结构。笔者之所以这样说，主要是依据晚清以来迄今为止中国法所表现出来的特征及其趋势，但事实上笔者还可补充更重要的理由，即对构成当代中国法的各种法律文化原理的解读。在当代的中国法中，实际交织着传统中国的、社会主义的和西方的三种法律文化，或者说三大法律传统。[①] 其中，社会主义的可以说是中国大陆的新传统，但实际上亦是中国的固有传统与源于西方文化的社会主义相结合的产物。因此，比较分析一下中西固有的法律文化原理，就有可能帮助我们推测未来中国法的统一性的方向。

中国固有的法律文化原理，或者说传统中国法的原理是道德原理。依据这个原理，首先要承认人是有而且是必须有道德的，如果没有道德，则人无异于禽兽，因此，道德是人作为主体存在的正当性所在，亦即人之为人的理据。同理可推，人类群体在没有道德，或缺乏道德的人之间，根本无法建立起正常的社会，即使通过某种途径一时建立，亦将时时面临着解体直至覆亡的危险。所

---

① 较有参考价值的有梁治平：《法治：社会转型时期的制度建构——对中国法律现代化运动的一个内在观察》，载梁治平编：《法治在中国：制度、话语与实践》，中国政法大学出版社 2002 年版。

以,传统中国法的道德原理是从人际关系的健康确立,亦即人类社会的自身存续出发的,表现为责任→权利模式。相对于传统中国法的道德原理,笔者认为自由是西方文化的核心理念,西方法贯彻的是自由原理。这一原理立足于人首先是独立的个体,其次才是人类群体中的一员,因此,个人的自由和权利优先,以确保人作为人类群体一分子存在的意义。反之,人类社会对人来说是无意义的,因为人已不是理性的动物和思想的主体。所以,西方法的自由原理是从作为人类群体中的个体存在的意义出发的,表现为权利→义务模式。中西法律文化的原理虽然是如此的不同,但依然各有其价值。因为法是权利与义务的结合体,法治的大厦亦是由权利与义务双柱支撑的,即使在全球化的今天,无论是道德原理法还是自由原理法,任何一项都不足以解决人类所面临的在自律与他律、权利与义务、群体与个体之间的永久冲突,而且任何一项走向极端都会带来灾难。这是因为人是个体的但人类是群体的,所以道德与自由始终是人类法的基本原理,只是不同的偏重而已。因此,就像西方法的自由原理有其永久的价值那样,传统中国法的道德原理亦永有其价值。此外,我们还知道,原理是事物存在和发展的根本法则。结合上述这些因素,我们是否可以预见到,当代中国法正在道德与自由这两个基本原理的支配和社会主义平等理念的指引下向着新的统一性的方向发展。即使事实上要比这复杂得多,但至少这亦是目前所见的方向之一。从这个意义上说,未来中国法的统一性,在学理上将有可能是道德、平等与自由的结合体,表现在制度上将有可能是责任、公有与权利的平衡结构。至于在它们之间,哪一项是更基本的?这个问题只能留待将来去回答。[①]

① 笔者对此有不太成熟的想法。笔者认为,从法与人的存在根据和价值立论,可以察见这两种原理法的先后。正如大家所知,法是调整人际关系的,一个人的世界不需要法,因此,法的出现和存在完全是因为人类群体(社会)的需要,而且亦是为了人类群体(社会)的存续,所以说人类群体(社会)是法存在的根据和首要价值。由此可见,在法存在的根据和价值序列上,道德原理法要先于自由原理法。同时,正因为一个人既不能成为社会,亦离不开社会,所以就个人而言,道德原理法亦先于自由原理法。如果上述观点可以成立的话,再考虑到中国人根深蒂固的道德世界观,还有中国一统的社会大趋势,以及法的统一性的历史经验和传统,笔者认为,在构成未来中国法的统一性的各项要素中,或许道德和责任是更基本的,亦即平等、自由、权利都将建立在道德与责任之上的。

第八章　从礼法到政法[*]

——传统与现代中国法的结构与哲学及改造提升

一、传统中国法的结构与哲学

学界探讨传统中国礼法和现代中国政法的论著并不少见，但将传统中国礼法与现代中国政法结合起来做学术探讨的却不多见。[①] 为此，本章以法文化的视野和法哲学的方法，尝试着探讨从礼法到政法的传承与变迁中，传统与现代中国法的结构与哲学及其改造提升问题。毫无疑问，这是一个宏大深邃的问题，目前笔者只能把自己的观察和思考尽量做一个梗概式的表达，希望能起到抛砖引玉的作用。

---

* 原载《法制与社会发展》2018 年第 3 期，有修改。

① 笔者在中国知网（http://kns.cnki.net）上，检索以“礼法”为主题的研究文献获得 1977 条，检索以“礼法传统”为主题的研究文献获得 80 条；检索以“政法”为主题的研究文献获得 58,466 条；检索以“政法传统”为主题的研究文献获得 63 条；检索以“礼法与政法”为主题的研究文献获得 18 条，但几乎都不是学术探讨。（最后访问日期：2018 年 3 月 19 日）

对于法的结构可以有不同的解读，如果是从法文化类型[1]的视角出发，那么，传统中国法的类型可以说是礼法文化，亦可以说是礼法传统，但如果透视这个文化和传统的结构则可以说是礼法结构。正如《唐律疏议》在开篇《名例》说："德礼为政教之本，刑罚为政教之用，两者犹昏晓阳秋相须而成者也。"[2]这句话的意思是说，德礼是政教的根本，刑罚是政教的辅从，两者的关系犹如黄昏与早晨（相续为一天）、春天与秋天（相续为一年），只有相互结合才能构成完美的整体。这是对律文的直译，其实内涵远不是这么简单。首先，它融合了儒、法、道三家的思想。从概念的倾向上讲，"德礼"是儒家的，"刑罚"是法家的，"昏晓阳秋"是道家的。儒、法、道三家的思想在国家法典中融为一体，这是西汉以来中国法律发展到唐代"臻于完善"的表现，体现出从阴阳合一、阳主阴从的哲学原理到礼法结合、德主刑辅的礼法结构，如图 8-1 所示。

↗ 德礼—本—晓—阳（春天）—（主）阳 ↖

政教（大法）　　　　　　　　　　　　（原理）道

↘ 刑罚—用—昏—秋（秋天）—（从）阴 ↙

图 8-1　《唐律疏议·名例》所示礼法结构示意

图 8-1 把《唐律疏议·名例》的表述结构化了，其中"阳秋"之后是笔者加上的，但符合道的构成。通过图 8-1，可以看到作为政教两翼的德礼与刑罚与作为道之两仪的阳与阴的对应关系。我们知道，政教是传统中国政治文化的统称，亦可以称之为大法，[3]法律

---

① 法文化类型是依据文化类型对法的一种分类。文化类型是由于自然环境和生存方式的差异，以及观念、信仰、兴趣、行为、习惯、智力发展方向和心理性格的不同，而形成的具有相似文化特征或文化素质的地理单元。所以，法文化类型是各种法文化形态体系中最有特色、最能体现一种法文化本质属性的特征，而不是指它的全部特征的总和。

② （唐）长孙无忌等：《唐律疏议》，刘俊文点校，中华书局 1983 年版，第 3 页。

③ 中国古代的法有广狭多义，其中广义上的法包括礼、乐、政、刑，此与《唐律疏议》中说的政教相当，所以称之为大法。即如《管子·任法》所说："法者，天下之至道也。……所谓仁义礼乐者，皆出于法。此先圣之所以一民也。"

自然亦包含在其中。因此,作为政教两翼的德礼与刑罚,亦就是礼与刑(此处的刑是指广义上的刑法,亦即法律),或者说礼与法(此处的法是指狭义上的法律,亦即广义上的刑),实际上就是传统中国法的基本内容与结构。正如图 8-1 所示,在这个结构中,德礼为本、刑罚为用。对此,人们把它概括为礼法结合、德主刑辅,简称为礼法结构。礼法结构是以唐律为代表的传统中国法的基本结构,所以,朱元璋在《御制大明律序》中说:“朕仿古为治,明礼以导民,定律以绳顽,刊著为令,行之已久。”①对于传统中国法的礼法结构,《清史稿·刑法志》中有一个总结性的概述,阅者可以参见下注。②

同时,由图 8-1 图示,我们还可以发现,礼法结构的法理依据是阴阳合一、阳主阴从的哲学原理。这个原理实际是道德哲学,这个道德哲学的背后的世界观是道或者说阴阳统一的世界观,而它最终要回答和追求的是:人是什么,人如何成为人,法对人成为人有什么价值,亦即法对人的意义。其实,这些都植根于对人是什么的预设和回答。对于这个结构与哲学的内在逻辑或者说理路,我们可以这样来理解:从道或者说阴阳统一的世界观可推展到道德哲学。为何是道德哲学?因为阴阳世界观的本质是道德,即道是世界存在的形式,表现为井然有序,这是表面上、形式上、静态的表象世界;德是世界存在的根据,表现为生生不息,这是表面下、实质上、动态的内在

---

① 《大明律》,怀效峰点校,辽沈书社 1990 年版,第 1 页。

② 《清史稿·刑法志》曰:“中国自书契以来,以礼教治天下。劳之来之而政出焉,匡之直之而刑生焉。政也,刑也,凡皆以维持礼教于勿替。故《尚书》曰:‘明于五刑,以弼五教。’又曰:‘士制百姓于刑之中,以教祇德。’古先哲王,其制刑之精义如此。……至唐《永徽律》出,始集其成。虽沿宋迄元明而面目一变,然科条所布,于扶翼世教之意,未尝不兢兢焉。君子上下数千年之间,观其教化之昏明,与夫刑罚之中不中,而盛衰治乱之故,綦可覩矣。”《清史稿》是传统中国正史的最后一部,编者的观点比较保守。然而,编者对中国传统社会礼教/刑罚与治乱/盛衰的关系,以及宋、元、明、清诸律对唐代礼法结构模式继承的认识,应该说是客观的,最起码它向我们描述了一个基本的历史事实。

世界；道与德的有机结合，构成了既生机勃勃又井然有序的完美世界，亦即和谐世界或者说生而有序的和谐世界。这个世界即是先贤在《中庸》中所说的“致中和，天地位焉，万物育焉”。① 其实，这亦是我们今天中国人所承袭下来的主要世界观，只是如《周易·系辞上传》所说“百姓日用而不知”。② 所以，从哲学或者本质上说，世界是道德的世界。因此，包括人在内的万物都是道德的存在。它在天表现为阴阳，在地为刚柔，在人为仁义，在法为德礼与刑罚，亦即礼与刑。③ 这就是贯通天、地、人、法的中国传统文化哲学，亦是中国文化生命力的根源所在，即效法自然、合乎自然，所以能够与天地/自然同长久。④

---

① （宋）朱熹：《四书章句集注》，中华书局1983年版，第18页。

② 例如，在《中共中央关于全面推进依法治国若干重大问题的决定》（以下简称《决定》）中提出：“面对新形势新任务，我们党要更好统筹国内国际两个大局……使我国社会在深刻变革中既生机勃勃又井然有序，实现经济发展、政治清明、文化昌盛、社会公正、生态良好，实现我国和平发展的战略目标，必须更好发挥法治的引领和规范作用。”（《中共中央关于全面推进依法治国若干重大问题的决定》，人民出版社2014年版，第3页。）前述《决定》中的“既生机勃勃又井然有序”可以这样来理解：生机勃勃是德，因为在中国传统观念中，德是生，所以大德曰生，生就是生生不息，表现出来就是生机勃勃；同样，井然有序是道，因为道是有序，所以有道为序，表现出来就是井然有序。因此，可以说既生机勃勃又井然有序就是生与序或者说德与道的统一，亦即生而有序或者说道德。这表明道德（观）依然是中国人的世界观，只是大家日用而不知罢了。

③ 宋儒周敦颐在《太极图说》中说：“立天之道，曰阴与阳；立地之道，曰柔与刚；立人之道，曰仁与义。”[（宋）周敦颐：《周子通书》，上海古籍出版社2000年版，第48页。]此说原出《周易·说卦》，推而言之，依着道的理路和构成，并根据《唐律疏议·名例》“德礼为政教之本，刑罚为政教之用，两者犹昏晓阳秋相须而成者也”的规定，那么，立法之道就可以说是礼与刑或德礼与刑罚。

④ 中华文明绵延不断的文化根源，或者说生生不息的精神动力或即在此。因为道德对应并顺从万物的井然有序与生生不息。所以，这样的文化能与天地同在、与日月同辉，即与自然世界共存。原因是它遵循了有机生命世界的自然法则，努力追求生命可持续的中和状态，以达致与天地宇宙的一体化，所以能与天地同存。例如，《左传》昭公二十五年记载郑子太叔（游吉）的言论说：“吉亦闻诸先大夫子产曰：夫礼，天之经也，地之义也，民之行也。天地之经，而民实则之。则天之明，因地之性，生其六气，用其五行……乃能协于天地之性，是以长久。……”又如，明代大儒刘宗周说：“吾儒之学，宜从天地万物一体处看出大身子，天地万物之始即吾之始，天地万物之终即吾之终，终终始始，无有穷

为什么在中国传统文化哲学中，天、地、人、法是贯通的呢？从学理上说，首先，这个哲学植根于万物的属性是阴与阳；人性是善与恶；法是德礼与刑罚，亦即礼与刑，或者说礼法结构。其次，这个哲学回答了天地万物是阴与阳对立统一的辩证存在，但本质是道德；人是善与恶/性与欲/情与理对立统一的辩证存在，但本质上还是道德；法是德礼与刑罚或礼与刑对立统一的辩证存在，然本质上仍是道德。最后，这个哲学告诉人们如何成人，就是要为善去恶、崇礼守法，本质上还是合乎道德。在这个过程中，法或者说德礼与刑罚，亦即礼法的价值，就是要通过对秩序（道/法）与正当（德/礼）的建构，达到责任与权力、义务与权利差序格局的制度化、现实化，从而引导和规范人成长为成人。①而所谓成人，本质上就是要成为有道德的人，亦即中国传统文化哲学中对人是什么的预设和回答的实现。至此，我们可以说，符合礼法规范的人就是有仁义的人，有仁义的人就是与天的阴阳、地的刚柔相合的人，与天的阴阳、地的刚柔相合的人就是与天地合一的人，与天地合一的人就是天人合一中的人，天人合一中的人就是有道德的人。②因为道德在天为阴阳，在地为刚柔，在人为仁义，在法为德礼与刑罚，亦即礼法。这就是传统中国法的

尽……”［戴琏璋、吴光主编：《刘宗周全集》（第2册）《证人社语录》，台北，台湾中研院中国文哲研究所筹备处1996年出版，第683页。］

① 其实，这就是中国传统法哲学的文化原理和内在理路。据此，法在形式上是德礼与刑罚，实质上是道德；法的价值在形式上是明刑弼教，实质上是使人成为有道德的人；实现法的价值的方法在形式上是礼法结合、德主刑辅，实质上还是基于道德、合乎道德，亦即基于道德一体、合乎德生道成；而这一切都是为了使人之为人，亦即为了人的本质，同时亦是世界万物的本质——道德——的展开和实现。

② 如董仲舒在回答汉武帝的对策中说：“故孔子曰‘天地之性人为贵’。明于天性，知自贵于物；知自贵于物，然后知仁谊（按：谊即义）；知仁谊，然后重礼节（按：礼节亦即礼法）；重礼节，然后安处善；安处善，然后乐循理；乐循理，然后谓之君子。”（袁长江主编：《董仲舒集》，学苑出版社2003年版，第25页。）乐循理即乐与天地之性理相通，乐与天地之性理相通就是要天人合一，天人合一即是君子，君子即是有道德的人。

结构与哲学的内在逻辑或者说理路，而它最终所回答和追求的则是人是什么，人如何成为人，以及法对人成为人有什么价值。

二、现代中国法的结构与哲学

同样，从法文化类型的视角来观察，现代中国法可以说是政法文化，亦可以说是政法传统，但从这个文化或者说传统的结构来看，则又可以说是政法结构。只是由于“政法”和“政法传统”早已是中国共产党对自己法律文化的统称，亦是为当今中国社会和学界所普遍接受的专有名词，[①]所以，相对于政法传统，政法结构较少为人提及。其实，在对于文化的认识上，传统往往是一种纵向观察的结果，而结构往往是一种横向透视所见，但两者实际上是一物，只是视角不同而已。所以，政法结构与政法传统往往是名异而实同，这在本章中亦是如此。

对于政法结构或者说政法传统的历史与核心，董必武在1959年的讲话中给予了鲜明的揭示。他说：“我们党从井冈山建立革命政权的时候起，就有了自己的政法工作。人民政法工作和军事工作、经济工作、文教工作一样，在党中央和毛主席的领导下，从民主革命到社会主义革命，逐步积累起丰富的经验，形成了自己的优良传统。这就是服从党的领导、贯彻群众路线、结合生产劳动、为党和国家的中心工作服务。”[②]谢觉哉亦曾说过：“我们的法律是服从于政治的，没有离开政治而独立的法律。政治要求什么，法律就规定什么。当法律还没有制成条文的时候，就依据政策行事。”[③]彭真亦

---

① 参见刘全娥：《陕甘宁边区司法改革与“政法传统”的形成》，人民出版社2016年版。

② 董必武：《董必武法学文集》，法律出版社2001年版，第423页。

③ 王定国等编：《谢觉哉论民主与法制》，法律出版社1996年版，第156页。

指出:“党的领导、专门工作与群众路线相结合,是政法工作的优良传统。”[①]董必武、谢觉哉、彭真都曾经是我们党和国家特别是政法工作的领导人,所以,他们的讲话既是对政法工作的经验总结又是最最权威的表达。从他们的讲话中,我们可以清楚明白地看到,在党、国家、政治与法律的关系中,党和国家是中心,政治是优先,法律服从于政治并服务于党和国家的中心工作。可以说这就是政法传统的核心,亦可以说是政法结构的基本模式,而且在现代中国法中,这个核心和模式虽源于历史亦见于当今,它不仅是理论的表达亦是制度的实践。譬如,在理论的表达上,《中共中央关于全面推进依法治国若干重大问题的决定》(以下简称《决定》)说到,依法治国“事关我们党执政兴国,事关人民幸福安康,事关党和国家长治久安”。[②] 所以,“党的领导是全面推进依法治国、加快建设社会主义法治国家最根本的保证。必须加强和改进党对政法工作的领导,把党的领导贯彻到全面推进依法治国全过程”。[③] 同样,在制度的实践上,作为国家根本大法的《中华人民共和国宪法》(以下简称《宪法》),在第 1 条中就规定了中国共产党的领导地位,[④]然后在第 5 条中规定:“中华人民共和国实行依法治国,建设社会主义法治国家。”[⑤]这说明《宪法》的制度性规定与上述《决定》的理论性表达相一致,即法律服从于政治(党的领导)并服务于党和国家的中心工作,这正是包括当下在内的现代中国法中的政法传统或者说政法结

---

① 彭真:《论新中国的政法工作》,中央文献出版社 1992 年版,第 424 页。

② 《中共中央关于全面推进依法治国若干重大问题的决定》,人民出版社 2014 年版,第 1~2 页。

③ 《中共中央关于全面推进依法治国若干重大问题的决定》,人民出版社 2014 年版,第 33 页。

④ 《中华人民共和国宪法》(最新修正版),法律出版社 2018 年版,第 60 页。

⑤ 《中华人民共和国宪法》(最新修正版),法律出版社 2018 年版,第 61 页。

构。对于这个政法传统或者说政法结构，学界虽从不同的方面做了不少的研究，[①]但遗憾的是，少见对其背后的哲学进行深入探讨的，[②]而哲学探讨将使我们对传统与现代中国法有更多更深的认识。

据笔者的观察和研究，政法传统或者说政法结构的哲学是功利哲学，其背后的世界观是唯物或者说原子论的世界观，而它最终是要回答和追求的是：人是什么，人如何成为人，法对人成为人有什么价值，亦即法对人的意义。其实，这些都植根于对人是什么的预设和回答。对于这个结构与哲学的内在逻辑或者说理路，我们可以这样来理解：从唯物世界观（世界统一于物质）可推展到功利哲学[③]。为何是功利哲学？因为唯物世界观的本质是存在第一、意识第二，或者说物质第一性、精神第二性，存在和物质决定意识和精神，所以，世界万物首先是而且本质上都是物质的存在。[④] 这并不仅仅是我们今天教科书的认识，而是中国共产党长期以来信奉的哲学。对

---

① 参见刘全娥：《陕甘宁边区司法改革与“政法传统”的形成》，人民出版社2016年版；左卫民、何永军：《政法传统与司法理性——以最高法院信访制度为中心的研究》，载《四川大学学报》2005年第1期；徐亚文、邓达奇：《“政法”：中国现代法律传统的隐性维度》，载《河北大学学报》2011年第5期；安秀三：《人民政法传统的历史生成与法治转型》，载《河南社会科学》2016年第2期；乔素玲：《建国初期的婚姻法实践与政法传统发展》（未刊稿）；强世功：《中国法治道路：礼法传统的传承与升华》，载《民主与法制时报》2015年7月9日，第7版。

② 根据笔者对前注中所列文献的查阅，只有少数研究触及了哲学，而且亦只是停留在对辩证唯物主义的一般说明上（如刘全娥：《陕甘宁边区司法改革与“政法传统”的形成》，人民出版社2016年版，第57页），并未对政法传统或者说政法结构与其背后的哲学的关联做出说明，亦未进一步探讨哲学本身背后的世界观问题。

③ 这里使用的功利哲学是指以物质和利益为起点和追求的人生哲学。这不等同于西方的功利主义或功利主义哲学，西方的功利主义或功利主义哲学是由边沁创立和密尔发展的一个哲学和法哲学流派，它以追求最大多数人的最大幸福为功利，而此幸福的功利是可以计算的人的快乐和痛苦，但正是因为要求是可以计算的，所以，此幸福的功利实际上主要还是物质和物质性的。

④ 参见李秀林、王于、李淮春主编：《辩证唯物主义和历史唯物主义原理》（第5版），中国人民大学出版社2004年版，第37~62页。

此,代表官方和权威的哲学家艾思奇,他在20世纪30年代风靡全国的《大众哲学》中说:“唯物论的世界观的主要特征之一,就是要承认客观世界是独立的物质存在并且有它自己的规律。除此之外,唯物论的另一个主要特征亦要说一下,这就是认为主观、精神并不是独立存在的东西,而只是从客观、物质中产生出来的,是第二位的东西。……认为第一位的东西是客观、物质,而主观、精神只是第二位的,只是‘派生’的东西,这是唯物论的世界观。”[①]因此,在唯物论的世界观看来,人首先是物质的存在,其次是精神的存在,最后才是物质与精神或者说存在与意识对立统一的存在。同样,法首先亦是物质的存在,亦即人对物质和精神利益追求的规范体现;其次是精神的存在,亦即人对物质和精神利益追求的意志体现;最后才是物质与精神或者说存在与意识对立统一的存在,亦即作为规范与意志的统一体而体现的法。这就是唯物主义准确说是辩证唯物主义哲学,它回答了世界万物统一于物质,亦即世界在本质上是物质的,所以,人与法首先应是物质的,然后才是物质与精神或者说存在与意识对立统一的存在,但本质上还是物质的。由于物质不仅是功利和利益的基础,而且亦是功利和利益最初或最终的表现形式,所以,物质的往往是功利的和利益的。同时,唯物主义哲学还指导人们,如何实现人与法的价值,即实事求是地承认存在或者说物质与利益第一、意识或者说精神与荣誉第二,两者辩证统一。然后,在这个世界观的基础上,自然发展出存在第一的现实主义,又从现实主义发展到功利主义,再从功利主义发展到实用主义或者说功利化的人生观、价值观和法律观。这就是为什么从唯物世界观可推展到功利哲学,因为它们之间具有内在的逻辑联系,即世界统一于物质,其他都

---

① 艾思奇:《大众哲学》(修订本),人民出版社2009年版,第31页。

是派生的。

由于“领导中国广大人民坚决进行革命斗争的中国工人阶级和共产党,是以马克思主义的辩证法唯物论作为自己的世界观——思想方法。把马克思列宁主义的普遍真理和中国革命的具体实践互相结合起来的毛泽东思想,就是严格地建立在辩证法唯物论这个世界观——思想方法的基础之上的”[1],所以,毛泽东说:“世界上没有什么超功利主义,在阶级社会里,不是这一阶级的功利主义,就是那一阶级的功利主义。我们是无产阶级的革命的功利主义者,我们是以占全人口百分之九十以上的最广大群众的目前利益和将来利益的统一为出发点,所以我们是以最广和最远为目标的革命的功利主义者,而不是只看到局部和目前的狭隘的功利主义者。”[2]在追求实现革命的功利主义过程中,法的价值正是通过对秩序与正义的建构,达到权利与义务(实质是利益分配)的制度化、现实化,从而引导和规范实现人的价值。所谓实现人的价值,亦即人是什么的实现,实际上就是人作为物质与精神或者说存在与意识对立统一存在的实现,但本质上仍是物质的、功利的和利益的实现。至此,我们可以说,遵循法律的人是符合权利义务的人,符合权利义务的人是合功利原则的人,合功利原则的人本质上是持唯物主义世界观的人,唯物主义世界观就是实事求是,实事求是就是存在或物质第一、意识或精神第二,存在和物质决定意识和精神。这就是现代中国法的结构与哲学的内在逻辑或者说理路,而它最终回答和追求的同样是人是什么,人如何成为人,以及法对人成为人有什么价值。

---

① 艾思奇:《大众哲学》(修订本),人民出版社 2009 年版,第 32 页。

② 《毛泽东选集》(第 3 卷),人民出版社 1991 年版,第 864 页。

三、传统与现代中国法的结构与哲学比较及改造提升

对传统与现代中国法的结构与哲学可以做这样的比较，即礼法结构对政法结构，道德哲学对功利哲学，而它们的背后则是道或者说阴阳统一的世界观对唯物或者说原子论的世界观。当然，这只是一种最简略的宏观比对，如果要深究起来，传统与现代中国法的结构与哲学本身就存在差异，即传统中国礼法结构中的礼与法及其哲学是同构共理相互贯通的，亦即它们是同一结构、共通原理的统一系统；[①]而现代中国政法结构中的政与法及其哲学则是交织着古今中外冲突，亦即还没有达到同构共理相互贯通的矛盾系统。[②] 但即使如此，我们从类型学的角度出发进行比较亦是可行的。

对于未来中国法结构的改造提升，笔者以为应是弱化政法结构中政与法的意识形态性[③]和功利性，注入基于普遍人性的人权和基于中国人性情的礼，进而改造提升为新型的政法结构。对此，笔者时常听到这样一种说法，认为法治社会不应提政法而应提法治，因为法治社会是法律优先而不是政治优先的社会。殊不知，政法是从礼法演变来的中国法律文化传统，亦是符合中国国情和现实政治的法律文化结构，具有深厚的历史根基和强大的现实正当性。因此，对于政法结构不是要改掉而是要改造。事实上，我们已经在而且亦

---

① 关于传统中国的礼与法及其哲学的同构共理相互贯通，参见张中秋：《原理及其意义——探索中国法律文化之道》（第2版），中国政法大学出版社2015年版，第136~142页。

② 以哲学和法哲学为例，传统中国的思想、制度、社会具有融贯性，因而有自己的哲学和法哲学，但近代以来由于外力的介入和内生的矛盾，融贯性被打破，思想、制度、社会相背离，自己独立系统的哲学和法哲学至今还未建立。

③ 笔者知道意识形态存在于任何政治社会，所以并非一概地反对，但这里的意识形态性主要是指脱离了中国人的基本观念和生活习惯的教条主义、形式主义，以及空洞的政治口号和宣传，亦就是那些不接地气的极左或极右的政治理念与政治指导。

正在这样做，如《决定》中提出，中国特色社会主义法治国的建设，要“汲取中华法律文化精华，借鉴国外法治有益经验，但决不照搬外国法治理念和模式”。[①] 所以，有论者提出：“在这个意义，我们可以说四中全会正在开辟中国法治的新传统，社会主义政法传统实际上是在古代礼法传统的基础上构建现代的礼法传统。”[②]其实，在改造提升的同时，我们要看到，从意识形态、政治原则和立法依据来说，传统中国的礼的确相当于现代中国的政，亦就是说两者在政治系统中的地位和功能是一致的，但它们在内涵和目标上有异。[③] 礼与政的同体现了中国法律文化的连续性，礼与政的异表现出中国法律文化的断裂性。因此，如何把这种连续性和断裂性，或者说如何把中国法律传统和现代世界法律文明对接，从而达到改造提升的目的，即是上面提到的对政法结构中政与法的意识形态性和功利性的弱化和再注入的任务，但这还仅仅是停留在一种结构性的改造上更深层次的改造提升应是在结构背后的哲学层面上。所以，较为根本的变化是在功利哲学的功利中注入和加大道德元素。这里的道德元素集中体现在传统中国仁爱的德性和体现文明教养的礼教上，以及体现在当今人类共性亦即普遍人性的公德上，包括现代的人权理

---

① 《中共中央关于全面推进依法治国若干重大问题的决定》，人民出版社 2014 年版，第 7~8 页。

② 强世功：《中国法治道路：礼法传统的传承与升华》，载《民主与法制时报》2015 年 7 月 9 日，第 7 版。

③ 简单来说，礼与政在内涵和目标上的异，主要在于礼的内涵是传统中国的伦理，核心是三纲五常；礼的直接目标是别，长远目标是和，亦即实现不同而和的大同世界。而今天政的内涵是中国共产党的政治，核心是党的领导；政的直接目标是国家治理和中华民族复兴，长远目标是实现共产主义。此外，礼法与政法还有一个很大的不同，即礼法之上是道德，而政法上是政治；道德与政治又有很大不同，政治是纯粹的意识形态，道德尤其是主流道德是一个社会中既包含政治又超越政治的文化与价值系统。

念。因此，这些道德元素与目前政府的德治，虽有交叉但亦有区别。有交叉的是“弘扬中华传统美德，培育社会公德、职业道德、家庭美德、个人品德，既重视发挥法律的规范作用，又重视发挥道德的教化作用，以法治体现道德理念、强化法律对道德建设的促进作用，以道德滋养法治精神、强化道德对法治文化的支撑作用”。[①] 有区别的是不同于目前过于功利性的德治，而是着力于提升精神在人与法这个物质存在的世界中的价值与地位。当然，最后更为根本的变化是唯物世界观，亦即物质的功利的世界观、人生观、价值观和法律观，与道的或者说阴阳统一的世界观，亦即精神的道德的世界观、人生观、价值观和法律观的协调统一。这意味着物质与精神、存在与意识，反映到法律上即是功利与道德这两大原则，在法的观念、制度和实践中的协调统一。

笔者认为，在未来中国法的发展中，上述两者有协调统一的可能性，但亦有艰难困苦的课题有待克服。就其可能性而言，传统中国的主流哲学，亦即基本的世界观是道的世界观，道的世界观在宋及以后就是理学世界观，理学世界观实际上是理气统一的世界观。[②] 在哲学上，理属于精神范畴，气属于物质范畴，所以，理气统一的世界观实际是精神与物质统一的世界观。这不仅与唯物世界观一致，而且还可以说是中国之所以能够接受唯物世界观的思想背景和哲学基础，甚至还是未来两者（反映到法律上即是功利与道德两大原则）协调统一的可能性所在。但同时理气统一的世界观与唯物世界观亦存在根本的差异，即在理气统一的世界观中，精神性的理是第

① 《中共中央关于全面推进依法治国若干重大问题的决定》，人民出版社 2014 年版，第 7 页。

② 参见蒙培元：《理学范畴系统》，人民出版社 1989 年版，第 6~33 页。

一位的，谓之形上；而物质性的气是第二位的，谓之形下。[1] 虽然理气在形成上不分先后，所谓有理必有气，有气必有理；理在气中，气中有理；无无理之气，无无气之理；但在价值位阶上，理气却有上下高低之分，亦即形上与形下之分。[2] 还有，更为重要的差异是，理气统一的世界观中的理的核心是道德，亦即理是本来如此，谓之正当；正当即道德，不道德即不正当；不正当、不道德即不合理。所以，理、正当、道德是贯通的。[3] 这表明在传统中国理气统一的世界观中，精神性的理，或者说它的核心，亦即道德是第一位的，而物质性的气是第二位的，这意味着物质要受到精神（道德）的指导和支配。但在唯物世界观中，物质和存在是第一位的，精神和意识是第二位的，精神和意识要依附于物质而存在，这表明精神和意识要受到物质和存在的支配和制约。这是传统中国理气统一的世界观与唯物世界观的根本的差异，亦可以说是未来两者（反映到法律上即是功利与道德两大原则）协调统一的艰难之处。

如果要深究下去，我们还可以发现，传统中国理气统一的世界观实际上是有机世界观。有机世界观的核心在于把世界看作有生

---

① 如朱熹说："天地之间，有理有气。理也者，形而上之道也，生物之本也；气也者，形而下之器也，生物之具也。是以人物之生，必秉此理然后有性，必秉此气然后有形。"［（宋）朱熹：《答黄道夫》，载朱杰人、严佐之、刘永翔主编：《朱子全书》（卷五十八），上海古籍出版社与安徽教育出版社2002年联合出版，第2755页。］

② 如《朱子语类》（卷一）云："问先有理抑先有气？曰：理未尝离乎笔，然理形而上者，气形而下者，自形而上下言，岂无先后。"又如，朱熹提出："所谓理与气，此决是二物。但在物上看，则二物混沦，不可分开各在一处，然不害二物之各为一物也；若在理上看，则虽未有物而已有物之理，然亦但有其理而已，未尝实有是物也。"［（宋）朱熹：《答刘叔文》，载朱杰人、严佐之、刘永翔主编：《朱子全书》（卷四十六），上海古籍出版社与安徽教育出版社2002年联合出版，第2146页。］另外，参见蒙培元：《理学范畴系统》，人民出版社1989年版，第137~147页。

③ 参见张中秋：《原理及其意义——探索中国法律文化之道》（第2版），中国政法大学出版社2015年版，第142~145页。

命的系统，亦即天、地、人（包括法）是一个统一的生命体，所以，在有机世界观支配下的传统中国法中的人与法是天人合一中的人与法，而道德亦就自然成为支配人与法的基本原则。[①] 这是因为在传统中国哲学中的道德，本身是建立在世界万物互为一体的有机生命共同体之上的关系性法则，所以，它必然是从全体出发，以责任/义务为第一要义，形成责任—权利的法律关系，追求全体的共生共荣，这就是道德。而唯物世界观是物质的或者说原子世界观，原子世界观的本质是把世界看成是无生命的原子构成，亦即自然、社会与人类（包括法）不是一个有机联系的生命共同体，[②]所以，在唯物世界

① 参见《汉书·刑法志》《魏书·刑法志》，以及《唐律疏议·名例》的开头部分；杨鸿烈：《中国法律思想史》，中国政法大学出版社 2004 年版，第 97～110 页；［英］李约瑟：《中国科学技术史·科学思想史》，何兆武等译，科学出版社与上海古籍出版社 1990 年联合出版，“作者的话”，详细的讨论参见该书第 551～620 页“中国和西方的人间法律和自然法则”；结合法律规定和案例的讨论，参见［美］布迪等：《中华帝国的法律》，朱勇译，江苏人民出版社 1993 年版，第 31～35 页及以下。

② 相对于传统中国的有机自然观，西方自古希腊、罗马以来，一直是无机的或者说机械的自然观占主导地位，而且这种自然观在古代和中世纪还有神创的色彩。这个哲学认为，自然是由无数独立的个体（譬如原子）所组成的，这些独立的个体之间缺乏生命体那样的有机联系，所以自然是一个无机体。但自然本身是有序的，这种有序是自然法（则）的体现，自然法（则）出于自然理性。自然理性按斯多噶学派的说法是出于自然（物）的本性，按基督教的说法这是神意的体现，实际是物的自由运动所形成的作用与反作用的规律，牛顿揭示了这一规律，机械唯物论以此为据进而推至人类社会，这样一来，自然、社会与人类（包括法）就不是一个有机联系的生命共同体。这是笔者多年阅读思考的结果，但笔者对西方原典和经典的了解有限，在此问题上值得提出的主要参考书有［英］柯林武德：《自然的观念》，吴国盛、柯映红译，华夏出版社 1999 年版；［英］W. C. 丹皮尔：《科学史及其与哲学和家教的关系》，李珩译，张今校，商务印书馆 1987 年版；［英］李约瑟：《中国科学技术史·科学思想史》，何兆武等译，科学出版社与上海古籍出版社 1990 年联合出版；［美］H. 萨拜因：《政治学说史》（上、下），［美］托马斯·兰敦·索尔森修订，盛葵阳崔妙因、刘山等译，南木校，商务印书馆 1990 年版；［英］罗素：《西方哲学史》（上、下），何兆武、李约瑟、马元德译，商务印书馆 1982 年版；［英］梅因：《古代法》，沈景一译，商务印书馆 1984 年版；［美］E. 博登海默：《法理学——法哲学及其方法》，邓正来等译，华夏出版社 1987 年版；以及《爱因斯坦文录》（许良英、刘明编，浙江文艺出版社 2004 年版）和柏拉图、亚里士多德、芝诺、西塞罗、阿奎那、牛顿、笛卡尔、康德、黑格尔、怀特海等人的相关论述。

观支配下的现代中国法中的人与法是天人分离的人与法，功利或利益亦就自然成为支配人与法的基本原则。这是因为源于西方的中国哲学中的功利，本身是建立在无机世界独自存在互不关联的原子之上的独立性法则，所以，它必然是从个体出发，以权利/利益为第一要义，形成权利—义务的法律关系，追求个体的独立自由，这就是功利。[①] 因此，最终从深层次的文化哲学上来说，人与法是天人合一中的人与法还是天人分离的人与法，以及对在此基础上展开的人生观、价值观和法律观的差异与冲突的调适，亦是未来两者协调统一的难题所在。

最后，概括起来，可以归纳为以下几点认识：即从礼法结构到道德哲学，从道德哲学到理气统一的有机世界观，从有机世界观到天人合一中的人与法，这就是传统中国法的结构与哲学的内在逻辑。同样，从政法结构到功利哲学，从功利哲学到唯物主义的原子世界观，从原子世界观到天人分离的人与法，这就是现代中国法的结构与哲学的内在逻辑。

那么，从我们已知的学理出发，上述两种世界观最后要协调的真正的难题或者说要解决的问题是：世界到底是物质的还是精神的？还是物质与精神的统一？在物质与精神的统一中是物质第一性还是精神第一性？笔者的初步思考和回答是：自然世界是物质的，人类世界是物质与精神的统一；在人类世界物质与精神的统一中，物质与精神的关系是辩证的，也就是说，在不同的领域、层面和时段中，物质与精神的第一性不是固定不变而是变动的，有物质第一性的时候，亦有精神第一性的方面，总之是辩证的。所以，如果要

---

① 参见[英]李约瑟：《中国科学技术史·科学思想史》，何兆武等译，科学出版社与上海古籍出版社1990年联合出版，“作者的话”，详细的讨论参见该书第551~620页“中国和西方的人间法律和自然法则”。

从哲学方法论上来认识,传统中国理气统一的有机世界观与唯物论的原子世界观,反映到法律上即是道德原则与功利原则的协调统一,虽有艰难之处,但并不意味着未来两者没有对接、协调的可能性,因为唯物主义世界观的方法论是辩证法。在唯物辩证法中,虽然物质和存在是第一位的,精神和意识是第二位的,但精神和意识不完全是被动的,它们有相对的独立性和能动性,亦即精神和意识对物质和存在具有反作用。[①] 这样一来,认识和改造世界的方法就不能是教条的,而必须是实事求是的方法论。[②] 而传统中国理气统一世界观中的理与气,亦即精神与物质的关系亦是辩证的,其辩证性即是《易》所说的"一阴一阳之谓道"。[③] 这个道即是万物有阴有阳、亦阴亦阳、阳中有阴、阴中有阳、阴阳变化不一而足,这是事物存在、发展、变化的法则,所以,要认识事物、解决问题,落到实处只能是具体问题具体分析,亦即实事求是(这可以说是中国之所以能够接受唯物世界观的认识论基础)。[④] 所以,从两种世界观的方法论出发,亦即从辩证法上来讲,未来两者亦是有对接、协调的可能性的,因为两者最后都是实事求是的思维方法。而且这种不同的世界观因方法论的相通相同而能够共生共存以至对接、协调的情形,在中国历史上不仅有先例,甚至可以说其本身就是中国的传统。譬如,在中国哲学史上,关于世界的本体,有老子和程朱的道(理)论、张载和王夫子的气论、陆王的心论,还有玄学的无(自然)论,以及

---

① 正如艾思奇所说:"不错,辩证法唯物论承认事物有它本身的规律,我们的主观心意不能任意和它违背,因此我们亦不能依我们的主观心意随便决定一切,但是,这并不等于说,我们已经是命运的奴隶,不能对世界上的事物做丝毫的改变。"[艾思奇:《大众哲学》(修订本),人民出版社 2009 年版,第 61 页。]

② 参见李秀林、王于、李淮春主编:《辩证唯物主义和历史唯物主义原理》(第 5 版),中国人民大学出版社 2004 年版,第 37~62 页。

③ 《周易·系辞上传》。

④ 参见蒙培元:《理学范畴系统》,人民出版社 1989 年版,第 55~76 页。

中国佛教的空论。[1] 这些观念在世界是什么这个基本认识上是不同的,但它们在过去的两千多年的中国历史上,一直是在相互竞争、互相影响中共生共存,犹如太极中的阴与阳对立统一。这其中使它们在对立中有统一,在对接中可协调的,就是实事求是的辩证法,亦即通过实事求是这个思维方法把它们联结和沟通起来了,恰如《庖丁解牛》寓言中的由技入乎道,技可以不同,但道相通,这个"道"实际上就是中国人共通的一阴一阳之道,亦就是我们今天说的辩证法。

例如,《决定》中提道:"加强重点领域立法。依法保障公民权利,加快完善体现权利公平、机会公平、规则公平的法律制度。……"[2]这里请注意,《决定》中使用的措词是公平而不是平等,提出的是机会和规则公平而不是事实平等。这是现实主义的或者说实事求是的法治观,因为事实上的平等是不可能的。这种公平而非绝对平等的法治观,可以说是唯物世界观与中国传统的理气统一世界观的对接、协调的体现。因为唯物世界观的方法论是实事求是,而中国传统世界观的核心,亦即它的理就是公平合理。在汉语中,公平就是合理,合理就是正当,正当就是道德,道德就是中庸,中庸就是不偏不倚[3],不偏不倚就是是什么就是什么,是什么就是什么就是实事求是,亦即本来如此,所以,公平合理就是本该如此。由此,我们是否可以把上述《决定》中提出的公平而不是平等,亦即机会和规则公平而不是事实平等的法治观,看作两种世界观在认识论

---

① 参见张岱年:《中国古代本体论的发展规律》,载《社会科学战线》1985 年第 3 期;宋志明:《中国哲学的本体论思路》,载《船山学刊》2004 年第 1 期。

② 《中共中央关于全面推进依法治国若干重大问题的决定》,人民出版社 2014 年版,第 11 页。

③ 如朱熹对《中庸章句》注曰:"中者,不偏不倚、无过无不及之名。庸者,平常也。"又引子程子曰:"不偏之谓中,不易之谓庸。中者,天下之正道,庸者,天下之定理。"[(宋)朱熹:《四书章句集注》,中华书局 1983 年版,第 17 页。]

上具有对接、协调的可能性的一种体现呢？

还有，站在今天的立场上，我们在寻求唯物世界观与中国传统的理气统一的世界观，亦即反映到法律上为功利与道德这两大原则的对接、协调时，要清醒地认识到世界正在发生变化，功利主义的弊端在愈加暴露，[①]所以，从最深层次的人的哲学来说，这两者的不同与协调，已是我们当下法治建设和学科发展中正面临的重大问题。我们知道，道德主义是古代世界主流的思想意识形态，但从近代开始受到自由主义和功利主义的冲击与颠覆，自由主义和功利主义仍是当今世界绝大多数地区起支配作用的准则和价值观（主流的思想意识形态）。从人性上说，自由主义和功利主义奠基于人作为个体对独立、自由、平等、趋利的向往和追求。道德主义奠基于人的道德本能和人作为个体根本无法独自生存，从而对过人类群体生活的向往和必需。这两者都植根于人性，但道德主义是更本质的人性，它是作为人类本质的人的本性。[②] 所以，道德主义在受到自由主义和

---

① 例如，“虽然从当前纠纷解决理论与实践的开展过程中，看到的似乎是一片混乱的局面，但经过仔细观察就会发现，其间还是体现了某种法哲学理念的要求。具体而言，支配它的是一种功利主义的法哲学理念。在纠纷解决理论和实践中这个依稀可辨的人的形象，其性质与内容即为功利主义。……比如，在纠纷解决领域不断强调要注重效率优先、顾全社会稳定大局等等功利目标的实现，在当代中国社会中‘改革’这个支配性的话语，都鲜明地体现在包括纠纷解决问题在内的整个法律领域”。（刘文会：《当前纠纷解决理论法哲学基础的反思与超越——在权利与功利之间》，中国政法大学出版社 2013 年版，第 95 页。）刘文会接着指出：“当前这种功利主义的人形象及其内容主要体现在以下几个方面。一、追求利益的人，二、孤立的人，三、注重行为结果的人。”参见刘文会：《当前纠纷解决理论法哲学基础的反思与超越——在权利与功利之间》，中国政法大学出版社 2013 年版，第 96～104 页。

② 譬如，我们知道，人类总的价值追求是真善美，真善美分别对应科学、伦理和艺术，即科学求真、伦理求善、艺术求美，它们各有其功能和价值，所以，都为人类所必需，都为人类所追求，但在这个世界上，人的一切的价值追求都是为了实践和实现人的意义，亦即人要像人那样活着或者说成为人，人是人所认识和关心的这个世界一切的原点、中心和归宿。所以，从终极意义上说，人类没有科学/真能活，失去美/艺术亦能活，但如果没

功利主义的冲击与颠覆后正在复兴，而且随着现代科技的迅猛发展，这种复兴将导致对现行法学的根本挑战。这里所说的现行法学是指源于西方的经典法学，这种法学就是我们今天流行的法学，它奠基于自然人和拟人化的法人这个主体，自然人和拟人化的法人这个主体植根于人的理性，人的理性植根于自然法，自然法植根于物质的或者说原子世界观，所以，独立成为支点，自由成为目标，功利成为法理，权利成为本位，权利—义务成为法律关系的轴心。但今天的世界正在发生变化，科技和全球一体化正在改变人的定义和重塑人们的关系，改变后的人不再只是自然人和拟人化的法人，而且还有高度智能化的机器人；重塑后的人们关系的支点，将不再是个体化的主体而是主体间。这两个变化一方面，将使人们更看重道德，以保持人作为人的本质属性的存在。因为科学研究已经揭示，迄今为止，道德是人类区别于其他一切智慧动物的本质属性，离开了道德，人(类)将失去自我。[①]另一方面，合作而不是独立将成为人际关系的支点，责任而不是权利将成为人们合作的基础。所以，这两个变化将从根本上挑战现行法学的根基，即原子世界观、功利法理、权利本位、权利—义务法律关系轴心，将受到有机世界观、道德

有善/不讲伦理道德，那人类就很难存在下去；即使存在下去，那亦是生物和动物意义上的存在。因为，虽然人类的本质属性是理性和德性，但现代研究告诉我们德性或者说道德感，亦就是善，才是人与其它动物最本质的区别，所以，没有了善，或者说不讲伦理道德，人类不过是一群活动着的生物和动物而已，完全不是人的意义上的人类了。

① 例如，杰弗里·克鲁格说："科学家对行为的研究越深入，我们越难以自负地认为自己是地球上独一无二的智慧生物。我们说自己是唯一会使用语言的物种，而大猩猩和黑猩猩却掌握了手语。我们说自己是唯一会使用工具的物种，而水獭会用石头砸开软体动物的壳，猿会用小树枝掏白蚁。使我们区别于其它动物，或者说，应该使我们区别于其他动物的是我们高度发达的道德感。这项品质是人类的精髓。"（[美]杰弗里·克鲁格：《是什么让我们遵守道法》，载《时代周刊》2007 年 12 月 3 日。转引自《参考消息》2007 年 12 月 13 日，第 7 版。）

法理、责任本位、责任—权利法律关系轴心的挑战。如何认识和顺应这个挑战,中国传统法理学中关于天人合一的生命哲学,或者说万物有机的生命世界观,对机械唯物论和原子世界观的非生命性都是一个超越,从而在法的哲学上形成道德对功利的引导之势,促进人类本质在法律中的实践和实现。如何认识和顺应这个挑战,传统中国礼法结构文化中关于天人合一的生命哲学,或者说万物有机的生命世界观,将给我们以无穷的智慧和启发。[①] 这亦意味着从礼法到政法——传统与现代中国法的结构与哲学及改造提升是一个重大的时代课题,值得我们认真地去探索和实践。

① 最新的研究已经提出,基于生物学的思考范式将取代基于机械原理的思考范式。这表明中国哲学的有机宇宙观→生物论→整体/连续/辩证互动→万物之理→顺其自然→道德(立足群体的协作/类)→责任的思维模式与西方哲学的无机宇宙观→机械(原子)论→个体/独立(不连续)/作用与反作用(对等)→万物之理→控制自然/人为设计→自由(立足个体的独立/个)→权利的思维模式将有新的融合的可能。(参见[美]阿诺德·布朗:《新的生物学范式》,载《未来学家》2008年9~10月号。转引自《参考消息》2008年9月10日,第9版。)

第九章　概括的传统中国的法理观*

一、序　语

知识源于经验和理性,表现为史与论的结合。这是大家的共识,法律科学亦不例外。[①] 因此,法史学与法理学的功能虽有所不同,但它们都是法学的基础学科,两者经纬交织构成法律科学大厦的基础和骨架。显然,要夯实法律科学发展的基础,离不开对法史与法理的重视。但令人遗憾的是,在当代中国大陆,不只是法律界,甚至在法理学界,对法律史学的性质和功能都有某种程度的误解与偏见,以至有人浅薄地认为法律史学没有用。[②] 还有,笔者

---

* 原载《法学家》2010年第2期,有修改。

① 参见[美]罗斯科·庞德:《通过法律的社会控制》,沈宗灵等译,商务印书馆1984年版,第131页。

② 尽管这方面的公开言论不多,但实际情况是,在学科建设、学术评估、资源配置和人才使用上,特别是在那些奉实用主义为圭臬的法律人的意识中,这种情况是存在的,只是程度不同而已。

在教研中亦深切感受到，当代中国大陆的法理学存在理论与实际的脱节问题。虽然有一些学者的研究已有突破，如中国法文化、本土资源、汉语法制文明、民权法哲学、中国法律的理想图景、民间法等。[①] 但遗憾的是，这些成果还没有反映到主流的大学法理学教材教学中去，还没有在整体上改变法理学教学教条、空洞的弊端。依笔者的浅见，当代中国法理学之所以问题多多，骨子里原因一是主体性的缺乏，二是中国人自己理论的缺乏。实际上这两者是有联系的，合起来可以理解为“文化自觉”[②]的不够，表现为当代中国法理

---

① 以下举例只是为了说明问题而已，并不全面。有关笔者在正文中提到的信息，有意者请参见梁治平的《寻求自然秩序中的和谐》（中国政法大学出版社 2002 年版）和《法治：社会转型时期的制度建构——对中国法律现代化运动的一个内在观察》（载梁治平编：《法治在中国：制度、话语与实践》，中国政法大学出版社 2002 年版）；张中秋的《人与文化和法——从人的文化原理看中西法律文化交流的可行与难题及其克服》（载《中国法学》2005 年第 4 期）和《传统中国法的道德原理及其价值》（载《南京大学学报》2008 年第 1 期）；季卫东的《法治中国的可能性》和《中国司法的思维方式及其文化特征》（载季卫东：《宪政新论》，北京大学出版社 2005 年版）；朱苏力的《法治及其本土资源》（中国政法大学出版社 2005 年版）；许章润的《说法　活法　立法——关于法律之为一种人世生活方式及其意义》（清华大学出版社 2004 年版）；夏勇的《中国民权哲学》（三联书店 2004 年版）；邓正来的《中国法学向何处去》（商务印书馆 2005 年版），以及山东人民出版社的连续出版物《民间法》文集等。

② 笔者认为，文化自觉是人类尊严和民族精神自立的象征。长期以来，中国作为人类文明的一极，从文化自觉发展到了文明中心。但近代以后，在西方强势文化的冲击与压迫下，又从文明中心退至文化自觉的逐步丧失。尽管有像陈寅恪这样坚持中国文化本位的大师，但中国学术的普遍状况还是缺乏文化自觉。这不限于我们传统的文、史、哲领域，在经济、法律这样的学科中尤其如此，似乎中国经验在这些方面真的没有意义。事实并非如此，情况亦正在改变。像陈寅恪先生曾经所做的那样，费孝通先生在今天亦为我们树立了榜样，正在争论的“北京共识”，表明经济学界亦已开始文化自觉。以上相关情况，请参见陈寅恪：《冯友兰中国哲学史上册/下册审查报告》，载陈寅恪：《陈寅恪文集之三——金明馆丛稿二编》，上海古籍出版社 1980 年版；陈寅恪：《吾国学术现状及清华之职责》，载陈寅恪：《陈寅恪文集之三——金明馆丛稿二编》，上海古籍出版社 1980 年版；费孝通：《论人类学与文化自觉》，华夏出版社 2004 年版；崔之元等主编：《中国与全球化：华盛顿共识还是北京共识》，社会科学文献出版社 2005 年版；王跃生等主编：《市场经济发展：国际视野与中国经验》，社会科学文献出版社 2006 年版。至于法学，正如笔者在本书中所指出的，虽然主流的中国法学，特别是高等学校的法理学教材教学令人失望，但

学没有认真对待作为法律实践主体的中国人自己的经验和理性，有些还停留在极端的历史虚无主义和盲目的拿来主义之中。中国的发展在取得重大进步，前进中的中华民族正在努力追求自己的主体性。同样，我们的法制和法律科学亦正处在这一进程中。面对这样的形势，探讨传统中国的法理及其现代意义，是不是亦算是一种文化自觉呢？当然，从自己的专业和学科出发，笔者还有两个方面的考虑：一是想整理一下自己对传统中国法理的认识，并希望引起大家的关注，尝试能否为建构当下的中国法理学中的主体性提供一个可能的支点；二是亦想借这个实例说明，法律史学尤其是中国法律史学，在当代中国法学学科建设中的价值和功能。[①]

二、传统中国有法理

在现代学体系中，法理学原是西方科学知识的一部分，这是不争的事实。但大凡自成系统而有特色的法律文化都有自己的法理，这亦是不争的事实。中国法律文化上下五千年，影响整个东亚地区，形成举世闻名的中华法系。[②]中华法系是在相当长的时间、相当

文化自觉无疑是我们的趋势。值得一提的是，2009 年 11 月 6 日，北京大学法学院主办了“和平崛起与中国法理学问题”的学术研讨会，笔者有幸参加了此次会议，并向大会报告了本书的观点，这可以看作是中国法学界文化觉醒的一个迹象。

① 1993 年台湾大学的颜厥安教授在中国法制史课程教学研讨会上，发表了《中国法制史与其他法学课程之关系——以法理学为例，检讨中国法制史的研究对象》的报告。他尝试以法理学的一些观点来检讨中国法制史的研究对象问题，提出中国法制史与其他学科的两种可能关系：一是结合关系，二是回馈关系。（参见《中国法制史课程教学研讨会论文集》，台北，台湾政治大学法律学系与台湾中国法制学会 1993 年联合出版，第 183~184 页。）他的一些见解颇有启发意义，但今天笔者要从中国法律史的角度来检讨当代中国大陆（也许能包括我国台湾地区）法理学的问题，算是对颜教授所提出的“回馈关系”的某种回应。

② 依中国学者的见解，中华法系是指以中国法为母法发展起来的东亚法律体系，包括传统的中国法、朝鲜法、日本法、琉球法、安南法、暹逻法和缅甸地区法。如果从时间和

广阔的空间和相当部分人类的生活环境中成长起来的调整人与人、人与社会和人与自然关系的智慧成果，其法理独具一格、源远流长。惜乎我们的先贤未能使之系统化，提升为现代科学意义上的法学和法理学。[①]这恐怕是导致传统中国的法律文化，包括它的法理，在近代西方法学的东进中遭致不闻的重要原因。

然而，缺少了具有与西方对等意义上的法律科学，是否亦意味着传统中国没有自己的法理呢？在回答这个问题之前，我们有必要先对“何谓法理”有一个基本认识。在检阅相关材料后，令笔者感到意外的是，法理学著作和一些工具书对“什么是法理学”都有解

空间两方面来界定，在中国的秦汉至隋唐这段时间为中华法系的成型期，其范围包括东亚大陆、朝鲜半岛、日本列岛、琉球群岛和中南半岛部分地区。在中国的唐宋至清末这段时间为中华法系的存续和内部变化期，其范围还是包括上述地区。从公元19世纪中期开始，西方法律文化在列强的武力和殖民政策支持下向东亚扩展和传播，中华法系开始瓦解。到公元19世纪末，严格意义上的中华法系实际上仅存作为母法的中国法而已。20世纪初，清廷迫于压力正式“变法修律”，作为中华法系母法的中国法整体瓦解。至此，东亚曾经共有的中华法系不再有实体的存在，而是被作为具有法律文化传统和遗产意义的历史性法系对待。

①　法学作为一门科学，其形成和发达需要一定的条件。就法律科学自身而言，具备普遍正义与个体权利精神的法和逻辑学的运用是它最直接关键的两项。前者是科学或者说严格意义上的法学的对象和实体，后者是把法律知识提升为法律科学的工具或者说方法。换言之，缺乏普遍正义与个体权利内涵的法律知识还不能说是严格意义上的法学；但任何法律知识，包括内含普遍正义与个体权利的法律知识，不经过逻辑学的构造就不可能上升为系统的科学理论。作为科学或者说严格意义上的法学，它的生成直接得力于这两者的结合。这是从西方法学的成长中获得的一般经验。从这个意义上说，传统中国的法律学术之所以成为不同于西方的法学那样一种类型的法律知识，一方面是缺少了建基在普遍正义与个体权利精神之上的法，这是实体性的；另一方面是缺少逻辑学在法律研究中的运用，这是思维方式上的。可以说，正是缺少（请注意是“缺少”而不是“没有”）了这两方面的要素及其结合，才直接导致法学在传统中国处于难生的状态。同样，法理学亦很难发达起来。进一步的讨论可以参见张中秋：《中西法律文化比较研究》（第5版），法律出版社2019年版，第6章“法的学术：律学与法学”；启发性的可以参见［英］李约瑟：《中国科学技术史·科学思想史》，何兆武等译，科学出版社与上海古籍出版社1990年联合出版，第十八章“中国和西方的人间法律和自然法则”。

释,但对“何谓法理”却很少有交代,有的亦是语焉不详。[1] 笔者根据自己的理解和琢磨,认为按中国人的思维,万物皆有其理,正像物理为物之道理一样,法理亦就是法的道理,或者说法之为法的内在理据。[2] 人们将他们对法理的认识系统化进而提升为学说,即是法理学。由此观之,传统中国没有系统的法理学,但不能说没有法理。传统中国的法理是我们的先贤关于法的基本问题的实践理性和历史经验的凝结,是作为一种秩序文明的中华法系的共通理论。对此,早在1902年,梁启超先生在他的《中国法理学发达史论》的开篇中已指出:“近世法学者称世界四法系,而吾国与居一焉。……我以数万万神圣之国民,建数千年绵延之帝国,其能有独立伟大之法系,宜也。然人有恒言,学说者事实之母也。既有法系,则必有法理以为之原。故研究我国之法理学,非徒我国学者所当有事,抑亦全世界学者所当有事也。”[3]

遗憾的是梁先生首开的风气并没有被发扬光大,虽然研究传统中国法律思想的代有其人,杰出者如杨鸿烈、陈顾远、吴经熊、蔡枢

---

① 笔者所见的《法理学》教科书开篇都有这样的内容,而且解释往往大同小异,恕不列举。有意者请参见[美]罗斯科·庞德所著的《法理学》(邓正来译,中国政法大学出版社2004年版)第一卷第一章“何谓法理学?”。不过,这个现象最近已引起关注并出现了可喜的变化,如张文显教授不仅发表了专文,而且还发起了“创新法理研究行动计划”,准备编写以法理为中心的《法理学》教材。参见张文显:《法理:法理学的中心主题和法学的共同关注》,载《清华法学》2017年第4期。

② 有趣的是,笔者写完本章后到书店浏览,意外中发现在日本东海大学任教的刘得宽教授的《法学入门》中有对“法理”的解说,且与本人的理解有合辙之处。刘教授说:“法理一语虽平时不太适用,但在法学上常被提起;法理乃指物之道理,事之理路而言。在德、法二国中亦有与法理类似性质者,称之为 Nature der Sache;Nature des Choses。法理为物之道理,故法理为所有法源之基础,成为制定法、习惯法、判例法等法源之最根底之物。……”(刘得宽:《法学入门》,中国政法大学出版社2006年版,第21页。)

③ 范忠信选编:《梁启超法学文集》,中国政法大学出版社2000年版,第69页。

衡、瞿同祖等。[①] 但能有意识地从系统整理传统中国的法理入手，借以弘扬以至建构中国法理学的作品仍付阙如。[②] 不过，尽管如此，大家还是获得了两点共识：一是从现代法学体系来看，传统中国的法理学不发达；二是传统中国有法理，它的内容宏富深远。正如杨鸿烈先生在《中国法律思想史》一书的结论中所说："中国几千年法律思想演进的情形并不像一般所理想的那样贫乏。实际上中国法律思想的范围牵涉得很为广大，内容的意蕴很为宏深，问题很为繁多，不是只懂法学而不熟习史事的人所能窥其究竟，亦不是专攻历史不娴法学的人所能赏识。"[③]今天我们要探究传统中国的法理，仔细品味这段话确有温故知新的感觉。

以下笔者按照自己对法理学若干基本问题的认识，尝试着概括地探讨一下传统中国的法观念、法秩序、法运行、法理想和法文化原理中的法理意蕴，同时亦表达这种法理意蕴在当代中国法理学学科建设和法制化进程中所可能拥有的意义。

三、传统中国的法观念

传统中国的法观念是一个大法观念，包括天理、国法和人情。在现代法学视野里，这个法观念含有自然法学、法社会学和实证主义法律观的色彩。如果要对应的话，天理可对应自然法则或良心，

---

① 在这方面，杨鸿烈先生有《中国法律思想史》，陈顾远先生有《中国文化与中国法系》，吴经熊先生有《中国旧法制的哲学基础》，蔡枢衡先生有《中国法理的自觉发展》，瞿同祖先生有《中国法律之儒家化》，王振先先生有《中国古代法理学》等著述，这些论著是20世纪中国学人专门探讨传统中国法理的经典作品。

② 王振先先生的书虽有《中国古代法理学》之名，但篇幅有限且只以法家思想为主，还不能说是系统的探讨传统中国法理学的作品。另可参见程燎原：《"中国法理学"的"发现"》，载《法制与社会发展》2009年第3期。

③ 杨鸿烈：《中国法律思想史》，中国政法大学出版社2004年版，第314页。

国法可对应国家法律或王法,人情可对应民意或习俗。这种对应虽不一定恰当,但有利于我们从与西方和现代法学比较的角度来理解传统中国的法观念。应该说,包括天理、国法和人情的大法观念是符合传统中国实际的法观念,所以,刘惟谦等人在所上的《进明律表》中说:“陛下圣虑渊深,上稽天理,下揆人情,成此百代之准绳。”[①]乾隆皇帝在为重修后的《大清律例》所作的“序”中说:“简命大臣取律文及递年奏定成例,详悉参定,重加编辑。揆诸天理,准诸人情,一本于至公而归于至当。……”[②]这说明在传统中国的统治者看来,天理、人情是国法的依据,三者是共为一体的。[③]

其实,要证明这样的大法观念并不难。从语义上说,汉字中的“法”本身就有法则、法度、法式、法律、法规、合情、合理等含义,涵括了天理、国法和人情的意义。[④] 从制度上看,传统中国历代法典的开篇,尤其是唐代以后诸法典的《名例》篇,以及历代正史中的《刑法志》,譬如第一篇《汉书 · 刑法志》和最后一篇《清史稿 · 刑法志》,事实上都是在对天理、国法与人情一体化的来历与正当性的论

---

① 《大明律》,怀效峰点校,辽沈书社 1990 年版,第 228 页。

② 马建石、杨育棠主编:《大清律例通考校注》,中国政法大学出版社 1992 年版,第 5~6 页。

③ 陈顾远先生对天理、国法、人情三位一体,以及国法、人情都归于理的解读,可以说都是正确的认识。(参见陈顾远:《天理 · 国法 · 人情》,载范忠信等编:《中国文化与中国法系——陈顾远法律史论集》,中国政法大学出版社 2006 年版,第 275~282 页。)但他通篇没有在哲学上说透,天理为何能支配国法、人情,亦没有在逻辑上说清天理、国法、人情是如何贯通的。其实,在中国哲学中,宇宙是一个有机系统,万物相互感应互为一体,所以自然、社会、人类是相通的,而通就通在理上。这个理就是天理。它首先表现为万物井然有序与生生不息的自然之理,进而被先贤们抽象表达为道与德,所以称为道德律。道德律不仅是中国人观念中的自然律,亦是社会集体、人类生活的支配律,所以,道德乃是中国文化的根本原理,天理、国法、人情正是在此基础上达到三位一体相互贯通的。

④ 参见各类中文工具书,特别是《辞源》和《辞海》中的“法”字释义;特别可以参见范忠信选编:《梁启超法学文集》,中国政法大学出版社 2000 年版,第 77~81 页“法字之语源”。

证和重述。[1] 如果再从法的实践方面来考察，传统中国留传下来的司法判决和文献亦能印证这一点，至少在裁判官、当事人和文书/文献制作者的观念上，他们自己是这样认为的。[2] 还有更重要的是，生活在传统社会中的普通民众的法意识，这虽然难以界定，但把它看作一个天理、国法、人情的混合体，大概离真实不会太远。概括起来说，法是合乎情理（人情与天理）亦即具有正当性的秩序体系，包括意识、规则和习惯。这个观念不仅表达出了传统中国法观念的内涵，还揭示出它宽泛性、结构性和复合性的特点，同时亦能涵盖和解释当代中国的法律实践，至少比来自西方的实证主义法观念有解释力。

当代中国法理学教给我们的法观念主要是实证主义的法律观，即法是统治者或主权者的意志和命令，是具有强制力的国家规范性文件的汇编，或者说法是由国家制定和认可并由国家强制力保证实施的行为规范的总和。以当下中国最具官方和权威色彩的“普通高等教育‘十一五’国家级规划教材”之“全国高等学校法学专业14门核心课教材”《法理学》（第3版）为例，编者在该书第二编第五章“法的概念”中写道：“本书根据马克思主义经典作家对法的概念的阐释，吸收国内外法学研究的成果，把法定义为：法是由国家制定、

① 《汉书·刑法志》中的一段记述可为这方面的经典，它的记述是：“《洪范》曰：‘天子作民父母，为天下王。’圣人取类以正名，而谓君为民父母，明仁爱德让，王道之本也。爱待敬而不败，德须威而久立，故制礼以崇敬，作刑以明威也。圣人既躬明哲之性，必通天地之心，制礼作教，立法设刑，动缘民情，而则天象地。”

② 此类资料繁多，不复列举，经典者可见宋人《名公书判清明集》和明、清官员以及幕吏的判牍文集。现代研究的成果，可以参见［日］滋贺秀三：《清代诉讼制度之民事法源的概括性考察——情、理、法》，载王亚新等编：《明清时期的民事审判与民间契约》，法律出版社1998年版；范忠信等：《情理法与中国人——中国传统法律文化探微》，中国人民大学出版社1992年版。

认可并由国家保证实施的,反映由特定物质生活条件所决定的统治阶级(或人民)意志,以权利和义务为内容,以确认、保护和发展统治阶级(或人民)所期望的社会关系和社会秩序为目的的行为规范体系。”①当我们把这一定义中所附加的各种定语都拿掉,这一定义可以缩写为:“法是由国家制定、认可并由国家保证实施的行为规范体系。”因此,正如编者在对法定义后揭示法的特征时所说:“法是出自国家的社会规范。”②这样一来,所有非国家主体所创造的行为规范都被排除在法的范围之外了。在当代中国,各种各样的法理学教科书数不胜数,它们对法的定义在措辞上或有不同,但核心思想都不出上述范围。显而易见,这是实证主义的法律观。事实上,实证主义法律观的理论并不源于中国,但它在中国被接受并强化,与近代以来中国的历史密切相关,大体是国家主义和泛政治化的结果。对照传统与当代中国的法律实况,这一观念明显过窄:

其一,它不能与中国传统法观念相沟通,所以用它来理解中国传统法就会出现困难。例如,“礼”是不是法在中国法学界始终争议不断。其实很简单,在传统社会的中国人看来,礼即是法,至少在他们的观念中是法的一种。《唐律疏议·名例》说的很清楚:“德礼为政教之本,刑罚为政教之用,两者犹昏晓阳秋相须而成者也。”③同样,即使生活在现代社会中的人,如果从法社会学的角度来看,这

---

① 张文显主编:《法理学》(第3版),高等教育出版社2007年版,第75页。

② 编者进一步解释说:“社会规范的种类繁多,除了法之外,还有道德规范、宗教规范、风俗习惯、社会礼仪、职业规范、社会组织的规章制度等。法区别于其他社会规范的首要之处在于,法是由国家创立的社会规范。”[张文显主编:《法理学》(第3版),高等教育出版社2007年版,第76页。]

③ (唐)长孙无忌等:《唐律疏议》,刘俊文点校,中华书局1983年版,第1页。

亦不是什么难题，礼作为行为规范和社会秩序就是事实上的法。[①]但如果依上述实证主义法的定义，礼就不是严格意义上的法，至少相当部分的礼，如家礼、乡礼、社礼等，因为是“非国家主体创造或发展”，而必然被“排除在法的范围之外”。如果以有无国家强制力保证实施为标准，那么，礼基本上都要被排除在法的范围之外。因为，作为规范来说，礼本身并无强制力，它的有效性来自人们对传统的遵行、礼的法律化和刑的支持这几个方面。[②]

其二，它亦不能用来涵盖和解释当代中国的法律实践。如实际发挥法的作用的政策、决议、指令、计划、乡规民约、风俗习惯等，即所谓的“软法”[③]和“民间法”，[④]还有在当今中国起强制作用的党规党纪等，因形式上不符合上述法的定义，都被排除在当代中国法理学的教材和教学之外，可事实上这些确是当下中国法治实践的组成部分，是具有规范和准规范意义的法。针对这样的脱节，我们是要

---

① 林咏荣先生提出了“一元化的礼法观”，他认为：“我国固有法制上所谓的礼，是介于道德与法律之间而为其桥梁，一边按于道德，另一边嵌入法律……惟兹所谓礼，有广狭二义，自其广义言，礼与法同其领域，自其狭义言，礼仅限于冠、婚、丧、祭、宴会及其他交接的仪式；而嵌入法律的礼，则为广义的礼之中而为维持社会秩序所不可或缺的部分。因为当时社会秩序建筑于五伦常理的基础之上，所以这一部分的礼，就是维护五伦秩序的基本条款；凡违反者，即以刑罚为制裁，法之所禁，必皆礼之所不容，而礼之所许，自必法之所不禁，此之谓‘出礼则入刑’，而为礼刑合一的关键。所以，我们如谓我国固有法为礼刑合一或礼法一元化均无不可；但若称之为道德与法律混同，似乎还未尽其义蕴。”（载潘维和等：《中西法律思想论集》，台北，台湾汉林出版社 1984 年版，第 195 页。）

② 张中秋：《中西法律文化比较研究》（第 5 版），法律出版社 2019 年版，第 16～17 页。

③ 如北京大学成立了以姜明安教授为主任的软法研究中心。他们将具有强制力的国家法律之外的各种行政规章称为“软法”，以区别于国家法律的刚性，但他们同时认为，软法在实际中发挥法的作用。另外，参见姜明安：《软法与软法研究的若干问题载》，载《中国法学》2006 年第 2 期。

④ 笔者在此所用的“民间法”只是一个框架性的概念，表示国家法（笔者的理解应包括上述所谓的软法）以外的各种民间规范和习惯。

生活屈从教本，还是面对现实，抛开教条，从中国人自己的法律传统和实践中汲取智慧？譬如，按照中国传统法观念来理解，法是合理或者说具有正当性的秩序和规范体系，包括意识、规则和习惯，这样的理解是不是更符合实际？中国传统的大法观念是不是有可取之处？笔者认为，当代中国法理学对这个问题的回答，或许是我们建构中国法理学的开始，因为对法的定义从来都是法理学的起点和支点。

四、传统中国的法秩序

秩序是指有条理不混乱的状态。[①] 法秩序是指依法建立起来的社会秩序。社会秩序是指人们在长期社会交往过程中形成的相对稳定的关系模式、结构和状态。传统中国的法秩序是指依传统中国法建立起来的社会秩序。虽然传统中国的社会秩序并不完全是依法建立起来的，它还广泛依赖于行政、礼教、宗教和风俗、习惯等多种手段，但法无疑是最重要的手段。因为无法则无秩序，亦即人们通常所说的无法无天。当然，这里所说的法是法社会学意义上的法，包括具有强制性和准强制性的国家法与民间法。

从法社会学的观点出发，笔者认为传统中国的法秩序总体上由国家法和民间法构成，其中国家法为主民间法为从，所以，笔者把它概括为一体两元主从式多样化的构成。具体说，所谓一体是指由国家法和民间法构成的秩序统一体；两元是指由国家法与民间法构成的两个秩序系统；主从式是指整个社会秩序由以国家法为主的社会

---

① 在汉语中，秩序，由“秩”和“序”组合而成。在古代，“秩”“序”二字，和英文的order一样，都有“次序、常规”的含义。秩序与混乱、无序相对，指的是在自然和社会现象及其发展变化中的规则性、条理性。

大秩序和以民间法为从的社会小秩序构成,即使这两个秩序系统有部分交叉和重合,但宏观上看主要还是主从式关系;多样化是指国家法与民间法的多样性,包括国家法中的律、令、格、式、科、比、敕、例、礼等,以及民间法中的家法族规、乡规民约、帮规行规等。毫无疑问,这个秩序构成有明显的层次性,形成如费孝通所说的差序结构,但不可否认的是,它同时又是一个统一体,因为所有的差序都是统一体内部结构上的主次而已,整体上它依然是一个统一体。因此,综合起来看,传统中国的法秩序是一体(国家法与民间法合为一体)两元(国家法与民间法各为一元)主从式(国家法为主而民间法为从)多样化(国家法与民间法的多样性)的构成。

在笔者看来,传统中国的法秩序与社会结构一致。传统中国是乡土社会,其基本结构是家庭与家族、村落与乡镇、国家与社会,其中家法族规对应家庭与家族,乡规民约对应村落与乡镇小社会,帮规行规等对应村落以外城镇社会上的各行各业,国法对应国家与社会。这样一来,从家法到国法形成一条秩序链,家法是这条秩序链中最下端的血缘法,国法是从家法演变而来又居于这条秩序链中最上端的地域法。同时,由于从家法到国法意味着秩序位阶、法律效力的上升和国家色彩的增强,因此,乡规民约、帮规行规等在传统中国社会秩序的构成中扮演的角色,既有民间的自治性,同时亦逃脱不了为官方和准官方所关注的命运,即主从的关系。[①] 由此可见,传统中国的法秩序与社会结构之间存在对应、同构、互动的关系。所以,从整体上立体地来观察和把握这个结构,亦是一体两元主从式

---

① 笔者通过自己的研究获有这样的认识。参见张中秋:《乡约的诸属性及其文化原理认识》,载《南京大学学报》2004 年第 5 期;张中秋:《家礼与国法的关系与原理及其意义》,载《法学》2005 年第 3 期。

多样化的秩序构成。

当代中国法理学教给我们的法秩序是由国家法律体系构成的，包括中央层面的全国人大、中央军委、国务院及其各部委，地方层面的省、自治区、直辖市和拥有立法权的省辖市以及特区的立法。① 前面提到的《法理学》教科书对它的特征是这样表述的："中国现行立法体制是特色甚浓的立法体制。从立法权限划分的角度看，它是中央统一领导和一定程度分权的，多级并存、多类结合的立法权限划分体制。最高国家权力机关及其常设机关统一领导，国务院行使相当大的权力，地方行使一定权力，是其突出的特征。"②依据这一体制，当代中国的法秩序是由国家法所构成的，至少在理论上是这样认定的。针对这种情况，笔者发现，如果仅就国家法而言，实际上已有某种一极（国家）两元（中央与地方）主从式（中央为主与地方为从）多样化（多级多类的立法）的差序迹象。如果考虑到我们实际生活中各种各样的行为习惯和秩序规范，再加上国家主权和国家主权理念下的港、澳地区的法秩序。似乎在对当代中国法秩序的构成上，目前法理学教科书的解说，既不完全符合实际，同时亦过度忽视了传统模式的概括性。即使不考虑传统模式的现实性，我们的法理学是否也应该对传统中国的法秩序与当代的立法体制和法律体系，更不用说与事实存在的法秩序之间这种直接又明显的内在联系，给予必要的关注和阐释。笔者认为，这样的关注和阐释将是融入我们

---

① 参见《中华人民共和国立法法》；又见张文显主编：《法理学》（第3版），高等教育出版社2007年版，第8章"法律体系"，第18章"法的制定"，第21章"法与秩序"。当代中国的立法体制，或者说法律秩序构成的实际情形极为复杂，有意者可参见［英］帕瑞·凯勒：《中国法的渊源》，桂万先译，载张中秋编：《中国法律形象的一面——外国人眼中的中国法》，法律出版社2003年版。

② 参见张文显主编：《法理学》（第3版），高等教育出版社2007年版，第227页。

自己经验的法理学的一部分，而且是符合实际的。

五、传统中国的法运行

依据当下中国法理学的解说，法的运行是一个从法的制定到实施的过程，包括立法、守法、执法、司法和法律监督诸环节，连带还有法律职业、法律方法等相关内容。[①] 简言之，法的运行是法的效力实现的过程，亦即人们运用法律规范行为、解决纠纷、构造社会秩序的过程。这是法的生命所在，亦是它最具动态性和立体感的形象所在，其中纠纷解决是它的焦点和核心。

传统中国的法运行由中央和地方施行。自汉唐以来，在中央层面，行政与司法略有分工；但在地方层面未能分离，行政长官兼理司法，这是它的特点，同时在以后的发展中又成了它的缺点。但它所具有的统一垂直、审级严格、补充救济的规定，毫无疑问都是优点。[②] 特别是传统中国"重刑（事）轻民（事）"的司法原则，确实蕴含了"重人命轻资财"的儒家伦理。如死刑不只是由中央，而是由皇帝参与复核的奏请制度，真正体现了儒家以人为本、人命关天的仁、恕之道。[③]

在解决纠纷方面，对应社会的秩序结构和关系性特点，传统中

---

① 参见张文显主编：《法理学》（第3版），高等教育出版社2007年版，第四编"法的运行"。

② 原始资料参见中国历代法律/法典中有关司法审判的规定，如《唐律疏议》"斗讼""断狱"篇，《大清律例》"刑律·诉讼"和"刑律·断狱"篇。解读性材料参见张晋藩主编：《中国司法制度史》，人民法院出版社2004年版；那思陆等：《中国审判制度史》，台北，台湾空中大学2001年版。

③ 儒家以人为本、人命关天的仁、恕之道，建立在"万物人为贵"的思想上，即《荀子·王制篇》所说的："水火有气而无生，草木有生而无知，禽兽有知而无义，人有气有生有知亦且有义，故最为天下贵也。"有关这种思想在法律上的体现和实践，可以参见前注所揭材料。

国在长期的实践中发展出了两套有效的机制/制度，一套是“礼、乐、政、刑”综合为治。这套机制/制度早在《礼记·乐记》中就有完整明确的记载，所谓“礼节民心，乐和民声，政以行之，刑以防之。礼、乐、政、刑，四达而不悖，则王道备矣”。另一套是专门针对纠纷，特别是针对民事纠纷的解决而设置的，即民间调解→官方调处→司法裁决的多元化纠纷解决机制/制度。[①] 这套机制/制度具有由下而上、依序递进的特点，而且在纠纷解决中贯彻了日本学者所说的“说理—心服”的结构模式，[②]收到了良好的效果。这是用中国思维、中国方法，解决中国问题的成功典范。为什么这样说，这是因为中国的纠纷解决是有“道”的指引和追求的，目标就是上述《礼记·乐记》中所指的“王道”。它的路径是通过纠纷解决恢复和谐状态，这是符合自然（法则）的人文之道，亦是传统中国的纠纷解决之道。对于这一点，我们今天怎么评价它是一回事，然而它对传统中国社会的秩序维持和发展却是必不可少的。这部分是因为它与传统中国社会的结构相契合，部分还因为它已深深扎根在国民的心里，成为民众/社会对司法的普遍诉求和合理期待。[③] 甚至我们还可以说，

---

① 参见萧公权：《调争解纷——帝制时代中国社会的和解》，载刘梦溪主编：《中国现代学术经典——萧公权卷》，河北教育出版社 1999 年版。

② 参见［日］高见泽磨：《现代中国的纠纷与法》，何勤华等译，法律出版社 2004 年版。

③ 日本野田良之教授的一段话很有意思，虽然并不完全符合实际，但引述在这里可资佐证。他认为中国人的社会纠纷是以恢复和谐为目的来处理的，因此，“在结果上承认当事人一方的主张而排斥另一方的主张，为解决诉讼而有计划地为权利斗争的诉讼技术是不合适的。正确的解决方式是唤起当事人心中的‘道’的观念，应说服他们依‘道’行事。为说服他们承担义务而介入纠纷解决的人不应是法官，而应是贤者。而且在向他们说‘道’时，所依据的是其人格上的道德权威。为‘道’所承担的义务当然要服从于说明具体情况下如何适用内化于‘道’的‘礼’的规则。因此，理所当然地认为调停从古至今都是为确保中国社会平衡发展的最恰当的手段”。（参见［日］大木雅夫：《东西方的法观念比较》，华夏等译，北京大学出版社 2004 年版，第 15～16 页。）

通过调解解决纠纷亦是符合人类对良好人际关系的普遍期待的。非诉讼纠纷解决机制，即我们通常所说的 ADR（alternative dispute resolution），在当今受到全球特别是西方的关注，不是亦说明了这一点吗？

当代中国正处于社会转型期，矛盾突出，纠纷不息。面对这种现状，首先要依靠和强化法制，这是没有异议的。但同时我们还要考虑一些至今仍没有解决的历史性课题，对一些现实中的理论问题要做深度的思考。譬如，到底什么样的司法理念和诉讼模式才是适合中国国情的？优良的法律文化传统和民众心理怎样才能反映到我们的司法改革中去？传统中国在综合为治与多元化纠纷解决机制/制度方面的经验能否为我们所借鉴？思考这些问题，目的是用中国思维、中国方法来解决中国问题，从而能使我们走上一条真正符合中国国情的法治之路。当代中国法学，首先是我们的法理学，应该对这些重大问题做出回应。很显然，在我们的法制建设和法的运行中，回答这些问题不只是理论的要求，同时亦是关乎实践的，而且是关乎实践中的重大问题。如果我们要对这些问题做出回答，传统中国的经验，可以说都是有启发意义的，至少对丰富我们法理学中有关“法的运行”的内涵是有益的。

六、传统中国的法理想

每个文明都有自己关于理想社会的设计。西方自柏拉图以后的主流思想关于理想社会的设计往往与法律联系在一起，没有法律的道德世界在柏拉图的《理想国》、康帕内拉的《太阳城》等著作中虽受到推崇，但理性的西方文化总是将其视为乌托邦。自亚里士多德以来,法治社会就是现实的理想社会,这已成为西方的传统和特色。[1] 因此,西方总是依据法的标准来衡量社会的理想度,尤其是西方人士在评判其他文明时亦往往胶着于此。如法国比较法学家勒内・达维德在他的书中曾提出中国是“没有法的社会理想”的社会这一观点。[2] 实际上,中国文明不仅很早,而且一直没有放弃对理想社会的追求,或许它追求理想社会的途径和方式不同于西方,但关于理想的实质却是相通的,即人们幸福感的最大获得。

中国文明的理想是大同世界,即体现仁政、善治、和谐的王道政治的实现。依中国文化,实现和支配大同世界的主要途径和力量是道德,即人的德性的发挥,所以法律的作用受到道德的支配和限制,这一点与西方不同。西方主要依靠正义的法律来实现权利的平等,中国凭借道德自律和法律补充来达到个体与群体的和谐。和谐与正义有差别,但作为不同文明的理想同样能给人以幸福。幸福的内容或有不同,但人们对幸福的感觉是相似和相通的。这样看来,中国文化及其所含的法律文化关于理想社会的设计和追求,并没有违背人类文明价值的基本方向,与现代法制社会的终极目标亦有一定程度和某些方面的契合。所以说,中国没有西方那样的法的社会理想,但同样有基于理想社会而对法的另一种思考,因此,延伸到现实的法律制度和基本的法律观念上,亦就不可能违背人类赋予法律的终极使命:秩序和正义。其中的道理并不复杂,法律毕竟是人类社会生活关系的秩序(规范)化,毕竟是人类对公正理想的追求,即使

---

① 参见[美]G. H. 萨拜因:《政治学说史》(上册),[美]托马斯・兰敦・索尔森修订,盛葵阳、崔妙因译,南木校,商务印书馆 1996 年版,第 124~125 页;张中秋:《法治及其与德治关系论》,载《南京大学学报》2002 年第 3 期。

② [美]R. 达维德:《当代主要法律体系》,漆竹生译,上海译文出版社 1984 年版,第 489 页。

人类的法律文化千差万别,其实质仍有相通之处,不同文明的法律仍有相同或相近的功能。这即是德国比较法学家所说的:"每个社会的法律在实质上都面临同样的问题,但各种不同的法律制度以极不相同的方法解决这些问题,虽然最终的结果是相同的。"①

传统中国法的理想依附于"礼",这在古代是正常而合理的,但不适应现代社会,需要有一个转换。因为法一旦自身缺乏主体性,就不会有独立的价值,必然沦为道德或政治的附庸,担当不起民主社会的法治重任。这是立足于现代民主社会审视传统中国法理想的价值缺失。但同时我们亦要注意到,传统中国的礼法结合构成了教化→控制→和谐的价值链,这是通向王道政治的途径,体现了它追求高远的道德政治的理想。说的具体一些,传统中国的法既是规则体系,又是意义体系。在中国文化的大系统中,道→德→礼→法→刑是王道政治理念迫于现实向下的渐次展开,但只是为了通过这种展开,最终能沿着刑→法→礼→德→道的上行路线,达到王道政治的实现,即出礼而入于刑,施刑而返于德,禁暴而归于道。②

当代中国法理学在对"法的理想"和"法的未来",还有对"法的目的"和"法的作用"的解释上自有合理的方面,但同时亦有过于实用主义(如为经济建设保驾护航)和乌托邦(如法的消亡)这样两种

① [美]K. 茨威格特等:《比较法总论》,潘汉典等译,贵州人民出版社 1992 年版,第 56 页。

② 《尹文子·大道下》中的一段话说透了此理。它说:"仁、义、礼、乐、名、法、刑、赏,凡此八者,五帝三王治世之术也。故仁以导之,义以宜之,礼以行之,乐以和之,名以正之,法以齐之,刑以威之,赏以劝之。故仁者所以博施于物,亦所以生偏私。义者所以立节行,亦所以成华伪。礼者所以行恭谨,亦所以生惰慢。乐者所以和情志,亦所以生淫放。名者所以正尊卑,亦所以生矜篡。法者所齐众异,亦所以乖名分。刑者所以威不服,亦所以生陵暴。赏者所以劝忠能,亦所以生鄙争。凡此八术,无隐于人,而常存于世,非自显于尧、舜之时,非自逃于桀、纣之朝,用其道则天下治,失其道则天下乱。"

相反的极端色彩。[①] 为什么我们的法理学不能容纳一点中国人自己传统的政治法律理想呢？譬如，仁政、善治与和谐等。或许有人会问：仁政、善治与和谐等价值如何与权利主导的现代中国法制体系相协调？笔者认为，仁政、善治与和谐的价值在于对整体利益的优先考虑这样一种对实质正义的追求，这与现代中国法制体系的总目标并无冲突，而且还有可能克服和超越西方个人主义法律观的过犹不当之处。[②] 当然，在确立这样的价值观并付诸法律实践时，它们既不能够亦不应该代替或削弱法治、人权与自由这些贯彻权利的现代法律价值观。但要达到这种效果，需要我们在两者之间做某种协调的工作，即在创制并实施法治、人权与自由的法律时，亦不要忘记中国人自己关于法的道德性与目的性的思考，在追求法即权利的正义时，引入我们的公德，顾及我们的民意。[③] 可以说，仁政、善治与和谐浓缩了中国人的公德与民意，即使在今天仍不失其意义，所以它们理应成为我们法的理想的一部分。

---

① 笔者自 20 世纪 80 年代学习法理学，到 90 年代教授法理学，所学和所用的教科书都是这样说的，市面上所见的教科书大都亦是这样说的。大家都知道有问题，但亦都见惯不经，搁置不问。不知何故，至今依然。

② 一些西方明智人士已经指出这一点。最近，英国作家理查德·科克和英国前文化大臣克里斯·史密斯在他们合作发表的《西方文明面临严酷的选择》一文中写道："个人主义一直是西方最显著的特色。现在，西方内部的许多人对个人主义感到担忧。我们的高度个人利益至上的社会，使人很容易感到自己是窝囊废。每个文明都有依靠自己能力获得成功的人。而我们的文明是第一个培养了千百万自我毁灭的人的社会。……如果我们不要求我们的领导人、行为典范和我们自己采取真正负责任的个人主义，我们的文明就会崩溃。"（原载英国《金融时报》2006 年 5 月 18 日。转引自《参考消息》2006 年 5 月 20 日"时事纵横"版。）

③ "刘涌案"的最后裁决，表明在当代中国的司法实践中，对公德和民意的重视有何等重要的意义。

七、传统中国的法原理

“道”是中国文化的最高范畴。①无论传统中国文化多么千姿百态,理念上“道”是一以贯之的东西,所谓“道生一,一生二,二生三,三生万物”。②依据中国经典表述,道的基本构成是阴与阳,所谓一阴一阳之谓道,此一阴一阳就是道或后来被称为太极的两仪。③阴与阳这两者的关系是对立统一,其中对立中有相涵相摄,相涵相摄中又有支配,阳在其中起主导和支配作用,形成阴阳合一、阳主阴从的结构。④按照中国古典思维,阳代表德性,阳主意味着事物的属性依德。因此,虽然在习以为常的情况下,“道”字就像理学中的“理”字一样,亦可以单独用来指称事物的原理(在这种情况下,道已经含有了德),但实际上道原本所表达的只是事物的秩序结构,而德所表达的才是事物的内在属性。这表明在事物构成的原初意义上,道是德的表现形式,德是道的存在依据,道与德共同构成了事物的统一性,亦即道德是事物的统一原理。鉴于此,笔者把这种文化

---

①　金岳霖先生说:“不道之道,各家所欲言而不能尽的道,国人对之油然而景仰之心的道,万事万物之所不得不由,不得不依,不得不归的道才是中国思想中最崇高的概念,最基本的原动力。”(参见金岳霖:《论道》,载刘梦溪主编:《中国现代学术经典——金岳霖卷》,河北教育出版社1996年版,第18~19页及前后。)

②　《老子·四十二章》。

③　《周易·系辞传上》曰:“易有太极,是生两仪。”

④　汉代大儒董仲舒在《春秋繁露·基义》中说的一段话可为经典。他说:“凡物必有合。……阴者阳之合,妻者夫之合,子者父之合,臣者君之合。物莫无合,而合各有阴阳。阳兼于阴,阴兼于阳。夫兼于妻,妻兼于夫。父兼于子,子兼于父。君兼于臣,臣兼于君。君臣父子夫妇之义,皆取诸阴阳之道。君为阳,臣为阴。父为阳,子为阴。夫为阳,妻为阴。……阳之出也,常县于前而任事;阴之出也,常县于后而守空也。此见天之亲阳而疏阴,任德而不任刑也。是故……德礼之于刑罚,犹此也。故圣人多其爱而少其刑,厚其德而简其刑,此为配天。”

构成理论称为道德原理。①

传统中国法的原理是中国文化原理在法律上的延伸，所以，传统中国法的原理实质上还是道德原理，只是这个道德原理的内涵有了变化，由阴阳合一、阳主阴从的哲学概念转换成了礼法结合、德主刑辅的法律概念。由于道德原理沟通了天、地、人，即从自然界的阴阳合一、阳主阴从，到人类的身心合一、心主身从，再到政治社会的礼法结合、德主刑辅，体现了明胜暗、德性克服兽性、理性控制非理性、精神支配物质的自然—社会这一共通原理，所以道德原理亦可以说是传统中国法的原理。相较而言，当代中国法理学虽有各种各样的理论，但多是转述他人的，而且几乎都是西方的学说。为什么出现这种状况，原因当然是复杂的。但笔者认为，如果我们的法理学人多关注一些传统中国的法原理，对改变这种状况，甚至对建构自己的统一理论应该是有益的。

道德原理是从有机的自然观出发的。有机的自然观的核心在于把世界看成是有生命的系统，用中国哲学的话来说，就是天、地、人共一体的世界是一个大生命体。之所以说世界是有生命的系统，是因为世界的自然状态是和谐有序和生生不息，前者是它的外在现象，后者是它的内在性状。自然世界的这两个特征给我们的先贤以深刻的印象，他们把这种从自然得来的印象与人生经验和社会实践结合起来，将自然界的和谐有序概括为道，借以抽象地表达事物的

---

① 这里所说的“道德原理”中的“道德”一词，与现在我们通常所说的“道德”的含义不同。前者是传统中国一个重要的哲学范畴，用以表达世界万物的构成原理，亦即正文中所说的，道是事物的存在形式，德是事物的存在依据，道与德共同构成事物的统一性。这个原理贯通天、地、人，亦即自然、社会与人类，所以它本质上是中国人的世界观。由此可见，它与我们现在通常所说的人的品行好坏的“道德”一词，包括与英文中的 moral 和 morality，在内涵上都不一样。它们之间的联系，最多只能说后者是从前者引伸来的。

有序性，亦即事物的存在形式；而将自然界的生生不息概括为德，借以抽象地表达事物的创生性，亦即事物的内在性质。由于道原本是一种秩序，所以在哲学上它被引申为主静、属阴、显柔、为义、表礼；而德原本是一种创生，所以在哲学上它被引申为主动、属阳、显刚，为仁、表德；道与德对立统一，共同构成事物的统一性，亦即事物的原理。这样，从原理上来说，世界就是一个道德的世界。这种从自然出发具有生命感的理论，从根本上或者说哲学上回答了有机世界存在的形式与本质，所以它不是一般意义上的自然观，而是中国人的世界观。依据这个观念，人作为万物之中的灵者，是有而且是必须有道德的，如果没有道德，人就失去了人存在的形式与本质，无异于禽兽，因此，道德是人作为主体存在的正当性所在，亦即人之为人的理据。同样，人类群体在没有道德，或在缺乏道德的人之间，根本无法建立起正常的社会，即使通过某种途径一时建立，亦将时时面临解体直至覆亡的危险。所以，传统中国法是从个体对群体的责任（因为道德世界是有机联系的整体）而不是从个体的权利出发，在结构上成为一种责任—权利型的法。①

---

① 补充说一下，在这里笔者使用了“责任—权利”而不是“义务—权利”的措辞，是因为考虑在英语中，“义务：duty/obligation”与“责任：liability/responsibility”虽有区别（此点感谢张骐教授的提示），但可以通用，然而在汉语里，义务与责任却有不同。一般认为，义务是受动的，是主体对外部要求的一种回应，含有应要求和被迫使的意思；而责任具有主动性，是发自主体内部的一种积极行为。因此，相对于西方或者说现代的法律关系中的义务，“责任”一词（英语中最接近的对应词可能是 duty）更符合传统中国法的精神和实状。基于这方面的考虑，对传统中国法的结构模式，笔者倾向于用责任—权利来加以表述。以前包括笔者在内，大家都习惯于用义务—权利模式来表述传统中国法的结构。现在回想起来，这首先是对西方和现代法律知识不加反思的简单套用所致，另外更深层次的问题是对传统中国文化的原理和人的道德主体性缺乏认识，实质上这两者都是文化不自觉的表现。

毫无疑问，在责任—权利结构中，责任优先或者说责任本位成为法的基本特征。这种结构型的法通过对个人私心的压制和对人类责任的张扬，以求达到一种“重义轻利”的和谐。但这不等于说它不承认“私”，亦不等于说传统中国法中没有权利的存在。要知道有机的世界是整体的、联系的和辩证发展的世界，所以，传统中国社会中的人是处在由各种关系所构成的整体中的。在整体性的关系中，人的意义和权利就能体现出来。比如在夫妻关系中，妻子相对于丈夫，责任重于权利；但在母子关系中，她又拥有和她的丈夫很接近的对子女的教育权、惩诫权、主婚权和其他权利。[①] 一般说，在传统中国处于从属地位的个体的权利普遍较弱，权利都集中到了特别的个体，所以造成个体权利的不平衡。但在人的关系中，这种主从式的结构正是传统中国人所认可的合理关系。其合理性在于它既符合阳主阴从的万物原理形式，又遵从了万物原理的实质亦即道德的要求。因为依据道德，主体的权利越大，其责任亦就越大；反之，权利越小，其责任亦就越小。所以，传统中国人不是没有权利，而是他或她的权利存在于群体的关系中，且任何权利的有、无、大、小都要以责任为前提并与责任成比例。这是因为人是道德的主体，法是主体价值的载体，所以传统中国法的责任—权利结构，实际上是道德原理在人与法上的贯通和展开。

传统中国虽然不同于西方着力从权利的角度来关注法（权）与人（权）的关系，从而没有发展出系统的以权利为轴心的法理学，但

---

① 参见中国历代法律/法典中有关家庭婚姻的规定，如《唐律疏议》“户婚”篇，《大清律例》“户律·婚烟”篇。另外，瞿同祖先生对此有很好的解说和分析，请参见瞿同祖：《中国法律与中国社会》，中华书局1981年版，第102～114页“妻的地位”。

这不等于说中华民族在法权的问题上没有思考。事实上它是从另一个角度，即个体与群体的关系来关注人类生存状况的。寺田浩明教授的研究富有启发性。他说："西欧似乎是选择以个人作为秩序形成出发点的发展道路。把秩序理解为就是保护每个个体所拥有的正当利益而得到的总和。个体所拥有的正当利益被称为'权利'，而权利完全实现的状态则被称为'法'。权力就是实现这个法的机关。其观念形态的发展最终归结为社会契约论。与其相对，中国则是以全部个体的共存为基础。无论其基本的经济单位如何趋向于个体化或分散，但要求所有个体都顾全大局并作为一个和谐的集体中的一员来生活却一直被视为不证自明的道理。首先有全体的生存，才会有个体的生存。代表全体的利益要求每个个体互助互让，同时对于每个个体有时会出现的私欲膨胀予以抑制和处罚，这些都被看作是公共权力应该履行的职责。"①

我们知道，法律从来都是公共权力的核心部分。传统中国法基于个体对群体的责任优先而发挥的抑制和处罚作用，可能不完全符合但亦没有完全违背现代法制原则。法律是权利和义务的结合，法治的制度框架是由权利和义务双柱支撑的，现代社会是权利优先，但不同时代的法律有着不同的任务。依博登海默的意见，前资本主义社会法律的主要任务是为社会提供安全和秩序，义务优先具有普遍性。② 考虑到传统中国的幅员、人口、文化价值和政治体制，基于群体和谐的法思维本身即是一种解决现实问题的智慧，且对人类理

---

① 参见［日］寺田浩明：《清代民事审判与西欧近代型的法秩序》，潘健译，载《中外法学》1999 年第 2 期。

② 参见［美］E. 博登海默：《法理学——法哲学及其方法》，邓正来等译，华夏出版社 1987 版，第 244~245 页。

想社会的建立亦不失积极意义。[①] 所以，传统中国法的道德原理是从人际关系的健康确立和天、地、人和谐共存的有机观出发的。质言之，道德原理立足全体、效法自然、追求和谐，所以它赋予了传统中国法的责任—权利的结构、道德的精神和人类全体以及人类与自然共生共荣的价值目标。

当代中国法理学贯彻了“权利—义务”或者说“权利本位”的结构，这是正确的。因此，传统中国法的结构要有一个转换，要承认“私”的正当性和合法性，只有这样，法律自身才拥有建构现代和谐社会的正当性。应该说当代中国大陆的民众和官方正在进行这个转换，有相当部分的民众的私权实际上已经在相关的法律中明确下来了。首先《中华人民共和国宪法》修正案是个纲领，[②]已颁布的《中华人民共和国物权法》和新颁布的《中华人民共和国侵权责任法》已将它细化。[③] 如

---

① 特别是在目前，我们还应当反思权力与权利这种二元对立的思维模式。虽然近几十年来，随着公民权利意识的萌发及权利话语的兴起，人们开始批驳所谓国家利益和公民利益和谐一致的观点，公民权利作为对抗国家权力的王牌的观念，在法学理论界业已确立了牢固地位。但这种观点是通过批判集体主义，引入自由主义法律观念而得以确立的，因而人们往往会对自由主义内在的二元对立思维不加批判地予以接受。然而，如果对自由主义法律观念过度信奉，则将使人们倾向于一种过于轻率的态度，即所有问题都可以被简化为有关个人权利与官僚机构相抗衡的问题。这将使我们在某些牵涉多方利益的复杂情形中很难保持公允的地位与灵活的头脑，尤其是在涉及某些尚未得到法律确认的新型权利诉求时，妥协与平衡的技术有时远比相互对抗来得更为恰当。例如，在现实中发生各种剧变的情况下，所谓和谐社会就不仅仅只偏重于权利优先。正如自由主义和社群主义争论不休时所应当注意到的，从某种程度上看，这两大流派所针对的是不同时代下的不同主题。但在当下的中国，它们所针对的主题都是我们需要考虑的。所以，我们要反思有时甚至要摆脱权力与权利的二元思维定势，切不可教条地将两者简单地对立起来。

② 在2004年的中华人民共和国宪法修正案中，作为公民私权核心的私有财产权在国家根本法上首次得到了承认。参见《中华人民共和国宪法》修正案。

③ 《中华人民共和国物权法》已于2007年3月16日，由中华人民共和国第十届全国人民代表大会第五次会议表决通过；并由中华人民共和国主席发布第六十二号主席令，决定于2007年10月1日起开始施行。该法第3条第3款规定：“国家实行社会主义市场经济，保障一切市场主体的平等法律地位和发展权利。”同时在第4条明确规定：“国

果我们把清末以来包括民国法律在各方面的进步[①]亦考虑在内,这些联结传统与现代中国法律结构的脉络不是很清楚吗?可是,当代中国的法理学是否承认和反映我们自己法律中的这种历史性联系和结构性原理的转换呢?

八、中国法理学的目标

由于人类经验的地域性和理性的共通性,人文社会科学必定是把特定的地方经验和共通的人的理性统合在一定的价值观下,构成合理的解说。法理学作为人类关于法的经验与理性交融的科学,其法理既有普遍性,亦有特殊性,是普遍性与特殊性的统一。正如法理学中有一般法理学,同时亦有欧陆法理学、英美法理学一样。[②]当代中国法理学在知识体系上源自西方,在学科性质上贯彻了马克思主义原理,唯独传统中国的法理经验和智慧没有得到最起码的承认,当代中国法律实践中的理论问题亦没有得到足够的重视和概括。人们不禁要问:中国法理学的目标是什么?如果我们要建构以中国人的法律实践为主体,以和谐社会为目标,追求远大理想,反映中国人自己的经验和理性的法理学。那么,笔者认为,在继续汲取域外,尤其是西方法理学营养的同时,还必须认真对待传统中国的法理和当代中国法律实践中的法理问题。可以说,这是建构当代中

家、集体、私人的物权和其他权利人的物权受法律保护,任何单位和个人不得侵犯。"这表明国家法律对个人的合法财产的保护已提高到与国家、集体的同等地位(详细参见《中华人民共和国物权法》)。2009 年 12 月 26 日,备受关注的《中华人民共和国侵权责任法》亦已经十一届全国人大常委会第十二次会议审议通过,并于 2010 年 7 月 1 日起实施。这部法律与《中华人民共和国物权法》一样,核心在于保障私权。

① 参见潘维和:《中国民事法史》,台北,台湾汉林出版社 1982 年版,第一编第六章及以下。

② 参见苏力:《什么是法理学?》,载苏力:《法治及其本土资源》,中国政法大学出版社 1996 年版。

国法理学主体性的两个支点。

就传统中国的法理对当代中国法理学的意义，笔者在前面各部分中已发表了针对性的意见，作为法律学人，我们不仅能够从这些法理（意蕴）中汲取营养，同时我们还有责任这样做。这是因为我们原本就应以一种积极宽容的态度，努力从历史文化的联系中，寻求那怕是间接、零碎甚至是点点滴滴的资源，而切不可轻易放弃从自己的文化传统中发掘推动现代中国法制/法学建设的各种因素的努力。如果我们放弃了这样一种努力，我们就要失去对自我文化的解释权，理论上中国将成为一个没有自己法律传统和法理之根的国家。而且，笔者还深切感受到，即便现实世界的法律版图是以源于西方的法律文化为主色调，但人类文化从来都是多元的，它们是人类不同经验、智慧和理想的呈现，亦是人类走向丰富、平衡、合理未来的重要条件。

最后，笔者还想补充一点，即尽管本书还不够成熟，但从中可以说明法律史学从材料出发，通过方法，致力于人类关于法的经验、智慧和理想的探索。因此，它是一门融材料、方法和理论为一体的学科。如果承认法律是经验与理性的产物，那么，法律史学正是对凝结人类历史经验和理性精神的法的历史的复原、概括和提炼。从这个意义上说，法律史学是历史的，同时亦是理论的，是法学中富有实证精神和思想内涵的一门基础学科。因此，以研究和弘扬法律传统为己任的法律史学，尤其是中国法律史学，应该是当代中国法学中具有学术价值和活力的学科之一。

我对传统中国法的认识
(代后记)

在完成本书的编纂前,我想把自己对传统中国法的认识,在理论上做一个总结,续在这里代为后记。我对传统中国法的认识是从学习它开始的,从20世纪80年代至今已有三十余年,以下是我的认识。

一、结构:一体两元主从式多样化的构成

这里,我所说的传统中国的“法”乃取其广义,可以从法社会学的角度来理解,主要是指具有正当性和一定约束力的秩序和规范体系,包括观念、规则和习惯,表现为融天理、国法、人情于一体的礼法。从这个角度出发,我把传统中国法的结构概括为一体两元主从式多样化的构成。一体是指由国家法和民间法构成的法的统一体;两元是指由国家法与民间法构成的法的两个系统;主从式是指法的统一体以国家法为主与以民

间法为从；多样化是指国家法与民间法形式上的多样性，包括国家法中的律、令、格、式、科、比、敕、例、礼等，以及民间法中的家礼、家法族规、乡规民约、帮规行规等。这个构成有层次性，形成差序结构，但同时又是一个统一体。因此，综合起来，传统中国法的结构是一体（国家法与民间法合为一体）两元（国家法与民间法各为一元）主从式（国家法为主与民间法为从）多样化（国家法与民间法的多种多样）的构成。

二、法理：动态的合理正义观

法有法理，那么，这样构成的法的法理是什么呢？《唐律疏议·名例》"疏议"引"易曰：'理财、正辞、禁民为非曰义。'故铨量轻重，依义制律"。丘浚在《大学衍义补·详听断之法》中解释说，所谓义就是分别各人之所当有（理财）、所当言（正辞）和所不当为（禁民为非）者，而分别各人之所当有、所当言和所不当为者，亦即区分正当与不正当的标准或依据，最终都是以理或者说以是否合理为准。因此，从这个意义上说，传统中国法中的义，或者说它的正义观念是合理，简称为合理的正义观。如果把它与现代法律正义观相比较，可以发现现代法律正义观是以平等为原则，而传统中国法的合理正义观，既有正当、恰当、应当、适宜、公平之类的合理含义，又有与纲常礼教相通的合理蕴涵，所以，在它的基本含义中，既含有平等又含有不平等，可以说是等与不等，或者说是等者同等、不等者不等、等与不等辩证变动的有机统一，其等与不等、变与不变的正当性都在于合理。为此，我把它概括为三项原则，一是等者同等，二是不等者不等，三是等与不等辩证变动。这三项原则的核心是等与不等，所谓等就是同理者同等;所谓不等就是不同理者不同等,而是依理之大小排序。这样,无论是等还是不等,都是建立在理上,所以称为合理。而且,这种合理本身亦要合理地来理解,即它是动态的,其等与不等不是绝对的、固定的,而是相对的、变动的,所以又称为动态的合理正义观。譬如,在中国传统观念中,人生来是一样的,亦即人的自然生命有同等价值,这是天然的理,亦即天理,所以,法律依据这个理,在原则上规定,人命关天,杀人者死、伤人者刑,不分高低,这可以说是一种原则性的或者说理念上的合理正义观。但实际上,人生来是一样的,后来发展不一样,集中体现在人的德和能的不同,亦即人的精神生命和社会生命的价值有高低差别,这是实际的理或者说理的现实,所以,法律又依据这个德与能的不同这个现实的理,来具体地分配权利义务和定罪量刑,高者高、低者低,等者同等、不等者不等、等与不等辩证变动。这样,在理的支点上又形成了可上下移动的阶梯结构,其结果即是我们看到的传统法中礼法结合所形成的差序格局。因此,这又可以说是一种现实的或者说动态的合理正义观。

三、原理:道德文化原理

那么,这种动态的合理正义观的文化原理又是什么呢?“原理”是来自西方的概念,在中国传统文化中是“道”。《唐律疏议·名例》所说的“德礼为政教之本,刑罚为政教之用,两者犹昏晓阳秋相须而成者也”,如图1所示。

↗德礼—本—晓—阳(春天)—(主)阳↖

政教　　　　　　　　　　　　　　　　道

↘刑罚—用—昏—秋(秋天)—(从)阴↙

图1　《唐律疏议·名例》所示道德文化原理结构

如图1所示,在这个结构中,德礼为本、刑罚为用,通常人们把它概括为礼法结合、德主刑辅。由图1可见,礼法结合、德主刑辅的哲学基础或者说法理依据是阴阳合一、阳主阴从的道。道的基本构成是阴与阳,亦即太极的两仪或两元。阴与阳这两者的关系是对立统一的辩证关系,其中阳在其中起主导和支配作用,形成阴阳合一、阳主阴从的结构。按照中国传统思维,阳代表德性为质,阴代表道性为式,阳主阴从意味着事物的属性依德而形式从道。这表明在事物构成的意义上,德是道的存在依据,道是德的表现形式,德生道成,道与德对立统一共同构成了事物的统一性,亦即道德是事物的统一原理,我把这种文化构成理论称之为道德文化原理。道德文化原理的内在结构是,德是阳是生是体是内是质是主,道是阴是成是用是外是式是辅,两者是对立统一的辩证关系。所以,道的有序建立在德的生生之理上,德的生生之理经由道的有序来体现,这样,道与德有机结合形成生生不息与井然有序相统一的世界,其结果即是人们所看到的万物生而有序的世界,或者说德生道成的道德世界。这就是道德的自然状态与自然属性和自然法则相统一的表现,亦即它在中国传统思维中的正当性或者说合理性的根源所在。此外,道德的合理有两层含义,即绝对的合理与相对的合理。绝对的合理为万物同理,亦即理一;相对的合理为物各有理,亦即分殊;两者对立统一为理一分殊。理一分殊是万物原理,亦即天理、天道。

理一意味着事物本质在抽象上的同一,亦即形而上的“齐”。分殊意味着事物本质在现象上的不一,亦即形而下的“差”。“齐”要求同等对待,即等者同等;“差”要求区别对待,即不等者不等;所以,等者同等与不等者不等这两者都是合理的,但这两者犹如阴与阳一样,它们既是对立统一的又是可以相互转化的,所以,等与不等是辩证变动的。道德所固有的这种合理性结构,表现在自然世界即是万物生而有序,表现在礼法世界即是差序格局。这表明传统中国法的构成原理,形式上是道,实质上是德,合为道德文化原理,简称为道德原理。

四、目的:弼教—成人

现在,可以追问,这个道德原理法的目的是什么?我认为它的直接目的是弼教,而最终目的是成人。成人的目的是使人成为人,亦即使人的本质或者说存在及其意义得到实现。由于人与万物一样,在本质上都是道德的,而且人还是道德的主体,所以,实现人的本质就是实现道德。实现道德就是与万物同一,与万物同一就是天人合一,天人合一是传统中国人和中国文化所追求的终极目标和最大的意义所在。其实,天人合一是人想与天地共存,或者说使人在本质和精神上达到与天地自然那样永久的存在,实质上是追求人的永生。这背后一方面隐藏着人对自己生的渴望和死的恐惧,在另一方面蕴含着大多数中国人所持有的“存在”或者说“有”才有意义的人生观和世界观。这是儒家所确信和倡导的人生观和世界观,不同于佛教的空、道家的无和基督教的灵魂不灭(或者说信仰所带来的灵魂不灭)这样的人生观和世界观。说到底,这是所有人最后所面临的共同关口,但认识和预设不同，通关之道就不同，包括传统中国法在内的各种文化都是依据各自不同的认识和通关之道的不同设计和表达而已。

五、概括：画像→点睛→归根→求意

最后，我把自己对传统中国法的认识做一个概括，即法的结构是一体两元主从式多样化的构成，这是对它形体的画像；法的内在核心是动态的合理正义观，这是对它法理的点睛；法的原理是道德文化原理，这是对它所立足的归根；法的理想目标是弼教—成人，这是对它目的的求意。其实，这些都是有机法律观或者说法律拟人化的特征和体现，而其背后则是中国人和中国文化所固有的生命世界观，亦即生生不息与井然有序相结合而形成的生而有序的生命世界观，或者说道与德亦即序与生有机结合而形成的道德世界观的特征与表现。所以，一句话，传统中国法本质上是一种道德法，准确地说是真正效法自然的法。

总结以往，从法制史到法文化，从法文化到法哲学，这是我学习研究传统中国法的过程和路径。毫无疑问，法哲学所关心的是正义问题，但要把正义说清楚就离不开法的结构与原理。同时，在法哲学中，还有比正义还更重要的问题是意义，说到意义又离不开人，因为人是意义的主体；而说到人的意义更离不开生死，因为这是人生最初和最后的紧要关头。所以，以上我把结构、原理和意义一并都说了，算是我对传统中国法的认识。当然，这个认识是我个人的，而且还只是初步的，所以，我会继续探索并欢迎大家指教。

图书在版编目(CIP)数据

天 Borderless 下

传统中国法理观 / 张中秋著. -- 北京 : 法律出版社, 2019
ISBN 978-7-5197-3736-8

Ⅰ. ①传… Ⅱ. ①张… Ⅲ. ①法理学-研究-中国
Ⅳ. ①D920.0

中国版本图书馆CIP数据核字(2019)第168348号

传统中国法理观
CHUANTONG ZHONGGUO FALIGUAN
张中秋 著

策划编辑 孙东育 高 山
责任编辑 高 山 邓颖君
装帧设计 鲁 娟

开本 710毫米×1000毫米 1/16
版本 2019年12月第1版
出版 法律出版社
总发行 中国法律图书有限公司
印刷 中煤(北京)印务有限公司

印张 19.5 **字数** 251千
印次 2019年12月第1次印刷
编辑统筹 学术·对外出版分社
经销 新华书店
责任印制 陶 松

法律出版社/北京市丰台区莲花池西里7号(100073)
网址/www.lawpress.com.cn
投稿邮箱/info@lawpress.com.cn 销售热线/400-660-8393
举报维权邮箱/jbwq@lawpress.com.cn 咨询电话/010-63939796

中国法律图书有限公司/北京市丰台区莲花池西里7号(100073)
全国各地中法图分、子公司销售电话:
统一销售客服/400-660-8393/6393
第一法律书店/010-83938432/8433 西安分公司/029-85330678 重庆分公司/023-67453036
上海分公司/021-62071639/1636 深圳分公司/0755-83072995

书号: ISBN 978-7-5197-3736-8 **定价:** 75.00元
(如有缺页或倒装,中国法律图书有限公司负责退换)